携手奋进　共创未来

——首届全国方志馆馆长论坛论文集

主　编　刘玉宏

方志出版社
Publishing House of Local Records

图书在版编目（CIP）数据

携手奋进　共创未来：首届全国方志馆馆长论坛论文集 / 刘玉宏主编. -- 北京：方志出版社，2017.10

ISBN 978-7-5144-2640-3

Ⅰ. ①携… Ⅱ. ①刘… Ⅲ. ①方志学－中国－文集 Ⅳ. ① K290-53

中国版本图书馆 CIP 数据核字（2017）第 266397 号

携手奋进　共创未来——首届全国方志馆馆长论坛论文集

主　　编： 刘玉宏
责任编辑： 张　昊
封面设计： 战盈彤

出 版 人： 冀祥德
出 版 者： 方志出版社
地址　北京市朝阳区潘家园东里 9 号（国家方志馆 4 层）
邮编　100021
网址　http://www.fzph.org
发　　行： 方志出版社图书经销中心
电话　（010）67110500
经　　销： 各地新华书店
排　　版： 北京纺印图文设计制作有限公司
印　　刷： 北京中科印刷有限公司

开　　本： 700×1000　　1/16
印　　张： 17.75
字　　数： 281 千字
版　　次： 2017 年 10 月第 1 版　　2017 年 10 月第 1 次印刷

ISBN 978-7-5144-2640-3　　**定价：** 68.00 元

会议照片

2017年4月21日，由中国地方志指导小组办公室、国家方志馆主办，江苏省地方志办公室协办，苏州市地方志办公室承办的首届全国方志馆馆长论坛在苏州市金鸡湖会议中心召开。中国地方志指导小组秘书长，中指办党组书记、主任冀祥德（左三），中指办副主任、中国地方志学会方志馆研究会会长刘玉宏（右二），江苏省地方志办公室党组书记、主任漆冠山（右一），苏州市委常委、市委宣传部部长盛蕾（左二），苏州市地方志办公室主任陈兴南（左一）出席，刘玉宏主持会议。

图为开幕式现场

中国地方志指导小组秘书长，中国地方志指导小组办公室党组书记、主任冀祥德在开幕式上讲话

中国地方志指导小组办公室副主任、中国地方志学会方志馆研究会会长刘玉宏主持会议并作总结讲话

江苏省地方志办公室党组书记、主任漆冠山在开幕式上致辞

苏州市委常委、市委宣传部部长盛蕾在开幕式上致辞

东营市地方史志办公室主任杜金华发言

河北省方志馆项目办主任王慧卿发言

吉林省地方志编纂委员会副主任赵飞发言

山东省方志馆馆长李坤发言

江苏省地方志办公室副主任、省方志馆馆长蔡金良发言

杭州市方志馆馆员倪晴发言

广州市地方志馆信息资料处处长常国光发言

广西方志馆常务副馆长吴辉军发言

四川省地方志工作办公室党组成员、机关党委书记王孝平发言

苏州市地方志办公室主任陈兴南发言

北京市地方志编纂委员会办公室副主任、市方志馆馆长侯宏兴发言

浙江省人民政府地方志办公室主任潘捷军发言

江西省方志馆馆长张满满发言

常州市地方志办公室主任李亚雄发言

《携手奋进　共创未来——首届全国方志馆馆长论坛论文集》编委会

前　言

2017 年 4 月 21 日，由中国地方志指导小组办公室、国家方志馆主办，江苏省地方志办公室协办，苏州市地方志办公室承办的首届全国方志馆馆长论坛在江苏省苏州市成功举办，引起社会较大反响。论坛结束后，按照中国地方志指导小组办公室的要求，与会代表又对提交的论文作了进一步的更新、调整和充实，最终汇总为本论文集。

本论文集旨在汇集首届全国方志馆馆长论坛的优秀论文成果，达到统一思想、提高认识、交流经验、明确任务的目的。为加快方志馆建设步伐，努力把全国方志馆建设水平提升到一个新的高度，从而推动地方志从一项工作向一项事业转型升级提供参考。

本论文集包括讲话致辞、主题发言、其他参会论文和附录四部分，每一部分又按方志馆建设、方志馆功能、方志馆展览、方志馆馆藏、方志文化等主题进行归纳，同一主题论文按行政区划排序。

本论文集的编辑出版工作得到了各级地方志工作机构、各级方志馆和论文作者的通力合作，谨此致谢。其中疏漏之处，敬请读者批评指正。

编者

2017 年 9 月

目录
Contents

首届全国方志馆馆长论坛论文集

在首届全国方志馆馆长论坛上的讲话

冀祥德

各位代表、同志们：

草长莺飞四月天，正是江南最美时。今天，首届全国方志馆馆长论坛在有着“上有天堂，下有苏杭”美誉的苏州市顺利召开了。我代表中国地方志指导小组办公室、国家方志馆，对大家的到来表示热烈的欢迎！对江苏省地方志办公室、苏州市委市政府、苏州市地方志办公室为本次论坛的举办给予的大力支持，表示衷心的感谢！

第六届中国苏州创博会举办期间，中国地方志指导小组办公室、江苏省地方志办公室和苏州市地方志办公室，联合在苏州举办首届全国方志馆馆长论坛，其意义主要有三：一是地方志在新时期围绕经济社会发展中心工作开拓创新的一个重要举措。中国苏州创博会自开办以来，在国内外引起了强烈的反响。在今天上午的启动仪式上，我们也看到了来自国家部委、海内外有关专家人士济济一堂，共同见证了这一激动人心的时刻。“方志中国”场馆布展、承载内容和散发出的浓郁文化产业气息，都让我们倍受鼓舞。

地方志作为包含自然、经济、政治、社会、文化等各大部类的百科全书，自然也应当在文化创博园中有重要的一席之地。尤其是近年以来，虽然党中央、国务院高度重视地方志工作，全国的地方志工作者也辛勤耕耘、凝心聚力取得了巨大成就，但是与相关行业和部门相比，社会对地方志的认可度还不够高，人们对地方志的熟悉程度还不够深，其中关键的原因就在于，地方志围绕着修一本书、做一项工作的时间过久，因而从中央到地方、到寻常的百姓，都不熟知我们从事的这样一项工作。党的十八大以来，尤其是第五届中国地方志指导小组换届以来，特别是2016年我们提出要在全国范围内全面推进地方志从一项工作向一项事业转型的形势之下，地方志如何以国家利益为导向，如何围绕着国家经济社会和各级党委政府的中心工作去开拓创新，成为让千家万户、社会各界、党委政府重视地方志的一个重要抓手。所以在本次中国苏州创博会上，经苏州市地方志办公室提议，江苏省地方志办公室同意申办"方志中国"展览，中指办对此高度重视，党组立即进行研究，并报上级同意，在较短的时间内就在创博会馆区布建起了一个特点鲜明、吸引力强的场馆。虽然场馆面积不大，但从大家的反馈情况来看，展陈效果确实是值得点赞的。文化部副部长项兆伦，江苏省委常委、宣传部部长、统战部部长王燕文等领导以及各省区市地方志工作机构参会代表、参观群众，都一致认为我们这个场馆是最有特点、最有文化的，充分肯定了我们"方志中国"展的布展是成功的。这说明我们抓住机遇，在第六届中国苏州创博会的园区搞方志成果展，以服务于党委政府中心工作的这一举措做对了。

二是方志成果展和首届全国方志馆馆长论坛在苏州的举办，是对地方志全面地从一项工作向一项事业转型的重要推动。长期以来，社会各界和我们地方志系统的工作者，都认为地方志是一个慢吞吞的机构，有些省份十年、二十年甚至从成立地方志工作机构到现在，都在编写着一本志书。即使编写出书的单位，对于志书如何使用、如何发挥它的价值，思考较少，行动更少，实践实在是少。在新的历史时期下，我们提出地方志必须要摒弃"一本书主义"，地方志工作不仅是编写一本志书，我们现在是"志、鉴、馆、网、库、会、刊、用、研、史"十业并举。十业并举中的"馆"就是指我们的方志馆。

刚才漆冠山主任在讲话中也谈到了，方志馆区别于博物馆和规划馆，最根本之处就在于博物馆记述历史，规划馆规划未来，而方志馆是把历史和未来有机结合的一个不可或缺的场馆。在全国严格控制楼堂馆所建设的形势下，2015年8月国务院办公厅印发《全国地方志事业发展规划纲要（2015—2020年）》（以下简称《规划纲要》），明确提出"加快方志馆建设"，原因就是方志馆承载着博物馆、档案馆、图书馆、文化馆、规划馆等各个场馆都不能替代的功能和作用。

就博物馆和规划馆而言，博物馆所谓对历史的记述是碎片化、点状的，并没有把历史发展的源流和传承的过程全面而系统地记述下来。比如说我们走进任何一个博物馆，都不可能看到从事物的发端开始，包括自然、经济、政治、文化、社会五大部类齐驱并进的传承记述。只有方志馆，不仅把博物馆中这些碎片化的知识点连接到一起，还有纵深的、历史洞察的记述，把我们中华文化延绵不断地发展、演变与传承过程真实而客观地记述下来，这就是漆冠山主任讲的方志是从历史走来。规划馆也是如此，规划到位，但不一定行动到位。而地方志则记述、行动都到位，它是对经过论证的规划、可行的计划、能够实现的计划来予以记述，这也是方志馆的一个重要的不同之处。

方志馆建设，应该说这几年也取得了很大的成就和突破。截至目前，全国已建成470多个方志馆，国家方志馆“魅力中国”展览正在推进，拥有2万余平方米展厅的国家方志馆黄河分馆将于今年底正式开放，选址铜陵的国家方志馆长江分馆正在推进，下一步考虑筹建草原分馆、“一带一路”分馆、长征分馆、知青分馆等，要把方志人之家建到各个地方，要让事业有承载之处。我们常说，只有方志馆才是地方志的“一亩三分地”，所以从去年以来，也加强了对方志馆的建设力度。去年，我们专门成立了中国地方志学会方志馆研究会，举办了第一届全国方志馆培训班，召开了第一次全国方志馆工作会议。今天，我们又在苏州举办首届全国方志馆馆长论坛，按照玉宏主任的设计，我们的方志馆馆长论坛不仅是让那些已经有方志馆的馆长同志们来参加，还要大量地吸收，特别是欢迎没有建设方志馆的地方志工作机构的负责人和党委政府的负责人也参加进来，让他们认识一下建设方志馆的意义。

另外，方志馆的理论研究方面，《中国方志馆研究》在积极筹备，今年即将创刊；中指办的顶层设计和2017年的工作规划之中，今年还将陆续举行中国地方志学会方志馆研究会年会、第二次全国方志馆工作会议、第二届方志馆业务培训班等等。本届方志馆馆长论坛，是落实地方志从一项工作向一项事业转型的重要标志。

三是首届馆长论坛选择在苏州市举办，是对江苏省和苏州市地方志工作的充分肯定。江苏省是方志大省，这是众所周知的。漆冠山主任从市政府重要部门的领导岗位调任地方志工作以后，善作善成，善战善为，善于捕捉工作的重点、抓住工作的要点，尤其是如何围绕经济社会发展中心去抓好抓实地方志工作，他既有科学思考，也有务实举措。所以，经过这些年的努力，江苏省不仅仅是全国的方志大省，已经成为全国的方志强省。江苏省方志办首次在全国举办分管地方志的市县长培训班，在全省范围内推动名镇志、名村志的编纂，以及率先推出名酒志、承办中国地方志指导小组办公室中国名酒志文化工程等等，都是方志强省的有力体现。

近年来，在苏州市委市政府和江苏省地方志办公室的领导下，苏州地方志工作者团结一致、奋发有为、敢于开拓、大胆创新，尤其是近两年苏州市地方志工作取得了突出成绩，多项工作走在了全国的前列。苏州的地方志工作者，尤其是领导班子善于动脑、敢于担当、不怕困难，工作快节奏、有韧劲。本次会议选择在苏州召开，特别是三天的时间在江苏先后搞了6个活动，充分说明当前地方志工作中，有一种速度叫方志速度，有一种节奏叫方志节奏。方志节奏是什么？方志节奏是3天搞6个全国性的大活动，方志节奏就是忙得饭都没时间吃、火车都差点没赶上。当然，我们还有一种精神，叫方志人精神。方志人精神除去我们写在《规划纲要》里“修志问道、直笔著史”的精神以外，今天我要再提出一个方志人精神——“仙人掌精神”。假如各行各业汇成一个庞大的植物园的话，我们不是国色天香的牡丹，也不是香气扑鼻的梅花，我们是什么？我们是仙人掌，不为人所知、很难为人所喜爱，甚至因为“直笔著史”而偶尔刺人，这就是我们的精神。我们还应该看到，所谓“仙人掌精神”是指，在我们方志人身上体现了仙人掌与其他植物不同的品格和特征。仙人掌的特征是“三耐一强”：一是耐炎热。从地上植被看，各地拔地而起的华丽楼堂中找不到方志人的身影。二是耐干旱。从地下根系看，地方志工作机构少有人关怀，专业人才严重不足。其三，耐贫瘠。长期以来，地方志地位边缘，待遇低下，但方志人在贫瘠的田地里照样成长，没有肥沃的土壤依然健硕。四是生命力强。在澳大利亚的南澳洲，农场主一次引进多个物种，种在贫瘠的土地上，不浇水也不灭虫，任其自由生长。结果最后他发现长得最快、最富有生命力、很快就遍布庄园各处的就是仙人掌。这就是仙人掌顽强的生命力，我们地方志工作机构现在就是要有这样的“仙人掌精神”。只要给地方志一粒种的土地，它就能生根发芽，不断拓展，把地方志功能向社会各界和千家万户拓展。以网站建设为例，抓住地方志信息化的契机，我们建了中国地情网乃至县情网、镇情网、村情网，我们叫“一网情深”。在新疆，我们建设出了地域特色和少数民族特色；在内蒙古，建设了蒙古文网站，实现了双语翻译，这是继蒙古文志书翻译之后，地情网站建设的又一特色——这就是我们的“仙人掌精神”。

作为我国重要的公益性公共文化场馆之一，方志馆的建设一直备受重视。《规划纲要》和中共中央办公厅、国务院办公厅联合印发的《关于实施中华优秀传统文化传承发展工程的意见》，都指明了方志馆的发展方向。各级方志馆怎么建？建成什么样？通过论坛，希望大家踊跃发表高见。本次论坛我们要解决以下问题：第一，解决方志馆独特的功能和定位问题。要论证清楚方志馆的不可或缺性，要让各级志办、方志馆属地的市长、市委书记、省长、省委书记知道，有了规划馆、博物馆、图书馆，不能没有方志馆。第二，要论证我们建成一个怎样的方志馆。第三，方志馆建成以后怎么解决像博物馆、规划馆门可罗雀的问题，要发挥其他场馆不可替代的、服务社会的作用。第四，怎样通过方志馆建设推动地方志真正从一项工作向一项事业转型。方志馆建成后，我们的事业如何开拓创新？未来的地方志工作机构和地方志工作者是一个怎样的定位和功能？未来的方志事业是一个怎样的发展蓝图？都需要我们借着方志馆的建设来进一步描绘。

再次感谢江苏省地方志办公室、苏州市委市政府以及苏州市地方志办公室承办本次会议，再次感谢各位代表莅临本次会议并贡献你们的智慧！

在首届全国方志馆馆长论坛上的总结讲话

刘玉宏

各位代表、同志们：

经过一天紧张的参观、研讨、交流，首届全国方志馆馆长论坛即将落下帷幕。本次论坛的成功举办，得到了江苏省地方志办公室，苏州市委市政府、市地方志办公室的大力支持，特别是苏州市地方志办公室的同志们为展览和会议付出了大量辛勤的劳动。在此我提议，大家以热烈的掌声向他们表示衷心的感谢！下面，我对这次论坛的情况作一简要总结。

这次论坛具有三个特点：

一是规格较高。由于本次论坛为首届全国方志馆馆长论坛，各省、自治区、直辖市、新疆生产建设兵团对论坛高度重视，大部分省级方志办主任、副主任、方志馆馆长出席本次论坛。全国方志馆界的主要领导和管理精英济济一堂，共商方志馆建设与发展大计，完全称得上是一次能够充分反映全国各级方志馆风貌的高规格专业性论坛。

二是意义重大。在党中央、国务院的亲切关怀下，全国地方志事业实现了跨越式发展，各级方志馆建设方兴未艾。本次论坛作为全国地方志系统举办的首届全国性方志馆馆长论坛，正是全国方志馆建设取得重大进展的深度体现。论坛期间，各位代表提出的建设经验、发展问题和解决思路，反映了一个时期以来全国各级方志馆的最新探索成果，代表了当今我国方志馆建设与发展理念和实践的较高水平。因此，论坛不仅是对以往方志馆建设的一次系统总结，更是对全国各级方志馆建设与发展的探索和展望，在中国方志馆发展史上具有开创性意义和标志性意义。

三是主题突出、内容丰富。本次论坛的一大特色是，论坛与苏州创博会“方志中国”展览同步进行。中指办、国家方志馆在江苏省地方志办公室、苏州市地方志办公室的大力配合下，充分利用中国苏州文化创意设计产业交易博览会平台，以推介方志成果、宣传方志事业、传播方志文化为原则，在方志馆展区开办“方志中国”展览，让社会各界近距离地接触地方志。该展览框架严谨，内容丰富，形式活泼，多有创意，是一种新的探索，给人耳目一新的感觉，同时志书矩阵、大型电子屏等展览形式又不乏震撼力，增强了展览的可视性和趣味性，达到了观众喜闻乐见又过目难忘的理想效果，受到了一致好评。

这次论坛的中心议题是方志馆建设、方志文化的传承与弘扬。山东省东营市史志办主任杜金华同志，河北方志馆项目办主任王慧卿同志，吉林省地方志编纂委员会副主任赵飞同志，山东省方志馆馆长李坤同志，介绍了在推进方志馆立项、建设中的一些切身体会和思考。江苏省地方志办公室副主任、省方志馆馆长蔡金良同志，杭州市方志馆倪晴同志，广州市地方志办公室信息资料处处长常国光同志，展示了本地方志馆布展理念和外部庭院设计思路，总结了展览布展面临的问题及破解建议。广西方志馆常务副馆长吴辉军同志，四川省地方志工作办公室党组成员、机关党委书记王孝平同志，苏州市地方志办公室主任陈兴南同志，阐述了如何通过方志馆资料的有效收藏、开发、管理和利用，使方志馆在文化领域凸显其特有的功能和作用，实现向社会提供公共文化服务的功能定位。北京市地方志办公室副主任、市方志馆馆长侯宏兴同志，浙江省人民政府地方志办公室主任潘捷军同志，江西省方志馆馆长张满满同志，常州市地方志办公室主任李亚雄同志，结合本地方志馆建馆、资料收藏和开展公共文化服务的基本情况，从传统文化角度，提出方志馆是传统文化传承发展的重要载体，作为展览、收藏、研究、宣传等功能高度融合的平台，方志馆需要方志人精心策划和打造，凸显个性优势、跻身社会主义文化主体，创造性地发挥独特作用。各位参会代表还就论坛主题分别撰写了一批学术论文。各位代表的发言，问题意识强，思路清晰明确，带给大家很多重要信息和启示。总之，这次论坛时间虽短，但主题明确，内容丰富，达到了交流经验、探讨问题、凝聚共识、协同推进的目的。

借此机会，我就全国方志馆建设与发展提出四点意见：

一是要提升方志馆建设理念。目前，全国方志馆建设取得了跨越式进展，但总体看来，方志馆事业还在起步阶段。社会各界对方志馆建设、方志文化的重要性认识不足，有些方志馆界内部人士对方志馆建设的认识也不到位，不能大刀阔斧地做事，不能高瞻远瞩，局限于小打小闹。方志馆与图书馆、博物馆、档案馆等公共文化服务设施相比，有明显区别。图书馆主要收藏图书资料；博物馆主要利用文物展示历史；档案馆主要收集和保存历史档案，都是专门性的。只有方志馆是全面、系统展现某一特定区域内自然、政治、经济、社会历史与现状的综合性文化场馆，是彰显一地地域特色最有力的“文化名片”。方志馆所承载的文化功能无可替代，因此我们要全面提升方志馆建设的理念，积极争取，精心设计，把方志馆建设成当地标志性文化建筑，使方志馆在众多公共文化服务设施中脱颖而出，而不是淹没在其中。

二是要加快推进方志馆建设。加快方志馆建设是全面贯彻落实《全国地方志事业发展规划纲要（2015 — 2020 年）》（以下简称《规划纲要》）的重要体现，是地方志在全国范围内从一项工作向一项事业转型的内在需求。当前，全国方志馆建设已经迈出了坚实的步伐，截至 2016 年 9 月底，全国共建成国家、省、市、县各级方志馆 460 多家。方志馆已经在展示地方志事业发展成就、传播方志文化、培育和践行社会主义核心价值观、服务经济社会发展等方面发挥着不可替代的重要作用。为积极推动方志馆建设，中指办、国家方志馆注重加强顶层设计，即将出台《方志馆建设规定》等规范性文件，为各地方志馆申报立项、规划建设等工作提供基本遵循。各级地方志工作机构要站在关系事业长远发展的高度，充分认识方志馆建设的重要性，以《规划纲要》为依据，以《方志馆建设规定》为抓手，解放思想，创新理念，积极组织申报立项，科学开展建设论证，壮大方志馆阵营，加快推进包括国家、省、市、县在内的全国方志馆体系建设，最大限度地凝聚方志馆力量，在社会主义文化强国建设进程中充分发挥独特作用。

三是要注重提升方志馆建设水平。总的来说，方志馆在我国公共文化服务体系建设中还是一个新生事物。各地方志馆的发展速度、建设水平还很不平衡，科学性、规范性有待提高，方志馆资源相对匮乏，服务能力和水平有限，甚至有些地方对方志馆的基本功能和定位认识模糊。这些问题的存在，大大影响了方志馆的建设和发展水平。为此，2016年中国地方志学会专门成立了方志馆研究会，今年将组织开展各项活动，整合方志馆资源，推动学习交流，服务各级方志馆建设与发展。今年，国家方志馆还开展了馆刊《中国方志馆研究》的编辑出版工作，第一辑即将出版，努力为方志馆建设与发展提供必要的理论支持。各地方志馆既要注重硬件设施建设的科学性、前瞻性，更要注重自身实力建设，不断丰富馆藏资源，努力创新服务形式，千方百计提升服务能力，在服务经济社会发展和社会各界需要中着力打造出方志馆自己的优质服务品牌，确保方志馆在各类文化场馆建设中占据一席之地。

四是要注重发挥方志馆的展览展示功能。方志馆是一个集收藏保护、展览展示、编纂研究、专业咨询、信息建设及服务、开发利用、宣传教育、业务培训、文化交流等多种功能于一身的公共文化服务机构。在各种功能定位中，展览展示以直观、通俗、生动、活泼的形式充分展现地情特点和方志文化魅力。当前，一些方志馆在展览展示功能实现上还存在很大的差距，不是缺少展示，就是展览单调乏味，无法引起观众的认可和共鸣。各级方志馆要特别注重展览展示的直观效应，精心策划展览主题，大力突出展览特色，特别是要注重增加展览的互动性、趣味性，切实提高展览水平和公众参与度，让观众在一种雅俗共赏、寓教于乐的环境中，认识方志、了解地情，从而更好地实现方志馆传播方志文化、培育家国情怀的重要作用。

同志们，在党中央国务院的高度重视和亲切关怀下，在第五届中国地方志指导小组的有力领导下，当前方志馆建设与发展面临着难得的历史机遇。全国各级地方志工作机构和广大方志馆工作者，要紧紧抓住机遇，坚定方志文化自信，以强烈的认同感和责任感，奋发有为，多措并举，继续保持地方志事业的高位运行态势，不断加快方志馆建设步伐，努力把全国方志馆建设水平提升到一个新的高度，为实现地方志在全国范围从一项工作向一项事业转型做出新的更大的贡献。

首届全国方志馆馆长论坛到此闭幕。

谢谢大家！

在首届全国方志馆馆长论坛上的致辞

漆冠山

各位领导、各位专家、同志们：

人间四月，景色宜人，春意正浓。今天，各位领导、各位专家欢聚在苏州美丽的金鸡湖畔，参加第六届苏州创博会“方志中国”展，并参加首届全国方志馆馆长论坛。我谨代表江苏省地方志办公室，对各位领导、各位专家表示热烈的欢迎。这次活动在苏州举办，充分体现了中国地方志指导小组及其办公室的各位领导，对江苏省和苏州市地方志工作的重视和关心。冀祥德秘书长、刘玉宏副主任对这次活动高度重视，多次听取情况汇报，亲自审定布展方案，并提出明确具体的要求。苏州市委市政府、苏州创博会组委会对这次活动大力支持，苏州市地方志办公室主动服务，多方协调，积极配合，高效有力推进各项筹备工作。在这里，我向为这次活动辛勤付出的各位领导和同志们表示衷心的感谢。

江苏是我国东部沿海发达省份，辖 13 个设区市，总面积 10.72 万平方公里，总人口 7717.59 万人，人均 GDP、地区发展与民生指数（DLI）均居全国省域第一。江苏地势平坦、平原辽阔，海陆相邻、水网交织，长江横贯东西，大运河纵穿南北，太湖、洪泽湖等湖泊棋布，被誉为“水韵江苏”。江苏自然景观与人文景观交相辉映，小桥流水人家的古镇水乡、精巧雅致的古典园林、烟波浩渺的湖光山色、规模宏大的帝王陵寝、雄伟壮观的都城遗址，纤巧清秀与粗犷雄浑交汇融合，吴韵汉风，南秀北雄。

修志编鉴，以志通古、以鉴谋今。江苏省地方志办公室在中国地方志指导小组办公室的关心指导下，立足“一大主业”、突出“四个转变”，加强统筹协调，推进改革创新，更加积极主动地服务于全省政治文化和经济社会建设。“做好地方志和年鉴的编修工作”连续两年被写入省政府工作报告，省、市、县（市、区）三级地方志工作机构和综合年鉴编纂即将实现全覆盖，《江苏省地方志工作条例》被列入省人大常委会2017年立法调研项目、省政府2017年立法工作计划。《江苏名酒志》《中国东海水晶志》《“6·23”特大龙卷风冰雹盐城抢险救灾暨灾后重建志》被列入省政府年度重点工作考核指标。组织编纂名镇名村志，服务特色小镇和美丽乡村建设，在全国产生重大影响，继苏州的周庄、角直、同里等3部镇志入选首批中国名镇志文化工程后，第二批江苏又有东山、锦丰、浏河等11部镇志入选。我们还瞄准“全国第一、全省一流”的目标，深入推进“互联网+地方志”，投资475万元实施“智慧方志”信息化工程，有力地推动了全省地方志工作创新发展。

江苏是方志大省，现存历代旧志占全国1/10左右。对于一个城市来说，博物馆展示历史，规划馆规划未来，方志馆浓缩了方志历史，荟萃了地情文化，历史和未来有机结合的一个不可或缺的场所，是地方志工作迈向新高度的鲜明标志。全省已建成12座方志馆，包括省方志馆、7座市级方志馆和4座县级方志馆（室）。江苏省方志馆于2010年4月开馆，馆藏图书资料10万多册，7部旧志原本被认定为省级可移动文物。去年，“江苏数字方志馆”网站正式开通上线。江苏素有“方志之乡”的美誉，编修地方志已有2000多年历史，历代流传下来的地方志近800种，占全国总数的1/10。省方志馆依托这些文献资源，实施旧志整理出版工程，精选自唐代以来江苏历代旧志600种，影印出版《江苏历代方志全书》，成书规模约500册，被省委、省政府列入加快推进社科强省建设重点项目，入选省委宣传部江苏文脉整理与研究工程。配合“两学一做”学习教育，组织编纂《江苏好家训》，收录江苏历代名家、文化名流、名商巨贾、名门望族等具有较大影响的好家训、好家风，对加强党员干部教育具有很强的现实意义和历史意义。此项工作得到了省委领导的肯定，被省委组织部以信息上报到中央“两学一做”学习教育办公室，中央电视台专题到省地方志办公室采访。为贯彻落实《关于实施中华优秀传统文化传承发展工程的意见》，我们将启动江苏家（族）谱文化资源普查与整理工程，构建准确权威、开放共享的江苏家（族）谱文化资源公共数据平台，充分发挥寻根文化联系海内外血脉亲情的功能，打通历史与现实的时空通道，服务经济社会发展。

中国地方志指导小组办公室利用这次苏州创博会机会，举办“方志中国”展览，组织首届全国方志馆馆长论坛，展示方志文化和方志产品，推动旅游文化创意产业发展，对江苏地方志工作是有力的鞭策和推动，同时也为我们提供了一次难得的学习机会。我们将以此为契机，认真贯彻落实《全国地方志事业发展规划纲要（2015—2020年）》和我省实施方案，大力推进中华优秀文化传承创新，积极服务“两聚一高”新实践，加快建设“强富美高”新江苏。

祝各位领导、各位专家在江苏期间生活愉快、工作顺利！

谢谢大家！

在首届全国方志馆馆长论坛上的致辞

盛　蕾

尊敬的冀祥德主任，各位领导、来宾们：

下午好！在春暖花开、草长莺飞的江南4月，苏州非常荣幸地迎来了参加首届全国方志馆馆长论坛和苏州创博会“方志中国”展览的各位领导和各位嘉宾，在此，我谨代表中共苏州市委、苏州市人民政府，对本次论坛的召开表示热烈的祝贺！对各位领导、各位专家和各位嘉宾的到来表示诚挚的欢迎！

苏州是一座经济发达、区位优越的活力之城。作为长三角重要的经济中心，苏州市委市政府认真贯彻落实党的十八大，十八届三中、四中、五中、六中全会精神和习近平总书记系列重要讲话特别是视察江苏重要讲话精神，苏州在经济、文化和社会发展等方面保持全省乃至全国领先地位，2016年完成地区生产总值1.54万亿元；一般公共预算收入1730亿元，人均地区生产总值2.2万美元。苏州是一座文蕴醇厚、文脉绵长的文化之城。作为吴文化的发祥地，苏州建城距今已有2500多年历史，是全国首批24个历史文化名城之一，是全国重点旅游城市、全国文明城市。苏州同样是一座志载千年、传承文明的方志之城。堪称“地方志鼻祖”的《越绝书》诞生于此，留存至今的古籍志书达392种，历代乡镇旧志63部，占全国254部的四分之一。当代苏州地方志部门全面贯彻落实习近平总书记、李克强总理和刘延东副总理等中央领导的重要讲话、批示及《全国地方志事业发展规划纲要（2015—

2020年)》精神，首轮和第二轮修志工作全面完成，有90%以上的乡镇完成了镇志编纂，25部名镇志、4部名村志列入全国名镇名村志出版计划，各市(县)区年鉴在国家、省市评比中名列前茅。地方志为推动全市经济社会发展和现代化建设提供重要借鉴和智力支持，对传承优秀传统文化，提升城市文化软实力发挥了重要作用。

文化是苏州最重要的软实力，苏州市政府协调推进“四个全面”，以文化强市作为六大发展战略之一，不断传承弘扬优秀传统文化，丰富城市精神内涵。近年来，文化产业发展步伐加快，产业增加值占全市GDP比重超过7%。苏州创博会连续举办6届。苏州优秀的传统文化是苏州文化的根基所在，为我们深耕厚培社会主义核心价值观提供了丰富的地方文化资源。地方志作为最具代表性的地方文化资源，借助创博会的文化平台推介展示，秉持“文化+”发展理念，把弘扬优秀传统与弘扬时代精神和城市精神结合起来，赋予地方志新的时代内涵，作出通俗易懂的当代表达，推动方志文化与创意设计、旅游、科技、互联网等的深度融合、协调发展，在坚持古为今用、推陈出新的同时，必将进一步加强对优秀传统文化思想价值的挖掘、梳理和萃取，弘扬传承优秀传统文化。

加快文化产业发展，推进现代公共文化服务体系建设，既是满足人民群众精神多样化文化需求的重要组成部分，也是苏州经济加快转型升级的迫切要求。地方志作为重要的文化基础事业，是现代公共文化服务体系中不可或缺的一部分，加快方志馆、地情网站、数据库等基础设施建设是其中应有之义。苏州市委市政府对这项工作高度重视，提供了坚实的人力、物力和财力保障。苏州市方志馆是全国地级市中最早成立、藏书量最多的地市级方志馆，每年都由市财政划拨专项经费用于购置方志书籍，目前珍藏各类旧志6000余种，新编地方志书近3万册。苏州市方志馆新馆建设也正式启动。在方志馆硬件和软件建设方面，苏州与其他省、市还存在一定的差距。首届全国方志馆馆长论坛的召开，为苏州推进方志载体建设、资源建设提供了学习和借鉴的大好平台，希望各位领导和专家分享你们在方志馆建设方面的真知灼见，也希望各位给苏州的方志馆建设提出宝贵的意见和建议。这次苏州市具体承办首届全国方志馆馆长论坛，是中国地方志指导小组及其办公室对苏州地方志工作的肯定，也是对我们今后工作的鞭策，苏州市委市政府将一如既往加强对地方志工作的领导和支持，深入贯彻创新发展理念，推动文化资源优势向经济优势转化，向传承创新转化，实现多元价值；坚守中华文化立场，传承中华文化基因，打造高水平的地方志文化精品；坚持人民为中心的基本导向，以社会主义核心价值观为引领，汲取中国智慧、弘扬中国精神、传播中国价值，不断增强地方志优秀传统文化的生命力和影响力，不断推动苏州文化建设繁荣发展。

最后，预祝本次论坛圆满成功。

谢谢大家！

浅析方志馆在传承和发展中华优秀传统文化中的地位与作用

——兼述北京市方志馆在弘扬优秀传统文化中的公共服务特点

侯宏兴　李昌海

提　要：随着传统文化重要性的日益凸显，方志馆等公共文化设施在传承和发展中华传统文化中的地位与作用受到更多关注。历史上，地方志、方志馆即与传统文化有着密切关联。随着现代方志馆的兴起，凭借其独特的历史传统、文化资源与平台优势，在提供多样化公共文化服务的同时，能够在传承和发展中华优秀传统文化过程中发挥其独特的历史作用。北京市方志馆的公共文化服务实践表明，现代方志馆至少在传承载体、展示窗口、教育基地和创新平台四个方面能够有力地推动中华优秀传统文化的传承和发展。

关键词：方志馆　传统文化　传承与发展

随着我国经济社会发展，文化的重要作用得到了前所未有的重视和认可。文化早已不仅是人们茶余饭后的谈资和个人生活的情趣问题，而是上升为国家战略，成为国家综合国力和国际竞争力的重要体现。“文化自信”更是被提到了与我国社会发展的“道路自信”“理论自信”“制度自信”并列的重要高度。习近平总书记2014年“两会”期间讲话指出，“我们要坚持道路自信、理论自信、制度自信，最根本的还有一个文化自信。要从弘扬优秀传统文化中寻找精气神。”在强调文化建设与发展的同时，如何继承和弘扬中华优秀传统文化成为一项重要任务。

2017 年 1 月 25 日，中共中央办公厅、国务院办公厅印发了《关于实施中华优秀传统文化传承发展工程的意见》(以下简称《意见》)，首次以中央的名义，从传承和发展中华优秀传统文化的角度作出了具体详细的阐述。其中，涉及地方志、方志馆在传统文化中地位与作用时，提到“做好地方史志编纂工作，巩固中华文明探源成果，正确反映中华民族文明史，推出一批研究成果……充分发挥图书馆、文化馆、博物馆、群艺馆、美术馆等公共文化机构在传承发展中华优秀传统文化中的作用。”《意见》对地方志和方志馆，尤其是对方志馆这样的公共文化服务机构，在传承和发展中华优秀传统文化中要发挥积极性作用，作出了明确的指示。

近年来，国家、省、市、县四级方志馆建设取得了丰硕成果。作为我国一项重要的公共文化基础设施，方志馆在建成开馆后，面向社会开展公共文化服务工作，也取得了许多优异成绩。人们对方志馆的建设发展在推动中华传统文化的传承与发展方面也寄予了厚望。但是，关于方志馆在传承和发展传统文化方面究竟处于什么地位或发挥什么作用的问题，不少人存在着模糊认识或者缺乏一致意见，归纳起来可以表现为两种截然不同的认识：一种以弘扬优秀传统文化的主体自居，认为方志馆的主要任务就是传承和弘扬中华传统文化；另一种或者不了解方志馆，或者认为方志馆只是专门储存地方志书和年鉴的专业图书馆，与传统文化的传承与发展关系不大。

为了更好地界定和梳理方志馆建设发展与优秀传统文化传承发展的关系，推动方志馆在传承和发展优秀传统文化中发挥应有的作用，结合北京市方志馆开馆以来开展公共文化服务的基本情况和实践经验，本文试从以下三个方面展开论述。

一、地方志、方志馆与传统文化定位

关于方志馆在传统文化传承和发展中如何发挥作用的问题，首先需要解决的是方志馆与传统文化的关系问题。方志馆的重要文化支柱是绵延两千多年的修志文化传统和由此形成的浩如烟海的各类地方志书。厘清地方志与传统文化、地方志与方志馆的关系问题，则是理解方志馆与传统文化关系的一把钥匙。

（一）地方志与传统文化的关系

按照当前的基本共识，地方志与传统文化至少存在两种基本关系。

1. 地方志是传统文化的有机组成部分

地方志书无论是春秋战国的《楚梼杌》《齐乘》《禹贡》[①]，东汉以来的“地记”“图经”[②]，还是其他源头，至今延续数千年，都已经成为中国传统文化典籍的重要组成部分。与此同时，从周代设“小史”掌“邦国之志”，设“外史”掌“四方之志”[③]开始，地方志作为官书历来是各级行政机构的重要行政职能之一，早已经纳入传统政治文化的范畴。历代修史和家谱修订都与地方志有着密不可分的关系，清代方志学家章学诚就曾提出“方志为国史所取裁”[④]的观点，同样证明了地方志是中国传统文化密不可分的组成部分。

2. 地方志是传承优秀传统文化的重要载体

古代地方志书记载了方舆、建置、形胜、职官、名宦、赋役、武备、选举、人物、灾异、艺文等等内容，几乎无所不包，被称为“一地之百科全书”，必然成为传承中国优秀传统文化的重要载体。新编地方志同样延续了旧志传统，从建置沿革、自然、政治、经济、文化、社会等各个方面全面记述，也自然成为传统文化在当代传承与发展的重要载体。

（二）方志馆的功能演变与地方志的关系

当代方志馆具有相对丰富完善的服务功能，但方志馆的功能定位有其自身的演变过程。除了历史上东汉时期的“兰台”“东观”[⑤]，北朝的“史阁”“史

---

① 朱士嘉：《中国地方志的起源、特征及其史料价值》，《史学史研究》1979 年第 2 期。
② 同上。
③ 郝文军：《地方志起源时间及其判定研究》，《渤海大学学报》2015 年第 4 期。
④ [清]章学诚：《亳州志人物表例议下》，《文史通义》，上海书店 1988 年版，第 87 页。
⑤ 潘捷军：《中国方志馆沿革考》，《浙江学刊》2014 年第 5 期。

馆”[①] 等之外，最早的方志馆从北宋的“九域图志局”[②] 开始，是作为专门的地方志编修机构出现。从此一直延续到民国的“通志局”“通志馆”[③]，在功能上专属地方志编修。新中国成立后，1956 年仿照苏联地志博物馆的建设经验，建成开放的山东地志博物馆，开始成为具备收藏、展示功能的综合性地情馆。改革开放以来，全国陆续建成的各级方志馆，在充分借鉴图书馆、博物馆、展览馆、规划馆等各类文化场馆基础上，逐渐具备了征集、收藏、展示、编纂、研究、培训、交流等各项功能，成为集多种公共文化服务功能为一体的地情馆。方志馆的历史发展表明，地方志编修功能作为方志馆单一功能曾为中华传统文化的传承发展发挥了重要作用，但随着社会发展的不断变化，公共文化需求变得更加丰富多样，方志编修不再是方志馆的唯一功能。编纂和收藏地方志逐渐成为方志馆的基本功能之一。

从我国台湾地区“国史馆台湾文献馆”[④] 的功能演变来看，方志馆地方志编修功能的弱化趋势更为明显。1948 年，台湾省成立“台湾省通志馆”[⑤] 负责台湾省通志纂修，1949 年改称“台湾省文献委员会”[⑥]，任务也由编纂台湾省通志变为“文献之采集、整理及编辑”[⑦]。2002 年更名为“国史馆台湾文献馆”之后，其任务变为“对台湾文献的采集、整理及编辑”[⑧]，编纂志书成为“其次及再其次的问题”[⑨]。所以，方志馆的功能演变历史过程，即是地方志的收藏与编纂功能逐渐弱化、地方公共文化功能逐渐强化的过程。这就为方志馆发挥传统文化更大作用提供了良好的基础。

（三）方志馆建设与传统文化传承的基本关联

当代方志馆的建设发展无疑在传承与发展优秀传统文化中发挥着越来越

---

① 潘捷军:《中国方志馆:记录历史传承文明》,《中国社会科学报》2016 年 8 月 30 日第 7 版。

② 同上。

③ 同上。

④ 綦延辉、韩立胜:《从“国史馆台湾文献馆”功能的演变谈大陆方志馆延伸功能的发挥》,《中国地方志》2013 年第 2 期。

⑤ 同上。

⑥ 同上。

⑦ 同上。

⑧ 同上。

⑨ 同上。

重要的作用。单从方志馆的地方志收藏功能来看，对于传统文化的传承也仍然发挥着重要作用。

古代藏书机构的名称众多，如“府”“宫”“阁”“观”“殿”“院”“堂”“楼”①等，可以统称为藏书楼。这些藏书楼归纳起来又可以分为三类：官藏、公藏、私藏。官藏为官方机构藏书；公藏为社会教育和宗教机构藏书；私藏则为私人藏家藏书。不同类型的藏书楼，各具特色，也互为补充。清代以后，随着社会发展对文献书籍需求的不断提高，传统私人藏书楼因其自身的局限性和封闭性逐渐式微，被近现代图书馆所替代。但是，作为一种传统文化形式的私人藏书楼，依然有其传承发展的空间。

始建于明代中期的天一阁是中国现存最早的私人藏书楼，也是亚洲现有最古老的图书馆，世界三大最早藏书楼之一，以明代地方志等古籍文献收藏见长。1997 年 8 月在宁波举行的全国地方志奖颁奖大会上，时任中共中央政治局委员、中国地方志指导小组组长的李铁映谈道：“宁波的天一阁过去以收藏和保存旧地方志而闻名，我们要继承这一传统，并在此基础上，建立一个以收藏新编地方志为重要任务的地方志馆，既为国家珍藏文化财富，也可以提供方志工作者研究使用。”② 1999 年 12 月，“中国地方志珍藏馆”在天一阁藏书楼正式成立。从此以后，全国各级各类方志馆如雨后春笋般建设起来。

虽然方志馆的诞生以及当代方志馆的建设发展并非单纯为了收藏地方志，但是现代方志馆的发展历史已经表明，方志馆的建立本身即是对私人藏书楼这一传统文化形式的继承与发展。

二、北京市方志馆在弘扬优秀传统文化中的公共服务特性

作为当代方志馆，北京市方志馆自 2013 年面向社会正式开馆以来，积极围绕“三个中心、一个基地”的功能定位开展公共文化活动，即通过不断地征集、整理和保存地方志和地情资料，成为全市最大的地方志和地情资料收藏、

---

① 罗宝勇：《从古代藏书楼到现代图书馆的历史变迁》，《淮北师范大学学报》2013 年第 6 期。
② 孙文飚：《存载历史文化的重要载体——论方志馆的价值与功用》，《新世纪图书馆》2010 年第 4 期。

展示中心；通过加强对地情资料的编辑、研究，并整合北京地区的研究力量，不断深化对国情、市情的研究，成为国情、市情的研究、咨询中心；通过联络国内外的各种学术团体、研究单位，不断开拓在地方文化研究方面的交流，成为地方文化的对外交流中心；通过举办各种展览和培训，可以对各级领导干部和各个年龄阶段的学生进行地情知识普及和教育，成为全市爱国家、爱北京、爱岗位的教育基地。

具体而言，北京市方志馆近年来围绕“三个中心、一个基地”通过开展地情图书阅览、地情展览讲解、举办地情讲座、地情文献出版、媒体宣传推广、地情视频拍摄、地情网站建设等多种形式和手段提供公共文化服务。从弘扬传统文化的角度来看，北京市方志馆的公共文化服务有四个基本特性。

（一）传承性：重视挖掘、整理和保存传统文化资料

北京市方志馆在开展公共文化服务活动过程中，延续了地方志注重存史的优良传统，重视挖掘、整理和保存有重要存史价值、濒临消失、对地方文化传承具有重要意义的传统文化资料。例如在文献出版方面，重点推出了“英、日文北京翻译文献系列”为北京历史文化研究留存基础文献资料。在地情视频拍摄方面，重点拍摄了《房山古塔》《延庆古壁画》《通州中仓》等一批具有地方文化特色的地情视频。通过系统的拍摄制作，为传统文化的挖掘、整理和传承保护提供基础资料。

（二）地域性：从本地文化入手弘扬中华优秀传统文化

由于北京历史文化的独特性，至少自明代起北京就成为全国性文化中心，从某种意义上讲，北京的很多地方文化同时也是中华传统文化。北京市方志馆在开展公共文化活动中，着重围绕北京地方文化进行选题，并通过地方文化宣传，同时也弘扬了中国传统文化。比如专题展“老北京商业民俗文化展”，重点围绕北京的老字号、商业用具、坐商招幌、游商响器等几个方面，全面展示了北京地区以中华老字号为代表的商业民俗文化。再比如举办的“梅派艺术薪传展”，重点从梅兰芳的艺术生涯、艺术成就、梅兰芳与艺术大师、梅兰芳的艺术传播、梅兰芳代表作、梅派艺术的继承与发展等几个方面，全面刻画了梅派京剧艺术的完整形象，同时也展现了国粹京剧在民国时期的发展情况。

（三）时代性：结合时代发展的趋势挖掘整理中华优秀传统文化

2014 年“丝绸之路”和“中国大运河”被列入世界文化遗产名录，其中“京杭大运河”作为“中国大运河”的一部分在运河文化史上占有重要地位。伴随着京津冀协同发展战略的实施和通州作为北京城市副中心建设的展开，挖掘与整理“京杭大运河”北京段的通州运河文化就具有了时代意义。2017 年 2 月，习近平总书记视察北京时指出：“通州有不少历史文化遗产，要古为今用，深入挖掘以大运河为核心的历史文化资源。”为了贯彻落实习近平总书记的指示精神，同时也是立足本职，通过历史文化的挖掘工作推动城市建设发展，北京市方志馆拍摄了《通州运河号子》地情视频，从一个侧面重现了历史上通州运河的繁荣景象。

（四）多样性：通过多种有效载体推动弘扬中华优秀传统文化

北京市方志馆在举办地情展览、组织地情视频拍摄、开展地情讲座的同时，还积极探索多种宣传方式和手段，在宣传地方文化过程中，推动弘扬中华优秀传统文化。例如通过开通方志馆微博、微信公众号等新媒体，开设《北京晚报》宣传专栏，进行口述访谈，编辑《北京方志报》，组织地方文化图书出版等多种载体和形式，在记录和传承地方文化的同时，延续了中华优秀传统文化的历史文脉。

三、方志馆在进一步传承和发展优秀传统文化中的地位与作用

针对方志馆与传统文化定位的初步认识，结合北京市方志馆近几年来提供公共文化服务的实践情况，我们认为方志馆作为公共文化基础设施，在进一步传承和发展传统文化过程中，至少能在四个方面发挥积极作用。

（一）方志馆是新时期传统文化传承发展的基本载体

中华传统文化源远流长而又博大精深，但其传承过程需要载体。历史已经证明，众多口口相传的“绝学”正是因为缺乏有效的传承载体而失传，成

为永久的遗憾。方志馆从诞生之日起，就以传承传统文化发展的基本载体形式而存在。

1. 方志馆是地方志与古籍文献的收藏机构

古籍旧志历来是记录传统文化的重要载体，从明代中期的天一阁藏书楼到1999年“中国地方志珍藏馆”在天一阁的成立，从20世纪60年代首都图书馆设立北京地方文献特藏书库，承担部分方志馆职能，到今天方志馆在全国范围内的繁荣发展，地方志与古籍文献的收藏已经成为方志馆建设的基本功能之一。

2. 方志馆是地方志与地情文献的编纂机构

方志馆从诞生之初即作为史志编纂机构而存在，今天方志馆的发展趋势表明，除了志书编纂之外，围绕当代地情文献的整理、编辑等工作逐渐成为更加重要的任务。新编地方志与当代地情文献编纂同样是传承和发展传统文化的重要载体。

3. 方志馆是对地方文化汇集整理的存储机构

关于中国传统文化与地方文化的关系，“复杂多样及互动影响”[①]，但是可以肯定的是，中国传统文化首先是地方文化，然后发展成为主流传统文化。地方文化与传统文化密不可分，没有地方文化就没有中国传统文化。从地方文化的存储角度来说，相对于图书馆、档案馆、博物馆等文化场馆，方志馆对于“地方文化存储功能”[②]具有独特优势。图书馆虽然文化收藏容量大、辐射性强，但它的收藏范围涉及图书、期刊等，对地情资料的收集远不及方志馆全面、丰富。档案馆收藏的资料内容具有专门性，主要是辖区内各机关、团体、单位形成的文件材料，对辖区内地方志、年鉴以及其他地情资料收集的较少。博物馆收藏以实物为主，文字资料收藏较少，欠缺系统性。综上所述，从文化存储功能上看，方志馆有天然的独特优势，而这些地方文化资料的收集、整理和存储工作即是对传统文化的一种直接有效地传承和延续。

（二）方志馆是宣传和弘扬优秀传统文化的集中展示窗口

方志馆作为纳入国家和地方经济社会发展规划的新建公共文化服务设施，

① 许智银：《区域文化与中国传统文化关系述评》，《前沿》2010年第21期。
② 尹虹娟：《略谈方志馆公共文化服务的特征和功能》，《福建史志》2015年第3期。

对于宣传和弘扬优秀传统文化具备独特的展示优势。

形式方面。方志馆既能够借鉴图书馆、档案馆、博物馆、展览馆等其他文化场馆的成熟经验进行宣传展示，比如综合采取文字、图片、实景沙盘、声、光、电等形式进行阅览、展览展示等服务，又能够通过开展讲座、互动、体验等多种方式进行宣传教育。

内容方面。方志馆能够结合自身独特的地情资源优势，充分利用全面、系统、权威的志书、年鉴、地方文献等多种地情资料进行充分的选题策划和挖掘整理工作，为集中展示传统文化提供坚实的资料基础。

（三）方志馆是学习和传承传统文化的社会教育基地

存史、资政、育人的地方志三大功能，其具体实现的重要载体之一无疑是方志馆。方志馆凭借自身拥有的独特资源优势、集中展示优势，必将使其成为文化习得与传承的社会教育基地。方志馆不仅可以成为大、中、小学生课外学习传统文化的实践基地，也可以成为广大党员干部了解本地传统文化的教育基地。同时，也是广大市民接受传统文化再教育的良好场所。

（四）方志馆是传承、培育和促进传统文化创新发展的肥沃土壤

传统文化不是一成不变的，其传承发展需要在原有文化元素的基础上，不断融入新的元素，体现时代特色，彰显未来发展趋势。对传统文化的继承和发展，就是要在不断整理、挖掘、提炼传统文化精粹的同时，与时俱进，推陈出新，以适应新的时代发展要求。

地方志开发利用的历史实践已经证明，通过查阅、利用地方志和地方文献，不仅能够复建已经消失的古代历史文化遗迹，甚至能够帮助重现相关行业的传统生产方式推动现代行业生产发展。

方志馆以其独特的传统文化资源优势、平台优势、人才优势，必然成为挖掘、传承、培育和促进传统文化创新发展的肥沃土壤。

（作者单位：北京市地方志编纂委员会办公室）

试论顶层设计在方志馆建设中的关键作用

——以河北省方志馆立项经验为例

王慧卿

提　要：方志馆是集地方志编纂、收藏、研究、开发利用、地情展示等功能于一体的公共文化服务机构。近年来，各地方志馆建设处于摸索阶段，在方志馆立项和建设过程中遇到了不少困难和问题。本文以河北省方志馆建设项目立项过程中的实践，对方志馆的功能定位、建设内容、建筑规模进行论证，总结论证过程中的经验教训，以期为方志馆建设和发展起到积极作用。

关键词：方志馆　立项功能　定位规模　建设标准

项目立项是对项目选址与建设条件、建设规模与工程建设规划方案、环境保护、消防安全与节能、项目管理与实施、投资估算与资金筹措等方面进行综合研究和分析，重点研究论述项目建设的必要性和工程方案的可行性，提出建设内容、方案、投资、资金筹措，为项目的决策和建设提供可靠依据。近年来，各地方志馆建设处于摸索阶段，由于缺乏依据、标准和遵循，在方志馆立项过程中遇到不少困难和问题，加大了立项难度，延长了项目落地的时间，影响了地方志事业发展。本文以河北省方志馆建设为例，以立项过程中的实践、经验和教训，为全国方志馆建设提供借鉴。

一、项目立项情况

河北是文化大省，也是方志大省，旧志总量约占全国的十分之一，名志佳作比较多。但是，目前河北省还没有建设省级方志馆，与河北省文化强省地位极不相称。由于历史的原因，河北省方志办成立30多年来一直没有自己的办公场所，靠租房办公，先后搬家6次之多，河北省方志办一直为自己的阵地建设奔忙。近十年来，在推动办公场所建设的同时，千方百计推动方志馆建设，多次论证、调研、选址，并积极向省政府、省政府办公厅领导宣传方志馆的功能、意义和作用，为方志馆选址和建设做好铺垫。

2014年9月30日，河北省机关事务局印发《关于中山西路469号院调配使用意见的通知》，同意将中山西路469号院作为省档案馆、省方志馆两个新建项目的业务技术用房选址用地。2014年11月21日，向省政府呈报《关于报送〈河北省档案方志馆建设工程项目建议书〉的报告》。2016年8月18日，省发改委下达《河北省档案方志馆项目建议书》立项批复，初步核定河北省方志馆建筑面积9740平方米，主要包括方志库房，资料查询、志书调阅及省情展示用房，地方志收集、整理、保护、编纂、研究用房，地下车库等，项目总投资36500万元，其中，设备购置及安装费9560万元，由省财政厅根据项目进展情况分年度安排，其余资金由省发改委在省预算内基建资金中分年度解决。12月30日，省财政厅为档案方志馆项目列省级固定资产投资500万元，作为项目前期启动资金。

二、项目立项论证过程

（一）方志馆的定位

河北省方志馆是地情馆，是建设文化强省的有力支撑，是河北自然、政治、经济、文化、社会等省情展示的平台，是志书、年鉴、地情书、家谱的收藏中心及编研交流中心，是河北社会历史文明成果的展示中心，是对内服务和对外宣传的窗口，是进行地情教育、爱国主义教育和革命传统教育的最现实、最亲切、最富有说服力的生动课堂，是唤起河北人民热爱家乡、建设家乡热情，增强爱国爱乡荣誉感和认同感的重要载体。

（二）方志馆建设内容

在确定方志馆功能定位的前提下，经过与省发改委、省财政厅领导及专家反复协商论证，确定省方志馆建设内容主要包含四个部分。一是方志库房，二是资料查询、志书调阅及省情展示用房，三是地方志书收集整理和编纂研究用房，四是地下车库。结合河北省实际情况，省发改委专门进行了一次由省发改委相关处长参加的质询会，决定省方志馆建筑面积为 9740 平方米。省方志办办公用房 660 平方米安排在该院 2 号楼，附属用房和设备用房为两馆共用，不占省方志馆的建设规模，在省档案馆的建设规模内安排，这样河北省方志馆的实际建设规模超过了 12000 平方米。

（三）方志馆分项建设规模的论证

1. 方志库房的论证

方志库房计划由《河北省志》库，河北市、县（区）志书库，河北旧志库，综合年鉴和专业年鉴库，外省志书库，地情书资料库，姓氏家谱资料库，志书、年鉴原始稿本库，期刊库，方志工具书库，抗战资料书库，特色地情专柜库，政治类图书库等 13 个库组成。经科学测算，确定 30 年后方志馆馆藏图书总量约为 57.5 万册。参照国家《档案馆建设标准》（建标 103—2008）和《图书馆建设标准》（建标 108—2008）书库藏书量标准，本着"勤俭、节约、够用"的原则，方志库房建筑面积 2400 平方米。

2. 资料查询、志书调阅及省情展示用房的论证

资料查询、志书调阅及省情展示用房由资料查询服务用房、志书调阅用房及河北省情展示用房组成。参照《档案馆建设标准》（建标 103—2008）中省级三类馆"对外服务用房建设面积标准 3700—4600 平方米"，根据实际工作需要及《河北省地方志事业发展规划（2016—2020 年）》"使方志馆成为地方志和地情资料收藏展示中心、地情研究咨询中心、地方文化对外交流中心、爱国主义教育基地、公民科学素质教育基地和社会科学普及基地"的要求，确定建筑面积为 4600 平方米。

3. 地方志书收集整理和编纂研究用房的论证

参照《档案馆建设标准》（建标 103—2008）省级三类馆"档案业务和技

术用房面积标准4600—5500平方米”，结合省档案方志馆建设项目属于合建项目，两馆的部分业务和技术用房共用的实际，经省发改委同意按低限4600平方米的40%计算，建筑面积为1840平方米。

4. 地下车库的论证

依据国家《档案馆建设标准》对车库的提取标准，需设置车位30个，每个车位30平方米，车库规模900平方米。

三、立项感想

一是从以上立项过程可以看出，不管是方志馆的功能定位，还是建设规模、功能分区都需要有一个根据，若无标准依据，发改委无法给予审批的。由于缺乏标准依据支撑，尽管有省委、省政府领导批示，立项过程还是经历了一个“马拉松”过程，挖空心思找标准，找依据，反复与发改委投资处沟通，甚至成为发改委的“常客”，也许是我们对事业的执着感动了发改委的同志，慢慢地他们就自觉不自觉地与我们一起想办法，找依据，使立项审批得到落地，最终下达批复。

二是尽管经过了艰苦的努力，发改委也给予了极大地配合，但我们的目标还是没有完全实现。比如关于建设规模的核定，原来计划不低于1.2万平方米，但最后还是定位在1万平方米以内，尽管也给予了一些补救，如剥离了方志办的办公面积，与档案馆共用了附属用房和设备用房等公用设施，且不占方志馆面积。但我们仍感到不满意，认为面积还是不够大，也许若干年后还是会满足不了传承弘扬中华优秀传统文化的需要，会留下遗憾，但由于当时缺乏建设标准或规定的支撑，只能尽力而为。近几年省发改委审批了河北省博物馆二期、图书馆二期、河北体育馆、河北大剧院等公益项目，建设规模都在5万平方米以上，有的超过了10万平方米，省档案馆项目确定57280平方米，省发改委的领导也表示面积不是问题，重要的是有依据，现在新建项目实行终身负责、终身追责，没有充分依据是无法审批的。

三是河北省方志馆已经开始设计，初步设计也需要省发改委审批，也需要标准支持，初步设计通过后马上进入建设施工阶段。由于是社会公益项目，建设资金是能够保证的，主体工程完工后的二次装修和展陈设计等需要发改委、财政厅等部门的支持，但所做的方案依据是什么呢？怎样才能让省领导和相关部门支持呢？有些依据可以参考，如藏书的准备，我们向省政府领导反映后，省政府领导和省财政厅领导非常支持，从2016年起每年安排100万元用于为省方志馆购书，做资料准备。但功能用房的设备，展陈的内容规模、标准怎么找依据呢？所幸《方志馆建设规定（试行）》已经出台并对此有所明确，为向省领导和相关部门请示提供一个抓手，在很大程度上减少了立项申请的难度，达到事半功倍的效果。因此，我们认为顶层设计是方志馆建设的关键，期待着地方志事业的顶层设计逐步完善。

（作者单位：河北省地方志办公室）

对方志馆建设现状与发展问题的若干思考

潘捷军

提　要：在当代新型方志馆规划设计和建设过程中，主体定位是否准确，主线脉络是否清晰，主题是否鲜明突出，能否彰显主板特色，是值得关注和探讨的四个重点问题。关键在于：一要清晰认识和定位方志馆的建设"初心"，二要善于辩证处理与其他文化场所、形式相互间的关系，三是在此基础上应对方志馆的未来发展前景有科学判断和相应举措。

关键词：方志馆　发展现状　建设探索

一、近年来全国方志馆建设现状

近年来，全国各地方志馆建设方兴未艾，并呈现出一些新特点，如建筑样式百花齐放，展示陈列方式多有创新，建筑和展陈技术运用日趋现代化，为推动全国地方志事业的发展和社会主义文化大繁荣做出了积极贡献。

新近建成开放的广东省方志馆，面积达4000平方米的省情展厅既展示了广东源远流长的历史文脉，又展示了改革开放先发地的丰硕成果，特别是展示的"四地"（岭南文化集中地、海洋文明重要发祥地、民主革命策源地和改革开放先行地）内容独具特色，开馆后引起社会广泛关注和好评。

北京市方志馆自建成开放以来，活动持续频繁，观众络绎不绝，2016年新举办《侯仁之眼中的北京古都》等3期专题展览，拍摄了《通州中仓》等影像视频，进一步增强了方志馆的对外吸引力，全年共接待观众一百多批近万人次。

黑龙江省方志馆开通的全景模拟展馆，以实体展馆为依托，利用“互联网+地方志”的平台作用，与凤凰网黑龙江合作拍摄，充分发挥其“三端合一”新闻媒体平台优势和互联网辐射效应，特别是VR场景制作等新颖手段的运用，观众仿佛身临其境，从而达到了既全面系统又生动形象展示综合省情的效果。

2016年竣工的广州市方志馆新馆位于天河国际会展中心，占地1.26万平方米。全部展览包括序厅、方志中国、方志广州、广州千年大事长廊、广州之最等板块，整个展馆既展出了历代志书、年鉴等大量方志成果，又充分采用了最新的现代化多媒体技术，既突出了方志主题，又突显了地情特色，体现了地情展示、教育、文献、编纂、影音和服务等六大核心功能，是社会各界全面了解广州、解读珠三角及泛珠三角城市未来的重要窗口，也是全国方志馆建设新水平的重要标志。

利用传统建筑精心规划并数次调整的杭州市方志馆，实现了园林景观与文化元素相融合、杭州特色与方志特色相融合、文化品读与游览观光相融合的设计初衷，成为充分利用传统建筑展现方志文化的现实典范。

二、关于方志馆规划设计的主体理念

2017年初，笔者有幸参加了海南史志馆设计方案的论证工作，尽管《海南史志馆布展大纲（征求意见稿）》（以下简称《大纲》）还仅仅是一个设计初案，其中也还存在一些值得进一步探讨和改进的问题，但该馆的一些理念仍值得全国方志馆在规划设计和建设过程中加以关注借鉴，总结为以下“四主”。

（一）主体定位准确

“主体定位”主要是指方志馆规划设计的主体理念和性质定位。传统方志馆多是以编纂志书为主要功能的办公场所。新时期的方志馆究竟如何定位，特别是与博物馆等场所职能如何区分，方志界曾有过不同意见，改革开放以来所建设的方志馆相应也曾出现过各种不同模式，如湖北方志馆以办公为主，上海通志馆则以存放志书为主等。同样，方志界也开展过积极的学术讨论。一直到2011年，以时任中指组常务副组长朱佳木同志在杭州市方志馆论证会上的讲话为标志，“综合地情馆”的定位才为全国方志界逐步认同，近年来本人所主持的国家社科基金项目《中国方志馆研究》也是以综合地情馆定位，而且这也是方志界能在全国已有众多文化场所中占有一席之地的关键所在。

其实，20 世纪 50 年代出现在苏联的“地志博物馆”就是综合地情馆的最早雏形。按上述要求看，海南史志馆的主体定位无疑是准确的。例如在《大纲》中，无论是“自然海南”“历史海南”，还是“文化海南”“古代近现代名人”，无不浸润着海南深厚的文化底蕴，渗透着浓郁的南海椰乡情怀。

（二）主线脉络清晰

笔者认为：“作为以展示地情为主的当代新型方志馆，在总体设计时，要特别注意其规划布局的系统、延续和完整性。即它不像博物馆等场馆那样以‘物’为主，可以使观众的主要注意力集中在某一件特定物品上，不一定关注整个历史的发展变迁，而是要以‘史’串联，力求纵向概括展示特定行政区域历史发展的全过程。从而使观众看完展览，仿佛穿越了一座历史长廊，可以对当地的历史发展脉络有一个相对清晰的概念。具体应遵循地方志‘纵述史实’‘纵不断线’的原则，设计一条历史发展脉络主线，运用场景复原、模型复制、物品展示、视屏显示等多种传统和现代化手段加以展示。”[①]

海南史志馆在主体设计中，主线脉络十分清晰，《大纲》从“公元前 110 年海南纳入西汉皇朝版图”始，到“1988 年 4 月海南建省办经济特区”止，清晰勾勒了海南行政区划的发展过程，同时也体现了方志“纵述史实”的特征。

（三）主题鲜明突出

这个“主题”毫无疑问就是爱国主义。《大纲》主体设计者这种意识十分强烈，理念十分清晰，因而《大纲》时时处处绷紧了这根“弦”，无论是从纵向层面的梳理（如“南海维权”“郑和下西洋”等章节），还是从横向广度的介绍（如“侨乡文化”等内容），都从不同方面弘扬了爱国主义主旋律，这在当今海南无疑具有特别重要的政治和现实意义，同时也构成了海南史志馆不同于其他方志馆的独特特色。而且这个严肃主题在《大纲》中的反映并不刻板，从沙盘、照片、模型、地图、电子播放器等，寓教于乐，静态与动态有机融合，

① 潘捷军等编著：《中国方志馆》，方志出版社 2016 年版，第 200—201 页。

传统与现代交相辉映。

（四）主板特色彰显

主板指的是展览的主要板块、主体架构。一般来说，只要是以综合地情馆定位的方志馆，当然会从不同角度展示地情。但在笔者所接触的展馆中，确也发现有的展馆虽有主题，但无论从内容还是到形式都较为欠缺，或内容雷同、似曾相识，或形式呆板缺乏活力，在观众吸引力上明显缺乏火候功力。这既涉及设计者的主体构思水平，也关乎布展施工单位的技术经验能力。

海南史志馆《大纲》目前虽然还是一个静态框架，但从各部分内容中可以发现，它不仅已具备综合性地情馆所应具备的元素，同时还有不少地方显然匠心独运（如“移民文化”“著名贬官”等内容），可谓独树一帜。当然，目前这还只是一个静态文本，要让它真正“深”下去、“活”起来，还需要花费相当的功力，最后还是要由实践检验，让观众作结论。

其实，以上所作的“四主”分析，不仅是海南史志馆规划设计的重点和特点，而且近年来在参加浙江湖州方志馆等场馆设计论证过程中发现，这也是全国方志馆规划设计过程中的共同特点，因篇幅所限在此不再一一详述。

三、由当前全国方志馆建设现状引发的若干思考和建议

从北京、广州等地方志馆的成功范例中，从海南、湖州等地方志馆的论证过程中，引发了笔者对当前全国方志馆建设的进一步思考，主要有几个问题：建设初衷是什么？如何在场馆林立的现实中独树一帜？今后的路应当怎么走？

（一）关于方志馆的建设初衷问题

我们为什么要建方志馆？或者说，什么是我们建设方志馆的“初心”？一言以蔽之：方志，即方志馆应以展示和弘扬方志文化为宗旨要义，方志是方志馆的“根”和“魂”。

那么这种理念是否可行？此处仅举一例，2013 年建成开放的杭州市余杭区方志馆，其主要设计者的理念是：既然称之为“方志馆”，那么其所展示的一切都应以志书为主题主线，即“史”须源自“志”，“展”须围绕“志”，言

必有“志”，并力求收放有度。“放”以志书记载的内容为边限，“收”以方志文化为准绳，凡是志书中没有记载的一般不予展示。因而该馆所展示的区域历史和综合地情并非始于历史发端（尽管区域内有著名的“良渚文化”等历史遗迹），而是以有志书记载的历史为发端。同样，入馆人物也非不作选择地来者不拒，而是必须有相应的历史典籍文献为依据，即志书中未记载的人物概不入馆。相应该馆所设的六个展厅也全部以“方志”命名：方志·源流、方志·舆地、方志·人文、方志·山水、方志·物产、当代方志。

其实这种理念在学界早有渊源。如民国时期曾任北京大学、清华大学教授及中国史学会主席的朱希祖就特别强调“史学发生”的必要条件——文字，认为“有文字而后有史”。他还在《中国史学之起源》中阐明：“司马迁作《史记》，《本纪》起于黄帝。而其《货殖传》又云：‘夫神农以前，吾不知已。’盖亦以有文字而后有史，故起黄帝。神农以前为结绳之世，故谓不可知。”[①]“春秋以前，年代不明。虽历人亦多争执异同，此谱系之所以不能称为历史也。”[②]金毓黻也说过：“吾国史籍之生，应在制字之后，故远古无史可言。”[③]当代学者严建强则认为：志书是文字形成以后的产品，有文字以前的历史可以进入博物馆（如神话、传说等），但一般不能进入志书，同样也不能进入方志馆，这也是方志馆一个重要的范域界定。当然，上述观点在学术上可进一步探讨，但这种理念却很值得方志馆建设加以关注借鉴。

诚然，就旧志等珍稀文献的数量和等级而言，各地的方志馆可能远不如图书馆等，但我们不能就此轻易舍弃方志。无论如何，“方志馆”不能离方志太远，更不能撇下方志不管，否则就有本末倒置之感。这就是我们建设方志馆的“初心”和初衷，更是方志馆的根基和灵魂。只有始终恪守这一理念，我们才能实现方志馆的建设“初心”。

（二）关于综合地情馆的定位问题

研究认为，自古至今的方志馆有三种主要类型：一是未单独设置，而是与史馆、藏书楼、图书馆、档案馆等文化场所兼容合并的综合性场馆；二是

---

① 朱希祖：《中国史学之起源》，载《朱希祖文存》上海古籍出版社 2006 年版，第 100 页。
② 朱希祖：《中国史学通论》，上海古籍出版社 2014 年版，第 20 页。
③ 金毓黻：《中国史学史》，河北教育出版社 2003 年版，第 28 页。

单独设置，以编纂、存放和展示纸质志书等文献为主要形式的传统方志馆；三是以现代化手段展示特定行政区域历史文化和现实地情为主，同时兼及传统形式的新型方志馆(即综合地情馆)[①]。那么，当代方志馆为何要如此定位？前提和关键是如何认识和处理与其他场馆的关系。

梳理方志馆发展史就会发现，方志馆并非古已有之，从古代史馆、宋代九域图志局、清代一统志馆，到近现代的民国通志局(馆)、新中国成立初期的地志博物馆，再到改革开放后正式以“方志馆”冠名的一大批新型方志机构……方志馆建设发展中的每一个阶段都受到古今中外其他形式不同程度的影响。即便是综合地情馆，其实也不是方志系统的首创，而是20世纪50年代受苏联影响，以山东地志博物馆为标志，由全国文博界首先创立。同样即使在今天，与博物馆、图书馆、档案馆等场馆相比，方志馆仍属于新生事物，同时一定意义上还是个“弱势群体”，因此方志馆建设应当吸收借鉴其他成功经验和模式。但这不等于全盘复制、照抄照搬，这就涉及在借鉴基础上自身如何定位的问题，即如何在场馆林立的当代文化事业大格局中，建好以综合地情馆为主要模式的新型方志馆。笔者认为有三个问题值得关注。

一是需要指出的是，“方志馆”不等于“志书馆”，强调方志馆要以方志文化为本与建设综合地情馆并不矛盾。首先何为“方志”？国务院《地方志工作条例》规定得非常清楚：方志应当全面、客观、系统地记述一地自然、政治、经济、文化、社会的历史与现状。这是什么？这就是“综合地情”。既然如此，以再创作的方式，全面客观系统地展示志书所记载的综合地情，当然是方志馆建设题中的应有之义。而且这一目标和宗旨仅靠把几本志书简单地往里一摆难以实现。

二是就“方志”本义而言，“方”无疑是指“地方、区域”等义，但“志”却不仅仅是指一种文献形式，也不仅仅只可作为名词，它还可用作动词，即指用文字、符号等形式加以记录、记载等，如古时“志”便可作“誌”解。在此意义上理解，“志”其实既是一种纸质的固态物体和静态形式，也是一个动态概念和发展过程。在计算机等现代传播手段出现以前，传统场馆主要用于存放纸质文献，不可能出现当代意义上的方志馆。但这并不意味着“方志馆”就简单等同于单一的纸质志书馆。在人类已进入21世纪的今天，“志”(记录、记载)

① 潘捷军等编著：《中国方志馆》，方志出版社2016年版，第1页。

的手段事实上已不限于单一的纸质形式，完全可用各种现代化手段"志"人、"志"事、"志"物。因此，当代方志馆，既可以是传统的"志书馆"，也可以是用各种现代化"志"的手段，对一"方"地情进行动态记载和综合展示传播的场所。我们应当以这种与时俱进的思维来认识和建设当代意义的方志馆。

三是还要看到，恰恰正是由于这种定位，我们才能在场馆林立的当代文化事业发展大格局中独树一帜。与博物馆相比，展示"历史"显然是其独特优势，但展示"现状"（如新中国成立后特别是改革开放以来的建设发展成就）却是目前全国各地展馆行业普遍忽视的一个问题。为此笔者曾与某省文物局长探讨过此问题，他的回答是："因展馆面积等条件所限，文博界现有文物都无法充分向外界展示，更无精力关注现当代事物。"当然，从深层次看，文博界还普遍存有一种"厚'古'薄'今'"的潜意识。同样，以珍藏孤本、善本等为重点和优势的图书馆、档案馆等也不同程度有此倾向，笔者以为这恰恰为方志界腾出了发展空间，也是方志馆的优势所在。对大多数观众来说，越是遥远的历史他们会越感陌生，往往敬而远之。而对自身亲历的历史却具有天然的亲切感，也越愿意接近。这也是综合地情馆独特的优势所在。在这方面，沈阳中国工业博物馆，北京、广州等地的方志馆都有很值得借鉴的成功经验。

因此，在方志馆建设过程中，我们既不能妄自尊大，同样也不必妄自菲薄，要有方志人自身的自信与定力。正如习近平总书记 2017 年 4 月在考察广西合浦汉代文化博物馆时所指出的那样："博物馆建设不要'千馆一面'，不要追求形式上的大而全，展出的内容要突出特色。"[①] 也正如中共中央办公厅、国务院办公厅印发的《关于实施中华优秀传统文化传承发展工程的意见》中所指出的那样："以我为主、为我所用，取长补短、择善而从，既不简单拿来，也不盲目排外。"我们要深刻领会这一精神，通过精心策划、精准发力来建设好方志馆。

（三）关于方志馆发展前景问题

首先，方志馆建设必须与时俱进。方志馆不但是一种新生事物，同时还具有展馆业"一次性消费"的特点，即除专业人士外，观众大多不会作多次选择。因而良好的开端只是成功的一半，我们一定要以创新意识使方志馆建

① 《博物馆要突出特色 不要"千馆一面"》，《中国文化报》2017 年 4 月 22 日第 1 版。

设“永远在路上”。相反，如果开馆后满足于坐井观天、孤芳自赏，而没有独树一帜的意识和相应举措，可能很快就会落入“门庭冷落车马稀”的尴尬境地。因而要十分关注开馆后的良性运行机制和综合效益问题。例如，要像北京馆那样，力求预留空间作为临时展厅，以常开常新方式对观众始终保持一种新鲜的吸引力，使方志馆始终保持旺盛活力和持久的生命力。

其次，我们的建设理念和手段不能仅停留于现有形式，甚至满足于传统方式，而要充分运用现代化手段，不断延伸展示链，不断创新办馆的技术手段。如浙江舟山市网上“虚拟方志馆”、北京数字方志馆等都是典型实例。

最后，必须进一步拓展视野，按《关于实施中华优秀传统文化传承发展工程的意见》中“推动中外文化交流互鉴”的要求，让中国地方志在世界文化舞台上彰显更重要的价值，发挥更重要的作用。一方面，要采取有效措施，让地方志这种“中华典籍等中华传统文化代表性项目”“走出去”，而且“地方志应该是严谨的资料性文献，但是传播地方志的形式和方式应该是生动活泼的。地方志开发利用做得越好、推广得越多、运用得越广泛，地方志工作的现实意义就越重大，贡献就越大”。[①]

另一方面，据统计，世界上现存汉籍约有26—27万种，其中我国大陆馆藏仅有16.3万种，港澳台地区约有3.7万种，海外散存的约有6万多种，且相当一部分是包括地方志在内的珍稀文献。问题还在于，有些中国典籍文献流失海外后，普遍引起高度关注，但在国内却往往悄无声息。从这个意义上说，“传回来”和“走出去”同等重要。其实我们“了解海外藏中国文物目的不在追索，而是为了更好地进行学术研究和文化交流”[②]。目前海外中华古籍的回归主要有几种方式：一是完璧归赵式的“原生性回归”，二是通过复制、缩微、影印等形式的“再生性回归”，三是更易为双方接受且可操作的“数字化回归”。无论是哪种方式，方志馆都可有所作为。因此，面向未来，我们应当“志”存高远，有“志”者事竟成！

（作者单位：浙江省人民政府地方志办公室）

① 刘延东：《在与第五次全国地方志工作会议部分会议代表座谈时的讲话》，《中国社会科学报》2014年5月2日第1版。

② 李韵：《全面展示海外藏中国文物》，《光明日报》2015年3月31日第6版。

论山东省推进方志馆建设发展的策略

李　坤

提　要：方志馆是社会主义文化建设的重要设施，是史志机构开展公共文化服务的重要载体，加快推进方志馆建设是推动史志事业科学发展的内生动力，是传承弘扬优秀齐鲁文化的现实需要，是构建公共文化服务体系的必然要求，具有重要的意义。山东立足史志事业长远发展角度，将方志馆建设摆在和修志编鉴同等重要的位置，在全国率先提出第二轮修志、综合年鉴编纂和方志馆建设“三全”目标，明确要求2020年省、市、县三级方志馆全面建成，以方志馆建设全覆盖为抓手，努力推进方志馆事业又好又快发展。

关键词：“三全”目标　方志馆　全覆盖

方志馆，姓“方”名“志”，载体为“馆”，是地方志事业必不可少的组成部分，是重要的公共文化服务平台，是地方志工作者共同的家园和对外交流窗口。建好方志馆，对于妥善收藏保护和开发利用方志文化资源，构建完善的公共文化服务体系，满足人民群众日益增长的文化需求，服务地方经济社会文化发展，具有重要的现实意义和深远的历史意义。近年来，山东在全国率先提出第二轮修志、综合年鉴编纂和方志馆建设“三全”目标，推动方志馆建设实现了持续健康快速发展。

一、加快推进方志馆建设意义重大

（一）建设好方志馆是推动史志事业科学发展的内生动力

目前，史志事业已经从单一的修史修志拓展为志书、年鉴、方志馆、信息化、开发利用、刊物、学会、理论研究等全面发展的格局。方志馆更是成为史志事业发展的重要增长点。一方面，方志馆收集、整理、保存、研究地情资料，为领导决策、科学研究等提供信息咨询，集中展示和普及地情知识、开展爱国爱乡教育，与史志工作“存史、资政、教化”的功能一脉相承，可以延续和拓展史志工作者的核心价值追求。另一方面，方志馆面向社会展示志书、年鉴及其他优秀史志成果，宣传推介史志工作服务中心、满足社会需求的价值和意义，让社会各界和群众认识史志工作，可以更好地传播和弘扬方志文化，为史志事业发展创造良好的社会环境。山东省计划在2018年全面完成第二轮修志任务，实现“一年一鉴”全覆盖，此后需要通过方志馆建设的持续发力，推动史志事业不断向前发展。同时，通过方志馆保护传承和开发利用好不断增加的史志资源，宣传推介志鉴成果，进一步扩大社会影响。

（二）建设好方志馆是传承弘扬优秀齐鲁文化的现实需要

山东是中华文化重要发祥地、齐鲁文化发源地，有着悠久的历史和深厚的文化，各地都有丰富多彩的地域文化。时任山东省省长的郭树清同志曾经作出批示，要求史志部门“利用丰富的齐鲁文化资源，挖掘和阐发优秀传统文化”。2016年11月10日，在主持曲阜优秀传统文化传承发展示范区建设规划专题会议时听取了史志部门的意见建议，郭树清再次强调“坚持研究、阐发、保护、传承相结合，把挖掘研究齐鲁优秀传统文化放在首要位置。”地方史志是优秀传统文化的重要载体，方志馆是史志工作传承弘扬优秀传统文化的有效途径。通过建设方志馆，可以将传统的地方志与现代科技结合起来，促进无形的文化与有形的实体融合创新，更好地研究挖掘和传承弘扬历史文化，不仅能够延续地域文化“根脉”，而且可以向全国乃至世界集中展示地域文化特色，进而带动对外文化交流、招商引资等工作。

（三）建设好方志馆是构建公共文化服务体系的必然要求

2015年中共中央办公厅、国务院办公厅印发的《关于加快构建现代公共文化服务体系的意见》要求“统筹推进公共文化服务均衡发展，增强公共文化服务发展动力，加强公共文化产品和服务供给”，明确“以县为基本单位推进落实基本公共文化服务标准体系，根据经济社会发展变化，适时调整提高具体指标。”方志馆与图书馆、博物馆、美术馆等公共文化机构具有同样的公共属性、开放属性和服务属性，收集的资料和承载的功能以专门、独有、权威见长，具有其他文化机构无法替代的作用。搞好方志馆建设，不但符合国家构建现代公共文化服务体系、全面深化改革的政策要求，更是满足人民群众精神文化需求、促进社会主义文化大发展大繁荣的重要举措，也是史志部门围绕中心、服务大局，积极参与地方经济社会发展，彰显地方史志独特价值和作用的有力抓手。

二、深入推进方志馆建设“全覆盖”

山东省的方志馆建设起步于20世纪90年代中期，大多以各级史志机构资料室为前身。随着修志成果的不断丰富、开发利用志鉴资源的迫切要求，各级史志机构都把建设方志馆提上议事日程。1996年山东省方志馆成立，2003年新馆建成并投入使用，建筑面积5600平方米。之后，山东省史志办进一步提出建设省、市、县三级方志馆的构想，将方志馆建设定位为“地方文献中心”，作为地方志事业长远发展的基地。各级党委、政府和有关部门也普遍把方志馆作为重要公共文化设施，在馆舍、设备、机构、编制等方面给予大力支持，方志馆建设在山东开始破题。

党的十八大以来，以习近平同志为核心的党中央高度重视史志工作，史志事业迎来前所未有的大好形势，方志馆建设也迎来了新的春天。国家和山东省地方志事业发展规划纲要都把方志馆建设列入目标任务。2016年，时任山东省省长的郭树清同志在全省旅游产业发展大会上特别强调，“各级文物保护单位，博物馆、文化馆、艺术馆、美术馆、地方党史馆、方志馆，都是体验历史文化的重要载体”，要求通过方志馆等载体把文化资源转化为文化发展优势。副省长王随莲连续三年到基层督导史志工作，每到一地必看方志馆，对方志馆建设提出明确要求。省史志办始终高度重视和关心支持方志馆建设，加大投入和建设力度。省方志馆先后投入近400余万元提升软硬件条件，聘请著名学者欧阳中石担任名誉馆长并题写馆名，举办“中华文化与逻辑”“中华文化与书法”两场专题讲座，大大提升了文化品位和社会影响。同时，山东省史志办领导班子审时度势，深入总结全省方志馆建设经验，立足史志事业长远发展角度，将方志馆建设摆在和修志编鉴同等重要的位置，在全国率先提出第二轮修志、综合年鉴编纂和方志馆建设“三全”目标。2015年，省政府办公厅印发省史志事业发展规划纲要，明确要求2020年省、市、县三级方志馆全面建成，作为与2018年全面完成第二轮修志任务、实现省、市、县三级综合年鉴“一年一鉴”全覆盖同等重要的目标任务，成为义不容辞的官职官责。

（一）统一思想，狠抓馆舍建设

方志馆是史志工作可以依赖的唯一实体，没有好的馆舍，一切都是空谈。山东始终牢牢抓住馆舍这个“牛鼻子”，持之以恒、持续不断地做工作。“三全”目标明确后，在2016年专门召开省、市史志机构一把手参加的全省方志馆工作会议，传达学习第一次全国方志馆工作会议精神，通过现场观摩东营市方志馆、典型发言、座谈交流等形式，统一了思想，提高了认识，明确了任务。根据山东实际，提出了方志馆建设达标的新标准，要求市级方志馆不小于2000平方米，县级新建方志馆不小于1000平方米，有力地推进了全省方志馆建设“全覆盖”。会议要求，各级史志机构要充分认识当前城市化加速发展对公共文化服务均等化的需求，争取方志馆在公共文化服务设施建设中占有一席之地。并要求积极向当地党委、政府请示汇报，争取有关部门的支持，学会借势借力，明确方志馆不同于一般意义上的楼堂馆所，而是公共文化服务体系的重要组成部分，是各级政府的一项重要工作，必须纳入文化建设大盘子，坚持高起点规划、高标准建设。目前，山东正在积极筹划建设省方志馆新馆，17个市级方志馆全部落实馆舍、逐步提升标准，137个县级方志馆，已建成的126个绝大多数正在进行改扩建或重建，尚未建设的大部分都已开工建设或规划完成。20000平方米的国家方志馆黄河分馆暨东营市方志馆计划2017年投入使用，青岛市方志馆规划10000平方米，近20个县级方志馆在建和拟建馆舍面积都在2000平方米以上，呈现出前所未有的良好发展势头。

（二）借势借力，推动合建方志馆

在推动方志馆建设的过程中，山东坚持实事求是的原则，各地根据自身实际，在暂时无法建设新馆的情况下，积极与有关方面协调沟通，利用已建成的空闲公共文化服务场所建设方志馆，既解决了方志馆馆舍问题，又解决了公共文化服务场馆利用率不足的问题，实现了双赢。东营市方志馆获批国家方志馆黄河分馆后，通过积极争取，得到东营市委、市政府的高度重视，决定利用已完工的 20000 多平方米的原黄河文化博物馆整体建设方志馆。经过积极协调，东营市与黄河水利委员会、中国地方志指导小组办公室达成合作意向，三方共建国家方志馆黄河分馆暨东营市方志馆，形成了工作合力。莱芜市史志办也积极争取市委、市政府支持，利用已建成的面积达 1.6 万平方米的莱芜钢铁博物馆，通过改造建成一座特色方志馆。省史志办还借助国家档案行政执法检查组对山东执法检查反馈意见整改落实的有利时机，与省档案局协调沟通、争取支持，省委办公厅、省政府办公厅印发工作方案，明确提出方志馆与档案馆合建的要求，为各地方志馆建设创造了良好条件。目前全省有 50 多家县级方志馆确定与档案馆合建，大多数已完成规划并开工，仅青岛市就有 8 个区（市）的方志馆新馆与档案馆合建，有的已经建成，其他已完成规划并开工建设，面积为 2000 至 4000 平方米不等。这项举措对 2020 年实现方志馆建设全覆盖起到了极大的推动作用。

（三）加强督查，推动工作落实

省史志办积极争取省政府督查室支持，提请省政府连续四年对史志工作进行督查，建立了常态化的督查落实机制。2016 年省政府督查室将“三全”目标落实情况列入政府工作报告年度重点专项督查任务，副省长王随莲到烟台市督导史志工作，省史志办领导赴青岛、东营、烟台、济宁等 12 个市县督导方志馆建设，在馆舍的协调、争取、建设等方面都取得了突破性进展。根据省委、省政府的部署，对于方志馆与档案馆合建的，省委、省政府每季度对工程进展情况进行一次督查，倒排工期，确保按时完成建设任务。此外，省史志办借助省政府督查室对全省史志事业发展规划纲要进行政务督查的有利时机，积极调度市县方志馆建设情况，摸清底数，在全省史志办主任工作会议上通报建设情况。2017 年初，报请省政府督查室对 17 个市分别下发督查情况的反馈意见，有针对性地对方志馆等“三全”目标落实情况指出不足，要求狠抓方志馆建设，明确工作方案，经市政府主要负责同志审签后报省史志办公室。日照市政府原本同意在新建市图书馆划出 2480 平方米作为方志馆馆舍，根据督查反馈的意见，又为方志馆增加了 1950 平方米的书库和展览面积，整个方志馆使用面积扩大到 4300 多平方米。济宁市接到督查通报后，将方志馆规划建设面积由 2000 平方米增加到 5000 平方米。淄博市、县两级已完成第二轮修志和年鉴“一年一鉴”全覆盖，接到督查通报后，市政府专门制定出台《关于加强市、区县两级方志馆建设的工作方案》，对淄博市和所属8个区县的方志馆建设提出明确要求，淄博市方志馆面积为3000平方米，区县新建方志馆都在1000平方米以上，并明确提出到2018年底全部完成，进一步加快了工作进度。

三、全力提升方志馆建设水平

（一）突出特色

一是突出方志特色。方志馆是史志事业发展的坚强阵地，方志特色是方志馆建设的根本。山东省方志馆2010年建成陈列室，展览面积1000余平方米，展出文物文献3000余件，图片1000余幅，真实再现山东历代修志历程，充分展现山东史志事业发展取得的成绩。菏泽市方志馆建筑面积2000多平方米，馆内设有地情展览厅、志鉴书籍室、专家研究室（阅览室）和古籍珍本室、电子阅览室、学术报告厅以及展览大厅，将清乾隆《曹州府志》的城池图与中华人民共和国成立初期、中期以及改革开放以来菏泽城市的发展变化，以图文并茂、新旧对比的形式展示出来，史志特色鲜明，受到参观者的肯定。

二是突出地域特色。地域特色是方志馆的生命力所在。东营市方志馆获批建设国家方志馆黄河分馆，得到东营市委、市政府的高度重视，力图站在东营的角度和国家的高度，打造黄河文化标志、东营文化名片和全国方志馆样板。德州市方志馆也以办特色方志馆为目标，重点做好“一圈四线”（以德州为点方圆200公里圈、京沪经济线、黄河渊源线、运河文化线、京福吏治线）志书资料征集交流，形成了独特的馆藏体系。

（二）打牢基础

一是抓好内部管理。严格执行方志馆管理制度要求，严把书籍出库、入库关，对新进书刊及时清点、登记、上架，书籍出库严格执行申请、审批制度。认真做好各库室的图书清点核对、整理保管，做到书刊分类有序、库室整洁卫生。强调“六防”（防火、防水、防盗、防蛀、防潮、防尘），开展定期不定期安全检查，发现隐患及时排除。在雨季到来前，做好各种防范措施，发现地下书库排水沟进水及时汇报并配合处理，确保馆藏安全。制定完善方志馆各项规章制度，实现各级方志馆建设与管理的科学化、规范化。尤其要注重对各类馆藏资料的保管和保存，配备必需的防火、防盗、温湿度调控等设施，确保文献资料安全，不能出现损毁、流失等问题。

二是抓好馆藏建设。文献资料是方志馆的立身之本。山东各级方志馆都定期对各自行政区域内史志类图书的编纂出版情况进行普查统计，摸清家底，制定完善征集工作方案，形成一套行之有效的史志出版物报送制度和规范。省方志馆借鉴国家版本书库面向全国出版界的呈缴本制度，实行了省史志系统成果、资料缴送制度，要求全省各级史志机构将出版的各级各类志书、年鉴及相关地情文献向省方志馆报送。各级方志馆还特别重视各类地情书籍、资料、影像、实物以及口述资料的搜集整理，确立馆藏特色和资源优势，不断优化馆藏资源体系，努力实现方志馆馆藏资源的最佳化和最大化。

三是抓好信息化建设。注重利用信息技术，实现数字方志馆与实体方志馆协调发展。尝试以实体馆藏资源为依托，积极利用计算机、数据库、互联网等先进技术和新兴传播媒介，通过对数据、文字、图片、视频、音频等地情信息资料的加工、处理，实现地情信息资源数字化、信息传递网络化、服务形式多元化和信息利用共享化，确保方志馆在公共文化服务体系建设中最大限度地发挥作用。在山东省情网开设省方志馆陈列室虚拟展室，运用3D视频与动画技术，使浏览者通过互联网足不出户就能身临其境感受展室现场，取得很好的效果。构建“全省志类成果交换平台”，在省情网开辟专栏，汇集全省方志馆馆藏信息，拓宽全省志类成果流通渠道，互通有无、调剂余缺，丰富和补充各级方志馆馆藏，在全国史志系统尚属首例，促进资源流动，强化资源共享，实现馆网融合发展，促进全省方志馆资源有效整合。

（三）扩大影响

一是做好开发利用工作。通过编辑地情书籍、开展地情研究、举办展览陈列、开办报纸或电视台专栏、组织论坛讲坛等多种途径，让馆藏资源真正活起来、用起来，使方志馆有能力、有实力为地方党委、政府中心工作和社会各界提供更好的服务。东营市方志馆收集了有关东营历史文化图片资料12万幅，并予以数字化处理，收集有关东营音像资料时长达2.2万秒，包括20世纪六七十年代拍摄的有关农业开发和油田会战的纪录片，收集具有一定历史文化信息的老物件700余件，并完成实物拍摄和文字记录工作，编辑出版了《时光有痕——黄河口老物件》图册，拍摄制作了历史文化专题片《沧桑东营》。

二是做好社会服务工作。增强服务意识，站在提供公共文化服务的高度，以服务当地党委、政府中心工作和经济社会发展为首要目标，贴近中心、贴近社会、贴近生活、贴近百姓，积极拓宽服务领域，增强服务能力，扩大方志馆的社会影响力。增强品牌意识。在参与公共文化服务的过程中，要高举“方志文化”旗帜，让群众了解方志文化，得到社会的广泛关注和认可，发挥自己的品牌效应，努力成为当地的文化名片，为史志事业创出精品、打造品牌。

三是做好宣传交流工作。山东省方志馆聘请著名学者欧阳中石担任名誉馆长，欧阳中石为省方志馆题写馆名并举办专题讲座，大大提升了省方志馆的影响力。菏泽、临沂、崂山等方志馆举办展览、讲座等活动，产生了积极的社会反响。采取招募志愿者等形式，积极争取社会各界支持，充分利用社会力量开门办馆。各级方志馆之间也要建立畅通的工作和业务交流渠道，推动馆际交流合作，实现互利共赢。

（作者单位：山东省方志馆）

方志馆建设的三个主要问题
——以国家方志馆黄河分馆建设为例

杜金华

携手奋进 共创未来

提　要：方志馆的影响和价值在于展示内容的全面性、科学性、资料性以及展示手段的多样性和展示形式的灵活性。要坚持项目化运作，把方志馆建设纳入重要公共文化设施建设内容，面向社会公开招投标组织实施。要以开放的、经营的、发展的眼光与策略组织方志馆建成后的管理运行，超前预判可能遇到的问题，从技术上、方案设计上妥善处理，做出特色品位，发挥预期功能，实现持续发展。

关键词：方志馆建设　项目化运作　管理　运行

国家方志馆黄河分馆坐落于东营市，为中国地方志指导小组正式批复的第二家国家方志馆分馆。2015 年 7 月 16 日批复以来，东营市方志馆建设迅速提升和快速发展。一是场馆建设迅速落实。场馆位于城市公共文化核心区，主体工程基本完工，整体四层，总建筑面积 20351 平方米，总投资 1.6 亿元。建筑设计造型为庄重典雅的鼎型，与位居其侧后方的 21 层人防大楼形成“黄河之水天上来”的审美情趣，与位居其右侧的圆形城市规划展览馆共同诠释“天圆地方”的传统文化理念。二是展陈项目顺利推进。国家方志馆黄河分馆暨东营市方志馆展陈项目作为 2017 年全市重点项目和政府投资项目，以“纵览黄河、感知东营”为主题，力求系统、真实、生动地展现黄河风采，传播中华文明，讲述东营故事，彰显黄河口魅力。展陈项目估算总投资 1.3 亿元，目前已完成展陈大纲编纂和设计施工一体化项目招标，计划2017年底基本具备开馆条件。三是组织领导体制健全。国家方志馆黄河分馆实行三方共建，由东营市政府、中国地方志指导小组办公室和黄河水利委员会共同作为建设管理主体。三方领导共同组成项目建设工作领导小组，推进项目实施。作为东营市地标性建筑，该馆冠名“黄河文化馆”，其管理运行机构同时挂国家方志馆黄河分馆、东营市方志馆、黄河文化博物馆三块牌子，以打造全国方志馆样板、黄河文化标志、东营市文化名片和爱国主义教育基地。

在方志馆建设推进过程中，特别是展陈项目正式实施以后，围绕方志馆建设立项和目标定位进行了深入研究，包括组织考察策展公司、参观国内类似工程项目和走访沿黄各省博物馆、组织专家研讨等，其中有三个问题必须明确。

一、方志馆建设要在打造“综合馆”上下功夫

所谓“综合馆”，一是指方志馆兼具多种功能定位，是一个满足不同群体需求的公共文化服务场馆；二是指方志馆担负着面向大众传播方志文化的功能，是一个公共文化平台，与博物馆、城市规划展览馆、科技馆、图书馆等既相似又不同。

关于方志馆的多种功能定位，业界大都认同“四个中心”的表述，即方志馆是地方文献收藏中心、地域文化宣教中心、方志研究中心和地情资源开发利用中心。我们认为，“四个中心”作用不可或缺，但“四个中心”在方志馆建设中的布局和分量要有所侧重。因为方志馆作为公共文化设施所承载的“四个中心”服务对象有所不同。作为“地域文化宣教中心”，方志馆面向的是大众，涵盖不同年龄、不同身份的所有群体；作为“地方文献收藏中心、方志研究中心和地情资源开发利用中心”，方志馆面向的是小众，多为学术研究者和业界人士。如此一来，就要求在规划建设方志馆时，各功能区域的划分布局一定要科学合理，以最大方便、满足不同受众群体的需求。具体来讲，地方文献收藏中心，是方志馆的基本功能，要留足一定的发展空间，要考虑建筑物的承载能力，要便于各种志书、文集的收藏和保管；地方志研究中心和地情资源开发利用中心是方志馆的拓展功能，业务性比较强，需专业人才

精心投入，要考虑场地的相对封闭、安静以及多媒体和不同规模会议需求；地域文化宣传中心，是方志馆的重要功能，是面向大众普及方志文化的重要场所，要以公共服务、社会教育、文化创意的视野和思维精心打造，包括场地面积大小不应低于馆舍总面积的三分之一，出入便捷，场地开阔，设施完备，人性化服务等。

关于方志馆的特性，可以与其他公共文化场馆做个对比。相对于博物馆的单一“说明文”，方志馆可谓“文学苑”；相对于城市规划展览馆的积聚空间，方志馆可谓“大千世界”；相对于科技馆的“玩具城”，方志馆可谓“思想库”；相对于图书馆的“自习室”，方志馆可谓“演播厅”。博物馆、城市规划展览馆、科技馆、图书馆发展比较早，建设模式和管理方式已成共识。而方志馆作为新生事物，尤其方志馆作为一个地方、一座城市长期积淀的历史记忆，其文化价值和功能还不被大众广泛了解，甚至社会上还有人误将方志馆理解为“方志敏纪念馆”。因此，方志馆建设要研究其发展路径和规律，要借鉴其他文化场馆的成功经验和做法。譬如，学习借鉴城市规划展览馆的成功做法，将地方区域内的地形地貌、生态自然、道路河流、城镇乡村等信息形象再现，增强观众的真实感；学习借鉴博物馆的成功经验，通过实物展示和场景再现等手段，让观众能在感知现在的同时回味过去、思考未来；学习借鉴科技馆的有益探索，把互动和参与作为展示的重要手段，让观众在学习中激发情趣。

需要特别强调的是，对上述形式和手段的学习借鉴绝不能是简单地照搬和模仿，必须立足方志特色和方志馆的独特定位，实现方志馆与其他场馆的错位发展。譬如，方志准确记载了黄河作为一条大河的形成、流路变迁和千百年来人们对黄河河患的治理，内容几百万字，普通人很难读完、读懂。但黄河作为中华民族的母亲河，人们感念黄河的养育之恩，敬畏黄河生生不息的顽强意志、博大精深的包容精神，迫切需要对黄河有较为全面的了解，对黄河精神有较为准确的把握。我们在打造黄河文化展厅时充分考虑到了这种大众需求，在策展方面充分发掘方志资源并借助专家的力量、科研团队的努力和现代多媒体手段等，在有限时间和空间内使观众能够纵览黄河，包括纵览真实的黄河、历史的黄河、人文的黄河等，既有壮美黄河的现实情境，又有黄河灾难的真实情节，还有黄河流域民俗风情的生活场景，更有对黄河母亲的情感共鸣，以此彰显方志魅力和方志馆特色。

方志文化是中华民族优秀传统文化之一。有着深沉、厚重、朴实、坦诚的良好基因，有着存史、资政、教化、育人的责任担当。在方志馆规划建设过程中，我们有必要把这些优秀品质、良好基因直接嫁接过来、融合进去，以现实、生动、直观的多元手法展现给受众一种感悟、一种体验、一种精神、一种追求。古老的方志文化，需要借助现代化的场馆、现代化的思维、现代化的手段去发扬光大。正是在这样的背景下，方志馆这种载体、这种平台、这种桥梁和纽带应运而生，自觉承担起全新的历史使命。

毫无疑问，打造综合馆就是要追求方志馆内容与形式的完美结合，继承与创新的完美结合，写实与写意的完美结合。就如同我们推崇某一个家族是名门望族，譬如张氏、王氏、李氏或赵氏，我们推崇的不仅仅是张王李赵这样简单层面的姓氏符号，我们推崇的更是那个符号所代表的深厚家族文化，传承的优良家风。所以说，方志馆的影响和价值在于展示内容的全面性、科学性、资料性以及展示手段的多样性和展示形式的灵活性。综合馆，应是方志馆的最大特色。

二、方志馆建设要坚持项目化运作

所谓项目化运作，既包括将方志馆建设纳入重要公共文化设施建设去推动，也包括实行面向社会公开招投标的方式组织实施。将方志馆建设纳入重要公共文化设施建设去推动，首要的是转变思路和理念，将方志馆作为社会公共文化服务场所而非部门内设机构去认识和对待。核心问题，是将方志馆建设由方志部门意愿上升为地方党委、政府决策。作为一个地方的重要公共文化服务设施，方志馆的建设体量、规模、区位、投入要与其价值相匹配，需要党委、政府在制定城市规划和布局公共文化设施时通盘考虑、重点实施。只有实现了这一转变，才能破解当前方志馆建设的困局和难题，从而使方志文化真正融入地方社会大文化之中，使方志馆真正成为区域公共文化服务的重要设施，也才能有效防止方志馆选址远离城市核心区和公共文化设施集聚区，防止方志馆主体设计规划脱离“综合馆”的功能定位。否则，远离城市核心区和公共文化设施集聚区，方志馆发展就缺乏影响力和生命力；脱离“综合馆”的功能定位设计，方志馆的特色和优势就不能很好地得以体现。

在这一点上，我们走过了艰难的发展历程。2009年，东营市方志馆建设尚未列入政府规划，我们响应山东省史志办号召，发挥部门工作主动性，借用市图书馆闲置场地实施了黄河文化特色临时方志馆建设，并开展了地方文献资料收集和沿黄流域征集志书活动，丰富了馆藏，首次实现沿黄流域（涵盖9省区，40多个地、市、州，300多个县、市、区）新编志书达90%以上，得到了市领导和省史志办领导的充分肯定。2010年下半年，适逢市里启动公共文化基础设施建设，我们不失时机地提出申请，使方志馆建设得以立项，与市新图书馆一体规划设计建设，划分使用面积2600余平方米，整体位于馆舍的顶层。2015年，我们借鉴外地经验做法，成功申报国家方志馆黄河分馆，为东营市争得了第一家“国”字号场馆，得到了市委、市政府主要领导的高度重视，最终决定将方志馆调整场地、单体建设，建筑面积由2600平方米提升至20351平方米。2017年，市委、市政府更是将方志馆展陈纳入全市重点项目和政府投资项目，实行东营市政府、中国地方志指导小组办公室、黄河水利委员会三家共建。至此，东营市方志馆建设历经坎坷，终于实现完美蜕变。

面向社会公开招投标组织实施，不但是工程运作方式，更应成为我们方志人抓方志馆建设的科学理念。以项目运作的思维和方式抓方志馆建设，就是要坚持做到入乎其内、出乎其外，能够“跳出来审视自我”，走出学术研究和方志系统的小圈子，立足社会需求和大众眼光审视方志馆建设的目标和定位是否科学，是否合理，是否具有时代性和前瞻性，是否富有历史感和厚重感。

首先，展陈大纲撰写思路要开阔。地方志资料翔实、内容宽泛、体例完备，要做到立足地方志又不囿于地方志，要善于从办展览的角度和要求取舍，将脉络的东西梳理出来，将精华的东西提炼出来，帮助、引导社会大众了解方志文化，热爱、欣赏、接受方志文化，在方志文化中感知中华传统文化的魅力。展陈大纲是在对方志资源的深度发掘和消化吸收基础上的再创造，绝非体例照搬和简单的资料罗列拼凑。因此，大纲撰写必须吸收不同方面的专家共同参与，切实做好“顶层设计”。

其次，挑选有实力的策展公司组织实施。策展是对大纲内容的再一次深化和提升，是一种艺术形式的再创造。社会发展日新月异，科技创新层出不穷，群众需求千差万别，这些因素都是策展必须面对的现实和布展必须考虑的因素。好的策展公司，实力雄厚，技术过硬，经验丰富，尤其在展示手段的多样性、展示形式的灵活性和展示技术的前沿性方面具有主导优势，因此挑选有实力的策展公司实施展陈最为关键。项目运作可以运用公开招投标方式在更大范围内吸引有实力的公司参与进来共同实施。借助策展公司的再加工、再创造，帮助实现展陈的目标和要求，提升展陈的影响和效果，从而产生良好的社会反响。

再次，借助社会其他力量共同推进项目实施。项目运作有一套完整的体系和运作程序，既有政府的督导和考核，又有招标办和纪检部门的监督和把关，还有社会专家成员的参与，更有专业监理、审计等机构的全过程跟踪。运用好了这些手段和措施，就可以形成推进方志馆建设的强大合力，提供领导体制机制、建设资金、工程进度和工程质量的保障，实现群体智慧的发挥和社会影响力的聚合。

三、方志馆建设要关注建成后的管理和运行

关注方志馆后期管理和运行，一是要超前谋划、富有远见，尤其对将来可能出现的不利因素能够远见于未萌，避害于无形；二是要动真脑筋、下实功夫，把将来管理运行中可能遇到的各种难题提前至建设阶段策划考虑和解决，从技术上、方案设计上不留瑕疵；三是要以开放的、经营的、发展的眼光面对方志馆的运行管理，有效防范建设、运行两张皮的现象发生。

方志馆从无到有，有一个社会认识、了解和熟悉的过程，要学会策划包装，注重社会氛围的营造，引导大众的文化需求。立足国家方志馆黄河分馆“全国方志馆样板、黄河文化标志”的目标定位，要充分借助地方史志系统和黄委系统的组织优势，搞好前期系列活动策划；立足国家方志馆黄河分馆“东营市文化名片”的目标定位，切实加强与市宣传、文化、旅游、城建等部门单位的横向联合，最大限度发挥综合效益；立足国家方志馆黄河分馆“爱国主义教育基地”的目标定位，积极面向广大中小学生创意设计，开辟第二课堂和主题宣讲，延伸拓展展陈内容。

我们在北京考察时深受启发。据有关公司介绍，故宫博物院在重新布展时，为更好地弘扬民族传统文化，围绕“母爱”主题，对展带有关内容进行了深化和拓展，设计了许多小的主题，可以根据不同群体需求组织小型主题宣传和教育。首都博物馆面向幼儿及小学生群体，在民俗展厅布展上独具匠心，

将各展区相对分割，稍作调整之后每个展区就是一个小课堂，成为北京市各幼儿园和小学开展课外教育的理想场所。北京市方志馆借助临时展厅与有关委办局联合举办主题展，如与教育部门联合举办毕业证展、与科技部门联合举办科技成果展等，均受到社会各界的普遍欢迎。

方志馆管理和运行方案要列入项目招投标。一方面要求投标公司将设计建设和后期的管理运行总体考虑，防止相互脱节；另一方面吸纳策展公司丰富的实践经验，帮助提升管理运行水平。包括策展公司在设计展陈之初就将社教和文创的部分元素充分考虑进来，在节点设置和场地规划方面预留接口；策展公司在布展过程中实施对相关人员的业务培训，尽早熟悉操作规程、掌握维护技能、提升处置能力。

方志馆管理运行要以开放的视野和经营的思维去创新。譬如，借助新型导览系统平台，在给客人提供特色服务的同时，可以准确了解观众对不同展区及展带的关注度，为今后改进展览提供第一手资料；吸纳文创因素参与办展，不但可以将方志馆办活，还可以逐步提升方志馆的影响力和收藏品的涵盖力；留出足够的临展和特展空间吸引社会参与，可以在保持常办常新的同时，形成方志馆自己的热心群体。

与博物馆、展览馆等相比，方志馆还十分稚嫩，但却有着极其旺盛的生命力和不可估量的发展潜力。新的生命就应有新的成长理念，新的发展路径。作为新生儿，其发展从一开始就要特别注意创新，运用创新的理念、方志的视野、融合的策略，科学定位、统筹谋划，从一开始就要站到时代的前列和制高点上。作为国家方志馆黄河分馆，作为“国”字号的公共文化基础项目，更必须站在国家的层面、黄河文化的高度去规划和实施，必须有开阔的民族视野与宏大的方志精神。方志馆有着独特丰富的方志资源做靠山和后盾，这是其他馆所无法比拟的巨大优势，这是搞好方志馆重中之重的资本。建设好方志馆，必须善于守住根本，发挥这一优势；必须以开阔的胸襟善于借鉴其他馆的长处；必须以时代的精神善于利用现代高科技手段，融会贯通地做好结合文章。世界是相通相融的，他山之石更可攻玉。我们坚信，学习借鉴优秀博物馆、展览馆、科技馆、图书馆建设和管理的经验，兼收并蓄，博采众长，就能成一家之特色，探索出一条方志馆发展的成功之路。

（作者单位：东营市史志办公室）

吉林省方志馆新馆主体功能研究

董　德

提　要：吉林省方志馆新馆正在建设中，深入探讨新馆应具备的各项主体功能有其必要性。新方志馆主体功能定位，必须具备展示省情地情的功能，成为开发利用地方志资源的途径，成为城市文化服务设施的创新；依据当代新型方志馆的基本特点，新馆必须有史、志、情、人、物的内涵，必须充分发挥地方志资料库、溯源展示、信息交流、学术研究等四方面作用，突出收藏保存、地情展示、地方志溯源展示和学术交流培训功能。整体功能目标是成为集地方志书编纂、地方文献收藏、地情展示与教育、地情检索与服务、地情研究与对外交流为一体的标志性公共文化设施。

关键词：吉林省　方志馆　功能研究

吉林省方志馆新馆（以下简称新馆）建设项目列入吉林省“十三五”规划，正式获批并开工建设。着眼打造当代新型方志馆，笔者对新馆主体功能定位进行了深入研究，以期为建设和管理者明确和健全新馆各项主体功能，充分发挥新馆作用，实现社会效益最大化提供一些参考。

一、吉林省方志馆新馆主体功能定位的基本依据

国务院《地方志工作条例》立足当代中国实际和经济社会发展趋势，对

各地方志馆建设提出明确要求，就是要建成一个“行政区域自然、政治、经济、文化、社会”“历史与现状”综合性地情的展示场所，这就为新馆的主体功能构建指明了大方向。按照这个大方向，谋划新馆主体功能定位，需要兼顾以下三个视角。

（一）从研究成果看新馆主体功能定位

近些年来，朱佳木、陈新华、王水法、石再军、管仁富、冯普友、黄玲等方志界专家在当代新型方志馆功能定位方面取得了一系列研究成果，给新馆的主体功能定位研究提供了重要参考。借鉴这些专家的研究成果，结合吉林省实际情况，定位新馆的主体功能应该坚持以下基本取向。

1. 新馆必须具备展示省情地情的基本功能

志书本质上是地情书，方志办实际上是地情办。那么，方志馆就应当是地情馆，即展示地情的设施。全国有很多方志馆，基本上是地方志工作机构的办公楼，有的也有展览，但基本上是介绍修志的历史，并非地情。这样的方志馆绝不应该成为新馆的功能取向。

现在，从中央到地方，各级党委、政府都在强调地情教育、国情教育，但却缺少一个进行这方面教育的场所。历史博物馆也可以进行地情、国情教育，但只是纵向展示历史的，以文物为中心，很少涉及现状；城市规划馆虽介绍现状，但主要展示城区内建筑和道路，侧重于远景规划。作为地情馆的方志馆，应当是以一个行政区域为单位，用沙盘、模型、塑像、展板、影视等形式，全面介绍该区域自然与社会、历史与现状。把志书中的文字变成实物，把平面的东西变成立体的东西，生动形象地展示地情。这样，方志馆才能成为学校进行地情教育的课堂，成为群众了解省情的窗口。

2. 新馆必须成为开发利用地方志资源的有效途径

开发利用地方志资源，这是新编地方志工作开展以来出现的一个新生事物，自从《地方志工作条例》颁布后更成为地方志工作机构的一项职责。志书资源具有巨大的开发利用价值，新编地方志，县志字数上百万字，市志一般有几百万字，省志基本在几千万字以上。要让这么庞大的志书发挥作用，必须对志书中的资料进行再加工再发表，把其潜在的使用价值变为现实的使用价值。

信息化、数字化、网络化给开发利用地方志资源提供了前所未有的便利条件。志书数字化后，再联上网络，使读者检索志书内容成为一件非常容易的事情，从而为志书资源的开发利用开辟出无限广阔的天地。新馆建设，应当把方志馆和方志网站的建设，作为当前开发利用地方志资源的两个最为重要的手段，创造又一个开发利用地方志资源的广阔天地，把志书中的内容变成地情的展览，以此向广大群众普及地情、市情、省情，对青少年进行爱国爱乡教育。

3. 新馆必须成为城市文化服务设施的一个创新

中央和省委多次强调，要加强公共文化服务设施和爱国主义教育示范基地建设。只要把方志馆定位为地情馆和国情馆，那么，在公共文化服务设施和爱国主义教育示范基地的建设中，无疑也要有它的位置。方志馆要依据志书的内容，用展品对一定行政区域内的经济、政治、文化、社会，以及山川河流、物产、气候等进行全面、系统介绍。方志馆把地情实物化、展品化，也是对文化服务设施的一种创新。可以想象，把方志馆放在显眼的位置，在外观设计上赋予民族特色、地方特色，使它成为地标式建筑，成为城市的一个景点和亮点，可以用它来提升城市的文化品位。

（二）从当代新型方志馆的基本特点看新馆主体功能定位

综合潘捷军、顾志兴、吕克军、汤敏华、赵海良等专家近年来的研究结果，当代新型方志馆在主体功能上应当具有“三大特点”：一是地情型主题，集中展示一个特定行政区域自古至今自然、政治、经济、文化和社会等发展变化的各方面情况；二是延续性脉络，纵向概括展示一个特定行政区域历史发展的全过程，体现历史发展脉络；三是全景式展示，横向多面体现特定行政区域自然、政治、经济、文化和社会的历史与现状。要把新馆打造成具有“三大特点”的当代新型方志馆，必须赋予其“五大内涵”。

1. 新馆必须有“史”的内涵，反映吉林的沧桑巨变

要有吉林历史的总揽，按照历史发展顺序，围绕吉林的历史沿革和更替变迁，介绍吉林历史发展的各阶段的重点、特点和重要人物、事件；要有具体历史的分述，从不同层面和角度，对吉林的自然、政治、经济、文化和社会等各方面进行比较详细的解构，清晰地展示发展变化；要有特定历史的聚焦，对吉林历史上具有独特性的历史阶段、历史侧面，比如闯关东、“伪满州国”、抗日联军、老工业基地等进行比较翔实的展示，突出吉林历史文化的鲜明特征。

2. 新馆必须有“志”的内涵，反映吉林的区域文化

方志馆必须突出“志”的核心地位，决不能丢掉“志”这个本质内容，否则就称不上方志馆。新馆必须把以志书为主的地方文献作为“标配”内容，必须把反映吉林省各地历史沿革和文化积淀作为“标志”要素，充分体现吉林省地方志发展的历史过程和方志事业发展成就。

3. 新馆必须有“情”的内涵，反映各地的特殊地情

方志馆必须突出体现地情这一重要内容，把吉林省地情作为巨大的资源宝库全面系统地予以展示。

4. 新馆必须有“人”的内涵，反映各地的历史精英

吉林省各个时代和各个领域都涌现出一大批风云人物，介绍历代名人也是新馆重要任务。应按照“生不立传”原则，充分展示已故著名人物；遵循实事求是原则，以“述而不论”方式展示有重大影响历史人物；可以拓展思路，创新方式，展示“现状”，介绍当代人物事迹，让方志馆更吸引人、教育人。

5. 新馆必须有“物”的内涵，反映各地的历史风物

展之有物（展品）是各类展馆的必备的重要内容，方志馆也不例外。作为当代新型方志馆，应坚持“详今明古”，突出展示当代具有特殊意义的物品和有典型意义的产品，宣传吉林省的发展变化。

（三）从方志馆建设实践看新馆主体功能定位

结合全国各地新建方志馆的功能设置情况，笔者认为，新馆应该分门别类地介绍本区域内的政治、经济、文化、社会、交通、地理、气候、物产等情况，充分发挥“四个作用”。

1. 充分发挥地方志资料库存作用

方志馆必须广泛收集地方志文献资料，不断扩充资料收藏规模。一方面要进一步加强对库存方志书籍资料的管理，充分利用好馆藏成果，科学分类。另一方面，要与时俱进，努力适应现代媒体多元化特点，利用互联网积极尝试网上交换、征集、采购，不断扩大地方志文献资料来源。

2. 充分发挥地方志溯源展示作用

凡涉及地方志史料考证和信息查询，以及向上寻求历史根源、重大事件原始资料，都能在方志馆清楚准确地找到依据。为此，要千方百计搜集整理涉及地方志的原始资料和文献书籍，特别是完整的旧志史料对于溯源展示尤为重要。存史是地方志资料的基本功能，虽然当下具备存史功能的已不仅仅是志书和史书，还有其他各种档案资料、报刊及著作等，但志书记述体系更为完备，所包含的范围更为广泛，史料保存更为浩瀚丰富，述而不论的编纂要义保证了志书的内容更为可信。志书中的历史资料比较客观而且极其宝贵，有益于当代借鉴参考，更有益于后人溯源追寻，研究探讨。

3. 充分发挥地方志信息交流作用

随着科学技术的迅猛发展，地方志信息交流正在明显加速，特别是计算机网络通讯和数字化技术的广泛应用，地方志资源开发利用从途径到效果都发生了根本性的变化。传统的信息交流方式正面临新的挑战，地方志信息化建设已在一些先进地区初见成效。方志馆要实施以地情信息和文献资料数据库为核心，以独立网站（网页）为形式，以电子信息化和电脑网络化为依托，以志书年鉴资料数字化为基础的电子信息网络系统工程，以建立地方志信息数据库为主要内容，通过局域网建设形成与外网互联互通的地方志信息交流网络系统。

4. 充分发挥地方志学术研究作用

方志馆要成为方志理论研究的主要平台，应积极做好方志理论研究辅助工作，继续发挥地方志期刊引导理论研究的作用，尽量多刊登方志理论文章，随时关注理论研究发展动态，增强编刊与组稿的前瞻性，营造浓厚的学术交流氛围；要适时策划组织方志理论研讨活动，加强与其他学科的对话交流，结合第二轮修志工作实际，有针对性地开展不同层次、不同阶段、不同内容的课题研究及学术研讨活动；要积极开展优秀志书和学术论文评比活动，培养壮大方志理论研究新生力量，推出更多高质量志书成果。

二、新馆主体功能设定的基本构想

新馆的功能设定，应该坚持当代新型方志馆功能取向，按照建成标志性公共文化设施，更好地发挥地方志“存史、资政、教化”作用的总体思路，突出如下几个方面。

（一）收藏保存功能

吉林省出版了大量的三级志书、三级综合年鉴及部门（行业）志等地情书，吉林省（地）情图书等，根据现有库存及对未来图书出版情况的规划，未来20年预计有约150万册书需要收藏保存。

（二）全方位多侧面的地情展示功能

新馆需从民族文化、历史遗迹、旅游资源、民间艺术、吉林名人等方面来充分展示吉林的独特魅力。

1. 省情展示

展示吉林省悠久历史和丰富的自然资源等，如满族说部、长白山放山习俗、延边朝鲜族象帽舞、前郭尔罗斯乌力格尔说唱艺术、吉林市满族鹰猎习俗、延边朝鲜族民间故事、吉林二人转、前郭尔罗斯苏玛演奏法、前郭尔罗斯蒙古族婚礼歌和前郭尔罗斯查干湖冬捕习俗等等。

2. 历史变迁展示

从最贴近人民生活的衣、食、住、行等方面来展示吉林省的社会变迁和人文演进。

3. 市（州）地情展示

展示吉林省9个市（州）的政治、经济、历史、文化、教育、旅游等有历史记载以来的发展历程、人文风情及民族特色。

4. 满族文化展示

展示满族源流和发展史，再现满族衣、食、住、行及文化、教育、娱乐、祭祀等历史活动。

5. 朝鲜族文化展示

内容以朝鲜族民俗、延边历史和朝鲜族抗日斗争史为主，具有鲜明的地方特色和民族风情。

6. 蒙古族文化展示

蒙古族历史悠久，文化底蕴深厚，前郭尔罗斯蒙古族自治县申报的乌力格尔、蒙古族马头琴音乐、蒙古族四胡音乐、蒙古族民歌、查干淖尔冬捕习俗分别入选第一、二批国家级非物质遗产名录。

7. 高句丽文化展示

2004 年 7 月，联合国教科文组织将位于吉林省集安市境内和辽宁省桓仁县境内的中国高句丽王城、王陵及贵族墓葬列入世界遗产名录，使得这个并不为人所熟知的中国历史文化遗产开始受到世人瞩目。

8. 长白山文化展示

长白山被誉为“中华十大名山之一”“关东第一山”。长白山既是一座物产丰富的自然资源宝库，也是一座底蕴丰厚的文化资源宝库。长白山文化内涵丰富，外延广阔。它既是农耕文化、渔猎文化、游牧文化等相结合的物质文化，也是军政合一的政治文化，同时还是独具特色的民俗文化。

9. 一汽发展史展示

作为新中国汽车工业起步的中国第一汽车集团公司，一汽 1953 年奠基兴建，1956 年建成并投产，制造出新中国第一辆解放牌卡车。1958 年制造出新中国第一辆东风牌小轿车和第一辆红旗牌高级轿车。一汽的建成，开创了中国汽车工业新的历史，其发展史也成为中国汽车发展史上不可缺少的一页。

10. 长影发展史展示

长春电影制片厂被誉为“新中国电影的摇篮”，自诞生以来，制做艺术片、纪录片、科教片、译制片数百部，是我国重要的电影生产基地。

11. 吉林民间艺术展示

从远近闻名的东丰农民画，到全国独树一帜的松花湖浪木，以及有着浓郁关东风情的满族剪纸、吉林手工彩绘木雕等，每一件作品都是智慧与艺术的完美结合，反映了吉林人民的风土风情与真实情感。

12. 吉林名人展示

如第一任宁古塔将军巴海，被誉为“吉林三杰”的宋小濂、徐鼐霖、成多禄，乐善好施的吉林巨商牛秉坤，抗日民族英雄杨靖宇，著名诗人、学者、教育家公木等。

（三）地方志溯源展示功能

编修地方志是中华民族的优良传统。1983 年 8 月 27 日，吉林省地方志编委会成立，标志着中华人民共和国成立后吉林省首轮地方志编修工作正式全面启动。吉林省的修志工作历经了20世纪80年代中期的启动阶段，90年代以来的全面发展阶段，90年代中后期的大面积丰收阶段和进入21世纪以来的开发发展阶段。

今天，放眼吉林志坛，已是金色满园，硕果累累。目前，第一轮《吉林省志》86部已全部出版，第二轮计划出版60部，现已出版13部，编纂工作正在有序进行。自1986年开始逐年编辑出版的《吉林年鉴》已出版29部;《吉林百科全书》《吉林二人转》《吉林通鉴》等一些省（地）情类图书纷纷问世，一批编修成果正在为吉林省的两个文明建设发挥着积极的作用。同时，还多次获得国家级、省级荣誉称号和各类奖项。

新馆能够展示吉林省地方志编纂委员会自成立以来的编修成果、奖状、奖杯等，并配以历次会议和活动照片，生动反映吉林地方志工作在队伍建设、资料征集、旧志整理、方志理论研究等方面所取得的成绩，以及为丰富吉林省文化建设的内容，提升全省文化软实力发挥的重要作用。

（四）学术交流培训功能

1. 图书交换配送功能

新馆每年除通过各市（州）、县（市、区）新出版志书、年鉴报送备案、接受社会捐赠、搜集购买等方式增加馆藏量外，还需积极与省内图书馆、档案馆、博物馆及全国各地方志系统建立交换关系，进行图书交换。

2. 学术交流培训功能

地方志工作就其实质来说，并不是以完成一部志书、一本年鉴为目的，而是要让在修志编鉴中搜集、整理、编辑出来的资料为现实服务。因此，搭建一个宣传地方志、传播方志文化的平台，采用培训、演讲等多种形式让更多的人了解地方志，进而使用地方志。

（五）新馆整体功能目标

新馆要打造成集地方志书编纂、地方文献收藏、地情展示与教育、地情检索与服务、地情研究与中外交流为一体的“六个中心”。

1. 地方志书编纂中心

连绵不断地编修地方志是中华民族的优秀文化传统，当前地方志工作受到前所未有的重视，志书编修掀起热潮，方志馆理应承担起这个基本的功能，持续做好地方志书编纂工作。

2. 地方文献收藏中心

要全面收藏吉林省的地方志书，综合年鉴和专业、行业年鉴，各行业各部门编辑出版的书籍和画册，介绍与研究吉林省发展历史的各种图书，各种反映吉林省情况的音像资料，反映吉林省各个历史时期面貌的图片与地图。

3. 地情展示与教育中心

展示吉林历史上的名人风采，宣传吉林省历史文化名人及其贡献，对于弘扬爱国、爱乡精神，传承中华民族传统美德具有现实意义；展示人文历史，体现民风民俗，特色民居建筑和非物质文化遗产，可以给广大市民和关心吉林省历史的人们提供一个生动的平台，成为旅游者了解吉林省历史文化的一个基地。

4. 地情检索与服务中心

应充分发挥方志馆的社会作用，通过各种现代技术手段为社会公众提供信息咨询，方便公众了解地情，了解方志文化，也为社会各界同类课题的研究提供资料查询服务。

5. 地情研究中心

充分利用所收藏的各种资料，发挥整合社会研究资源和力量的作用，对吉林省地情进行全面的研究。吉林省具有光荣的革命历史，红色史迹遍布全省各地，为了保护这些史迹，可在方志馆内专设一个吉林省地方党史与革命史研究与宣传中心，展示和研究吉林省的革命史和党史。

6. 对外交流中心

设置对外交流中心，广泛开展同行间的业务交流活动，特别是史志交流，可以借此吸引史学界专家来此进行学术研讨，这将大大有利于提升吉林省史志文化的品位。

三、新馆主体功能实现形式的创新

要把新馆打造成为当代新型方志馆，还需要注重形式创新。要放宽视野，创新思维，从功能布局、呈现方式、展示手段等方面找到最佳实现路径。

（一）主体功能的科学布局

新馆建成后将凸显内容新、规模大、综合性强的特点，要充分实现主体功能设想，必须做到科学布局。要坚持合理设置、明确分区、有机联系的原则，摆布好主体功能区、一般功能区和辅助功能区等各大功能区块。要注重充分强化主体功能区功能，使其在空间布局上成为方志馆的核心区块，成为展示其建设主旨的首要窗口，成为突出展馆主题、特点、特色的主要标志。

主体功能区的展厅、书库等也需要科学布局。地情展示区应该成为主体功能区的大亮点、重头戏，应该有足够的空间展示丰富的内容。地情展示应由“历史”和“现状”两大部分组成。“历史”部分应按“纵述史实”和“纵不断线”原则，介绍吉林省及省内各地历史人文情况及发展沿革，包括概述、分述、专题等类目。“现状”部分应以介绍改革开放以来吉林省各地发展变化为主线，突出党的十八大以来吉林全面振兴发展的历程。地情展示还要考虑全省各地地情，建立分地区展示的空间或平台。

（二）主体功能的实现方式

1. 信息服务现代化

建立多层次网络，形成方志馆系统的线上目录，实现方志馆的数据光盘在局域网上的查询，引进和制作大批电子资料及其他更多图书馆资料，实现方志馆在网络环境下为参观者提供最方便、最快捷的电子化文献信息服务。利用高科技设备为参观者提供更及时、更全面、更便利的高质量服务。

2. 地情展示技术化

运用幻影成像技术，将多种信息融于真实场景。运用球幕技术，内投球幕通过放置在球幕内部的投影机把图像投射到整个球形屏幕上。运用地面桌面互动技术，让参观者的动作与虚拟场景发生实时感应交互，地面互动有很好的互动性和观赏性，可以很好地活跃展厅气氛。运用互动魔镜技术，魔镜采用特殊材质镜面玻璃作为投影介质，参观者可以选择自己感兴趣的内容，镜面内的投影内容会被触发并形成互动。运用电子翻书技术，参观者可以通过书本图案来选择书的内容。

3. 研究交流信息化

方志馆全面接入网络和通信系统，使方志、地情资源需求者、研究者、管理者，可以不受时间、地域限制使用方志、地情资源，节省很多时间，大大提高效率，实现方志、地情资源的充分共享，所有有需求的人随时可以使用这些资源，受众面将大幅度扩大，促进方志、地情研究、交流加速向广度和深度拓展，不断产生新的研究成果和新的社会效益。

（作者单位：吉林省方志馆）

苏州市方志馆办馆特色与功能定位述论

陈兴南　齐　慎

提　要：苏州市方志馆目前馆藏志书、地情书籍2.5万余种，藏书近6万册，累计接待来馆人数约15万人次。在近20年的发展过程中，苏州市方志馆始终坚持资源立馆、服务立馆、文化立馆，逐渐形成了自己的办馆特色和功能定位。在完成方志馆馆藏编目及电子化应用项目基础上建设数字地情库，积极打造数字方志馆，开展社会资源共享。依托方志馆馆藏，围绕市委、市政府中心工作，做好开发利用方志资源的大文章。方志馆新馆的建设将为苏州方志事业的发展注入新的活力。

关键词：苏州市方志馆　办馆特色　功能定位

中国方志馆建设经历了一个漫长的时期，最早可上溯到西汉时的兰台、东观等，均是皇宫中收藏书籍、文献的所在，北宋时出现了历史上第一个官方修志机构——九域图志局，清代设立了一统志馆、通志局等机构，这些都是方志馆的雏形。新中国成立后，随着地方志事业的发展，以集中展示地情文化和方志资源的新型方志馆成为主流模式。全国第一轮大规模修志工作的开展，推动了方志馆建设事业。1990年初，浙江方志馆成立，新华社通稿称“我国第一家专门收集社会主义时期第一代方志的方志馆最近在浙江省建立”，从此揭开了新时期全国各地兴建方志馆的帷幕。苏州市方志馆正是在这种背景下成立的。

1995年12月，为更好收集、整理、保管、利用第一轮修志工作的资料、志书、地情书籍等，苏州市人民政府决定由市地方志办公室开始筹建苏州市方志馆。1998 年 9 月 22 日，苏州市方志馆正式向社会免费开放，是苏州市地方志办公室的挂牌机构。苏州成为全国地级市中最早开设方志馆的城市之一。2004 年 5 月馆址由宜多宾巷迁至现址苏州市五卅路 148 号 16 号楼。

苏州市方志馆建筑面积 700 平方米，其中库房面积 180 平方米，设有 8 间书库，馆藏志书、地情书籍 2.5 万余种，藏书近 6 万册。截至目前，累计接待来馆人数约 15 万人次。2011 年 6 月，苏州市方志馆被评为市级爱国主义教育基地，2016 年命名为苏州市“家在苏州 e 路成长”未成年人社会实践体验活动体验站，成为苏州市区青少年成长过程中必到的地方之一。方志馆成为展示苏州人文历史的文化寻根之窗。在近 20 年的发展过程中，苏州市方志馆始终坚持资源立馆、服务立馆、文化立馆，逐渐形成了自己的办馆特色和功能定位。

一、资源是立馆之本

在文化大发展的今天，场馆林立成为地方文化的标志，就苏州而言，就有博物馆、群艺馆、文化馆、名人馆及大量的私人文化机构等。苏州市方志馆坚持资源立馆，丰富的馆藏资源和合理的馆藏结构是方志馆为社会各界提供文化服务的基础。只有保存有大量的地方志书和地情资源，才能让方志馆彰显本色，服务人文。筹建时期就确定了“方志为主，侧重地情，面向大众，兼顾研究”的办馆方向，努力使地方志的长期效应和地情资料的近期效应相辅相成，营造一个藏用两宜的地情资料库，满足社会各界对方志文化资源的需求。20 多年来，通过财政资金购书，接受社会捐赠，发文征集地情书等形式，不断丰富馆藏资源，优化馆藏结构。

苏州市政府十分支持方志馆资源建设，市财政每年划拨专项经费，购买重要的方志丛书和地情资料。经过 20 年的累积，现有馆藏影印旧志 6000 余种（全国存世旧志共有 8000 余种），拥有的旧志数量和质量在全国方志馆中首屈一指。《中国地方志集成》基本购齐，现存府县志辑 30 辑计 1262 册，21 个省的通志 36 种 244 册，还有各大图书馆馆藏稀见方志丛刊 23 种，印数仅为 100 套的《中国佛教寺丛刊》等。同时保存了不少古籍，不少是明清时的珍贵刻本。2014年国家文物局可移动文物普查中，方志馆古籍作为可移动文物共有198种693册。仓修良、汪葆辑等大家进行了集中捐赠藏书，方志学家仓修良先生捐赠了400多种新旧志书和理论专著计1418余册，为此专设“仓修良捐赠书籍陈列室”。2016年方志馆在机关事业单位开展地情资料征集活动，各单位捐书300多册。另外还藏有苏州市书画名家捐赠的字画、牌拓等，目前馆藏志书资料2万余册。

丰富馆藏资源过程中，苏州市方志馆注重地情文化资料的积累，关注本地历史、物产、民俗、名胜古迹、名村名镇、非物质文化遗产、人物等方面的人文资料的积累，着力搜集反映当地地情风貌的地方志书与资料，使馆藏结构突出地方志书及资料的地方特色，呈现出自己独特的文化价值和文化品位。在收藏的新方志中，苏州市的乡镇志有100多种，还有市志、厂矿企事业专业志稿600余种，其资料含量远胜一部500万字的《苏州市志》；在收藏的6000余种旧志中，苏州的有200多种，其中《苏州府志》就有6种、《吴县志》6种、《长洲县志》2种、《元和县志》1种，宋元明旧志260种，其中不乏名乘佳志。为反映苏州地情人文，方志馆有针对性地在苏州本地作家、书画家中征集作品，目前收藏有近4000册苏州地情书籍，其中苏州籍作家和有关苏州的书籍1600余种，初步形成了“苏州文库”。

丰富的馆藏资源吸引了很多研究苏州历史文化的专家学者，苏州大学、中国人民大学研究生院相继把苏州市方志馆作为实习基地和战略合作伙伴。在苏州古典园林申报世界文化遗产，苏州市区南濠街、观前地区、山塘街改造工程，人民路整治工程等大型文化工程和市政工程中，苏州市方志馆都提供了翔实、专业和准确的资料，地方志“资政”职能得到有效履行。

二、管理是固馆之要

苏州市方志馆坚持严格、规划、高效、廉洁的内部管理制度。在图书采购方面，严格按照政府要求和财务规范，明确采购目标。全国影印集成的现存的旧方志悉数购买，收集社会主义新方志编纂成果，力争做到一本也不能少，凡是苏州市志办编纂出版的成果，方志馆保存50套。库房管理方面，坚持专人专管，建立和完善严格的收管用制度，每天做好出入库记录和库房温湿度监测，及时添置或更新设备，确保库房安全和实体安全。在借阅书籍方面，在为读者提供阅读便利的基础上，坚持珍本图书不出库，重要图书不外借的原则。高效的制度管理使方志馆建馆以来没有出现过一起重大安全事故，没有发生过重要图书遗失事件。

苏州市方志馆馆藏资源是服务社会之本，成立20年来，累计服务读者近15万人次。读者群涵盖了方志工作者、文史研究者、大中小学生、访亲探乡者，以及新闻媒体、研究协会等。服务内容多元化，方志馆通过丰富的馆藏为读者和单位提供志书查询、论文资料、珍贵史料和新闻素材等，取得了一定的社会效益。服务细节见关怀，方志馆提供材料的免费复印、工具书查询、电子阅览等服务。随着馆藏的丰富，方志馆主动与苏州市图书馆对接，采用《中国图书馆分类法》，将馆藏方志地情书目上网公布，并分期分批将部分旧志和新方志进行数字化，累计超亿字内容上网供全文查阅。

三、信息开发是兴馆之需

随着信息化建设的发展，数字方志馆的建设日益重要。苏州市方志馆以馆、库、网三位一体逐步实现方志资源共享为目的，打造数字方志馆。信息化是将方志馆丰富的地情迅速推向大众的不二选择和路径，一方面可以以最高效的方志提供系统性地情服务，同时可以将海量的真实地情信息通过碎片重组向大众传播，更好地履行“育人”的职能。

1. 完成方志馆馆藏编目及电子化应用项目

2013年，苏州市方志馆馆藏编目及电子化应用项目获苏州市发改委审批，划拨项目经费13万元。按照项目实施计划，一是建立了方志馆图书集群《中国图书馆分类法》Interlib系统（标准版）。二是建立图书标准录入方式。三是建立分类编目。项目通过验收并启用以来，完成了25600多条书目信息录入。苏州市方志馆馆藏编目电子化应用后，使得苏州市方志馆的资源目录与苏州市图书馆目录系统，甚至是全国、全省图书系统的资源目录形成共享网络，具有良好的兼容性，人们足不出户便能一览苏州市方志馆的馆藏书目。

2. 建设数字地情库

2010年，向财政申请专项资金20万元，将《苏州市志》和苏州市（县）、区志等12部志书以及100多部乡镇志、专业志数字化，共计上亿文字。2016年，对原有方志网站作更新扩容，更名为“苏州地情网”，点击量已累计达70万人次，构架及内容全面提档升级。随着苏州地情网的升级上线，近200种数字化的志书资源整合为“数字地情库”一并上线，并实现了全文搜索和PDF的转化。吴江、太仓、昆山等均基本完成各类志书和地情资料的数字化工作。在《苏州市地方志事业发展“十三五”规划》中，将打造数字地情库和核心数据库作为了“十三五”期间方志信息化建设的主要方向，从大数据库的采集、备份、利用入手，逐步实现实体方志馆的数字化转化，便于方志资源的社会利用。

四、外拓是活馆之策

方志馆不应是闭门办馆、行业内部交流的场地，而应该是敞开大门，提供文化服务的公共设施，要承担起传播优秀传统文化、开展爱国主义教育、地情教育的社会责任和社会职能。要以方志馆为轴进行内容与业务的延伸、拓展。

延伸，就是将方志馆向基层延伸。近年来，苏州县区利用现有资源，进行横向合作和资源共享，基层方志馆雏形初现，张家港在图书馆开设方志馆分馆；昆山、吴江、吴中利用方志馆与档案馆合一的优势，规范管理方志地情资源；高新区（虎丘区）把地情馆开设在区综合文化中心，区志办与东渚镇合作在龙惠社区开办家风家训教育馆，与部分学校联合设立地情馆。张家港市史志办利用市青少年实践基地建设史志教育馆，填补青少年校外实践地情教育空白，年接待苏州青少年达5万人次。同时，在每个镇设立张家港市史志办区镇分馆，史志地情馆在张家港成为各镇的标配。这些方志馆、地情馆在基层充分发挥了传播方志文化、延伸方志服务的作用，让基层群众也能享受到优质的文化资源和文化服务，同时也提升了方志馆的文化传播力和知晓度。

拓展，就是努力向外宣传方志文化和地情文化。方志馆成立至今已出版苏州专志系列、地情系列、苏州老照片成果近40种1000万字。近年来，苏州市方志办着力开发使用新媒体，苏州地情公众微信号上线两年来，被“苏州发布”转载，单条信息关注量超过1万人次，与《苏州日报》、苏州电信、凤凰苏州建立长期合作关系，开设地情或影像志专栏，推送信息。“吴江通”网站年阅读量达50万人次，居全国同类政府网站榜首。苏州市方志馆作为“家在苏州e路成长”苏州市未成年人社会实践体验活动体验站，以苏州地方文化为载体，积极开展未成年人社会实践活动，通过印发《苏州地情百问》、方志文化探秘、视频音频制作等，让青少年可以在方志馆体验优秀传统文化、了解苏州地情、掌握基本文化常识。目前，方志专家进社区、机关、学校、单位宣讲地情文化成为常态，每月一次。通过对苏州大学入校新生分发地情书，开展有奖征文活动，激发新生知苏州、学专业、爱苏州的热情，得到校方充分肯定。

五、开发研究是壮馆之途

方志馆利用丰富的方志资源，围绕市委、市政府中心工作，创新方志服务手段，搭建了资政服务平台。一方面注重挖掘地方历史文化资源，参与重大项目资政服务。加强地情调查和文化论证，提出了资政参考建议，发表6篇资政课题报告，得到了市委、市政府的肯定。先后为虎丘地区综合改造工程、桃花坞历史文化片区综合整治保护利用工程等，借助方志馆的旧志资料《虎丘山志》《五亩园小志》和《桃坞名胜记》等提供咨询服务。在苏州名人馆和苏州火车站南广场的名人雕像讨论中，也充分利用方志文化，积极参与推荐苏州名人。建立“苏州市地方志办公室专家库”，吸收大专院校的教授和苏州本地专家，提升苏州地方志书的编纂质量和方志文化研究水平。

利用方志馆的馆藏资源优势，挖掘史志资料，进行系统的研究开发，出版了一系列史志文化读物。“苏州史志资料选辑”系列已出版40辑，积累文史资料达数百万字，整理点校旧志《吴中小志丛刊》《洪武苏州府志》等。利用征集的苏州老照片，出版了“苏州老照片”系列丛书，包括《百年旧影》《百年历程》《苏州旧街巷》《苏州百姓》等，以及为纪念抗战胜利70周年编纂的《日军入侵苏州图证》。利用第二轮修志积累的材料，挖掘其中的地方历史文化资源，编纂出版了《苏州山水志》《苏州老街志》《苏州老桥志》。利用各市、县（区）的地情资料，每年编纂一期《苏州纪事》，图文并茂反映苏州经济社会发展情况，并在人大、政协会议上赠阅。只有让地方志资源在推动经济社会发展和文化建设中起到作用，才能真正激发地方志资源的内在动力，才能让地方志资源的开发利用行之有效，落到实处。

六、馆库是强馆之基

方志馆建设在全国方兴未艾，苏州市方志馆成立20多年，已不适应地方志事业发展和要求。2016年以来，苏州市地方志办公室加大争取力度，苏州市政府将方志馆建设列入政府工作报告，列入《苏州市地方志事业发展“十三五”规划》，同意建设方志馆新馆，建筑面积5000平方米，包括库区、展陈、查阅、专业用房、学术报告厅等，现已经立项，即将正式动工，三年内建成。

在地方志事业蓬勃发展的今天，要建设方志馆，必须要有新思维。“让收藏在禁宫里的文物、陈列在广阔大地上的遗产、书写在古籍里的文字都活起来。”在中共中央政治局第十二次集体学习时，习近平总书记曾经这样寄语文化发展工作。如何让陈列在广阔大地上的遗产和书写在古籍里的文字活起来，这是每个地方志工作者需要思考的问题。建设适应当代需求、符合长远发展的新方志馆是方志人的一项使命。修志是为了保存本乡本土的历史和文化，而修建方志馆是通过一座馆的形式去活化、激活方志文化的价值意义。苏州是一座千年古城，深厚的历史积淀和独特的地域文化曾经通过古籍代代相传，在资讯爆炸的当代，保护、传承优秀的传统文化和文明是每个文化工作者义不容辞的责任。方志馆的修建，不仅是保存文明之赓续，更是对话未来之路径。讲好城市故事，延展城市文化，打通志书与民众间连接的桥梁，为人们讲述关于一座城市、一个地方文字积淀起来的千年记忆，是方志馆的使命和意义。

2017年初，中共中央办公厅、国务院办公厅印发了《关于实施中华优秀传统文化传承发展工程的意见》，其中提到的重点任务之一：“加强党史国史及相关档案编修，做好地方史志编纂工作，巩固中华文明探源成果，正确反映中华民族文明史，推出一批研究成果。”修志编鉴具有阐释文化经典，探源中华文明的重要作用，地方志工作者要抓住国家推进文化建设大发展大繁荣的历史机遇，科学规划方志馆建设。苏州市地方志办公室积极争取党委政府支持，把建设方志馆列入建设规划，后续还应加大力度，出台保障持续发展的扶持政策，建立促进方志馆建设的长效机制。同时着眼事业的未来发展，认真规划方志馆建设，加强调研，要充分整合发挥方志馆的功能，科学划分功能区域，全面展示苏州地情，做好立项后的方志馆方案设计、展陈设计、软硬件配套等，让方志馆成为一张以史志说话、资政教化、代表苏州城市文化的名片。

中国社会科学院院长、中国地方志指导小组组长王伟光在2015年4月召开的全国地方志机构主任工作会议上的报告中指出："逐步将方志馆建成地方志和地情资料收藏展示中心、地情研究咨询中心、地方文化对外交流中心，建成爱国主义宣传教育基地。"这是对新形势下方志馆建设的高屋建瓴的认识，为各地方志馆建设的功能定位指明了方向。只有紧盯时代发展，留住时代印迹，才能不掉队，才能真正担负起存史资政育人的作用。苏州地方志事业立足于全市经济社会发展，苏州经济社会发展到哪里，方志事业就应该跟进到哪里，这是苏州地方志工作的目标。在当今文化大发展大繁荣的新形势下，文化建设应充分满足社会公众的期待，地方志工作机构应充分挖掘地方志优秀传统文化资源，回应人民群众日益增长的文化需求，建设好面向全社会提供高质、高效公共文化服务的方志馆，在社会主义核心价值体系建设、引领时代风尚、文化教育、服务社会、推动发展中大有作为，推动苏州方志馆文化建设不断发展。

（作者单位：苏州市地方志办公室）

论方志馆在优秀传统文化传承中的独特作用

李亚雄

提　要：方志馆是以方志为核心、地情为元素、展藏为特征，展示地域风情、传承历史精髓的公共文化场馆和对外展示窗口。在传承发展中华优秀传统文化中，方志馆具有独特优势和作用。根据方志馆的特性与文化传承的特点，本文提出方志馆应成为优秀传统文化及地情研究中资料最集中的本土文献库藏中心，成为权威、准确解读历史并激发历史探究之心的重要历史课堂，成为时尚、互动、体验、参与和有魅力、接地气、受关注的活跃的教育传承基地，成为中华优秀传统文化传承发展的主要载体。

关键词：方志馆　文化传承　基地建设

2017年初，中共中央办公厅、国务院办公厅联合印发了《关于实施中华优秀传统文化传承发展工程的意见》（以下简称《意见》），《意见》对如何传承发展中华优秀传统文化提出了科学的理论指南和具体的行动措施。中华优秀传统文化的传承发展需要多管齐下、多方面同时着力，不仅需要对其内涵精髓的深入阐发、补充、拓展和创新，而且需要强化其现代、时尚、震撼和“走心”的表现形式。方志馆作为优秀传统文化传承发展——形式与内容两者兼具的综合体，作为集展、藏、研、宣等复合功能于一体的融合平台，在传承发展中具有独特优势和作用，方志馆在今后的策划和打造中，理应创造性地发挥自身作用，成为传承发展优秀传统文化的主要载体。我们认为，根据方志馆的特性和文化传承特点，方志馆至少应发挥好以下四大独特作用。

一、方志馆应成为全面集中的地情文献中心

《意见》高屋建瓴、总揽全局，在阐述传承发展中华优秀传统文化的核心任务时，明确提出当前的首要任务和基础工程是深入阐发中华优秀传统文化的内涵精髓，尤其要通过史志的编纂整理和系统研究，清晰阐释中华文化的历史渊源、发展脉络和基本走向。对应这样的任务要求，地方志工作机构正是承担这个目标任务的主要载体。而地方志工作机构以方志为主体、地情研究为基础、古今方志人接续完成的浩大史志编研工程，其成果也正是中华优秀传统文化最核心的探源正果和最权威的典籍文献。我们知道，历史研究的成果是文献，再研究的基础在文献，而文献典籍的关键在藏用。可喜的是，方志馆在20世纪90年代推广建设之初，即把珍贵文献典籍的保护、收集、整理、馆藏及利用，作为立馆之本、建馆之要，致力打造国家层面或区域层面最集中最权威的地情文献收藏中心。20多年来，全国已建470余座方志馆，大多成为当地重要文献典籍的收藏中心、史料文献地情的查询研究基地，成为当之无愧的优秀传统文化传承发展的基础平台。如江苏省方志馆目前馆藏文献已超过19238种，录入数据库30430册；苏州市方志馆馆藏新旧志书超过30000册。

不过，各地方志馆在馆藏文献方面也存在一些现实困境：一是量太多。仅全国存世旧志就有8500多种，各类地情文献典籍更是天文数字。二是难收全。有的已永久失灭，有的缺乏渠道，有的存世稀少，要全部收齐，难度极大。以常州为例，清代以前常州古志有26种，但存世的只有13种。三是投不起。建设一座5万册典藏文献地情库，没有千万元投入不可能完成。四是馆有限。相对于成倍快速增长的藏书总量，所有方志馆现有的空间都捉襟见肘。

方志馆下一步配合优秀传统文化的传承发展，打造一流的地情文献库藏中心，毫无疑问，“全”是方向、“全”是愿望。但“全”，已难做到理想中的“大而全”。我们认为，方志馆要成为地情文献全面集中的库藏中心，各地不应一味求大求全，而应根据方志馆不同的层级，科学定义不同的“集中和全面”

的内涵。科学的“全”，应该是贴近合理定位、真实需求和因地制宜、量身定制的“准而全”，在“准”的基础上求“全”。常州的做法是“十六字定位”，兼顾地市级方志馆的层次、区域方志馆群的资源错位和地方史志研究的实际需要三方面因素，平衡找到确切定位，即“人无我有，只做常州；人有我全，做足常州”。与此相呼应的思路是“六个收齐”，即收齐常州历史上已经形成的700多种古今志书，种好本地文献收藏的“自留田”；收齐行政区域中曾与常州有过交集的所有属县镇级以上志书，种好历史维系的“责任田”；收齐长三角地区所有地级以上城市志书，种好对比研究的“参照田”；收齐全国130个国家历史文化名城的志书，种好同根同源的“标准田”；收齐常州地区已经修编完成的760多部名门望族的新旧家族宗谱，种好家族修谱的“特色田”；收齐“所有常州人写的书”和“所有写常州的书”，种好地域文化建设的“万顷良田”。通过这份“专注”，形成自己的馆藏特色。也只有这样，常州方志馆才会真正成为本土优秀传统文化及地情研究领域文献最全、资料最集中、本土味最浓的库藏中心，成为优秀传统文化传承发展的主要载体。

二、方志馆应成为生动活泼的校外历史课堂

关于中华优秀传统文化的传承发展，《意见》提出“教育普及”是关键。而历史教育，因其主体性、本源性和基础性，又成为教育传承的重中之重。我们知道，历史教育有多种渠道，包括书籍读本、学校课堂，博物馆、文化馆、图书馆等文化场馆。与之相比，方志馆独汇多种功能于一体，具有这些渠道和场馆不可替代的三大优势。一是有一批长期从事史志研究的资深专家团队，他们几十年在史志领域埋头伏案、精耕细作，积累丰厚、成果丰硕、史德丰馨，他们自身就是历史教育最好的“智库”和“讲师”。二是古今史志人接续编纂，编著有大量传世的史志著作和典籍，仅常州就有各类古今志书700多种，这些珍贵权威的志书典籍，本身就是历史教育最基本的“教材”和“课本”。三是方志馆以方志为核心、地情为元素、城史为脉络的独特定位，博物馆式的展示形式，以及专业、准确、权威的史志表述方式，也自然成为历史教育最佳的“基地”和“课堂”。

当然，方志馆的“天然优势”并不等于“现实效果”。方志馆要成为生

动活泼、有魅力和吸引力的校外历史课堂，还需要方志人的精心策划和打造。常州方志馆在布展中，着重抓住四个关键点。一是独立建馆，让方志馆“登堂入室”进入“城市客厅”。课堂要能吸引“学生”,选址很重要。显眼的位置，才有显眼的客流。常州建设方志馆时，秉持建设“独立的市级公共文化设施”和打造“城市独立的文化形象和品牌”的理念，致力做“大文化”、建“大载体”。在市委、市政府的支持下，选择了江南知名的历史文化街区“前后北岸”作为馆址，让方志馆挺身黄金地段，成为城市的文化标杆。二是利用名人故居，让“历史”叠加“历史”。常州方志馆选用清代漕运总督管干贞的故居——一座具有典型江南传统建筑风格的清代官绅民居庭院，意在让有内涵的文化放进有底蕴的建筑，让有温度的故事融进有厚度的历史，最终实现建筑、人文、方志、历史的“叠加之美”。三是精准定位，选好城市核心话题。方志馆能否成为生动活泼的校外历史课堂，关键要讲观众想听的故事、想了解的历史。只有精准定位方志馆的核心话题，才能捕获众人之情、探究之心。常州方志馆以针对、权威、准确的方式，设计和回答了 8 个问题：什么是方志，这是座什么样的城市，这座城市 2500 年怎样走到今天，城市的经济发展演变史，城市的文化源流，城市的教育渊源和特征，古城的历史演变等。这些问题，扣准了观众的基本疑惑，体现了课堂价值。四是呼应关切，狠抓城市的亮点和特质。常州是科举之地，它的科举神话在哪里？常州是千年古城，历史上它有过多少位市长？常州是名人之邦，它形成的望族名门都有谁？常州是吴方言地区，它的方言奇妙在哪？常州方志馆正因为紧扣这些耀眼与诱人的要素和核心，才实现了 8 万人次的观众、170 批次的重要团队。

三、方志馆应成为时尚互动的重要传承基地

《意见》提出，优秀传统文化要坚持创造性转化和创新性发展；要不断赋予新的时代内涵和现代表达形式，要运用丰富多样的艺术形式进行当代表达；要与当代文化相适应、与现代社会相协调。一句话，优秀传统文化的传承发展，不仅靠内容，也要靠形式，有时形式能更好地表达和展示内容。对方志馆来讲，专业厚重的内容无疑是其最大优势，但丰富活跃的形式，也应该是其追求的目标和方向。

一种观点认为，方志馆是专业文史机构，严肃、严谨应该是其本来面目，方志馆刻意取悦别人、有意哗众取宠，是舍本取末。应该承认，严肃性历史主题的展示，要比一般性主题的展示更显难度。兼顾严谨与通俗、可信与可读，在操作和实践上会有较大挑战。但是，严肃不等于不可表达，挑战不等于不可逾越。常州方志馆在布展工作中，主动引进一流布展团队，充分汇集多方策划，巧妙运用多样手段，以易接受、易看懂、接地气为要旨，实现了把传统刻板的史志文化和历史教育，转化为时尚、互动、体验、参与的历史文化教育传承基地。

常州方志馆着力做到“四多”。一是多用“博物馆语言”。博物馆语言是一种综合语言，是集看、听、触、闻于一体的调动多种感官感受的特殊展示语言，是融光影、视频、动画、实物、模型等多种形态和手段于一体的综合表达方式，它的特性是形象、体验和互动。方志馆既然有展的属性，就要遵循博物馆的布展特性、规律和逻辑，多用博物馆的语言和手段，使主题表达更到位、更出彩。常州方志馆在布展中充分采用了现代博物馆所用的主要展陈手段，不仅丰富了方志馆的主题和内涵，而且提升了品位和吸引力。二是多设“互动环节”。只有互动，才有交流、才有参与、才有体验、才有深入理解。恰当、合理地设置方志馆的互动环节，既可以活跃形式，还可以提升兴趣和黏合度。你的常州方言学得怎样？馆内“常州方言测试”展项可以给你测试评分。你的姓氏在常州属于哪一支哪一脉？“常州望族查询”可以让你查询家族发展的渊源和奥秘。你是否要将中考、高考？“江南文脉、幸运手印”可以触发吉祥紫气、福佑你榜上有名。常州方志馆按照展陈节奏，有规律地设置一批互动展项，使方志馆展陈有亮色、有特色。三是多引“王牌课程”。方志馆可以利用馆内既有的展项，有意包装成创意、个性、特色的“教学王牌课程”，成为本地学校的校外的历史教学点。目前已有部分中小学把校内的“本土历史课”移进常州方志馆，通过现场“实景 + 行进式教学”激发学生的兴趣，有 5 所学校与方志馆建立了“紧密性基地联盟”。四是多创“溢出效应”。方志馆要实现“1+1>2”，就要在展的基础上经常性组织各种有影响、系列化的文史沙龙和讲座，让方志馆由单纯的“馆”变成城市的“人文去处”、业界的“史学课堂”。常州方志馆在建设之初，专门设置了“资政堂”文史沙龙报告厅，吸引和安排全市知名的文史专家开设文史讲坛。目前，常州方志馆除重要节假日组织专题活动外，每月还定期举办文史专题讲座，仅2016年就组织讲座23个。常州方志馆已成为全市有看点、可参与、受关注、获点赞的固定文化传承基地。

四、方志馆应成为个性彰显的公共文化主要载体

谁是中华优秀传统文化传承发展的主要载体？《意见》提到图书馆、文化馆、博物馆、群艺馆、美术馆等公共文化机构；提到历史文化名城名镇、名村、历史文化街区、名人故居等历史文化聚落；提到传统民居、历史建筑、革命文化纪念地、农业遗产、工业遗产等城市遗存遗迹。《意见》没有提到方志馆。我们理解，这一方面是因为正式文件不可能罗列所有载体；另一方面也因为方志馆跻身主要载体也有欠缺。突出体现在五个方面：一是各地方志馆大多规模偏小，未形成气候，还没有进入人们的视觉中心；二是方志馆自身定位过于刻板专业，眼睛向内，大多停留于“专家俱乐部”“史家后花园”的角色，内涵、目标均偏向“小众”，尚未被大众所关注；三是方志馆建设之初，决策者、建设者都没有把它定位为重要基础设施，建设标准、目标都偏低；四是方志馆建成后，没有严格按照公共文化基础设施“专业化管理、全天候开放”的要求来运行，存在“有人开门、无人打烊”的非正常、非规律状态；五是大多数方志馆在选址时，没有独立建馆，没有树立方志馆作为文化设施的独立形象，而展厅建设，也没有设在便于市民参观的地面层和开放空间，更少像图书馆、博物馆、规划馆那样被当作城市形象标志放入“城市客厅”，让更多的参观者了解她、尊重她。

我们知道，一座公共文化设施能否成为优秀传统文化传承发展的主要载体，并不看它有否耳熟的名字、显赫的规模、特殊的身份和主办的背景，而在于它实际的效果、作用和影响力。方志馆在所有公共文化设施中以“三个不可取代”体现其独有的核心优势和价值：一是方志馆专事承担历史教育的核心功能和定位，其他场馆不可取代；二是地方志工作机构和方志馆对地方历史系统和深入阐述的独有权威，其他场馆不可取代；三是方志馆收藏本地典籍文献的完备性和集中度，其他场馆不可取代。以此优势和特质，方志馆理应跻身优秀传统文化传承发展的主要载体。

常州方志馆在打造并跻身“主体地位”时，着眼于四个关键。

一是坚持市级定位、高眼看待。方志馆应与博物馆、规划馆同样列为市级重要公共文化基础设施，博物馆以“文物”见长，规划馆以“模型”见长，方志馆则以自己“权威、系统、准确的文献史料”见长。在“让外地游客了解一座城市”的角色担当中，方志馆与博物馆、规划馆没有高矮之别，只有特色各异。的确，方志馆大多由本地的地方志工作机构承办，但不等于它就是地方志工作机构的下属服务单位。方志馆要彰显自己真正的价值，应该高眼看待，从市级层面定位和规划方志馆。常州方志馆在建设前，按照“城市历史馆”的思路来建设，建成后，把运行管理权交给市级层面的国有资产管理公司管理。事实保证，高位运行，提升了它的公共影响力。

二是坚持以展为主、单独建馆。方志馆集展、藏、研、宣等多种功能于一体。其中“展”决定其现实影响力。能否把“展”做出特色，已成为方志馆能否成功的标志。常州方志馆几乎把可用面积的90%用于展陈，使它的公共功能得到极致发挥。另一方面，单独建馆也很重要。目前国内有些方志馆因决策者没能理解方志馆的核心价值，通常以“集约一体”为理由，将方志馆与当地档案馆、图书馆、文化馆等设施合建并用。正面看，增强了文化的集合效应，但实际却削弱了方志馆的地位。因为大多数档案馆等设施选址偏内、偏静，明显不利于彰显方志馆的展示效果。常州方志馆选址“城市客厅”、独立建馆，成为城市独立的市级文化品牌。

三是坚持公共运作、全年迎客。常州方志馆开馆后完全按照博物馆、图书馆等公共文化设施的管理方式进行专业化、规范化管理。全馆作息时间按照“早九晚五、节假日全天开放、周一闭馆休整”的对外开放制度，管理团队也由历史文化街区管理办公室的专门团队代管，客流引导和客流统计由专人负责、定时汇总上报，全馆实行电子监控与值勤人员巡查相结合的安保措施，宣传平台和沟通渠道有活动预告与微信公众号，这些措施保证了公共设施的充分开放性和参观时间的稳定性与可预期性。

四是坚持五位一体、纵深打造。方志馆再大，容量总有限。其出路在于纵深打造。常州方志馆的思路是“五位一体”。即打造一个“实体方志馆”，让参观者亲临其境，直接感知城市的历史和人文底蕴；营建一座“书版方志馆”，通过出版《常州方志馆读本》，延伸阅读和了解方志馆现场不能详尽的知识和内容；开通一个“智能方志馆”，通过自动语音电子讲解系统，让参观者人人拥有私享的“专家讲解员”；营造一座“网上方志馆”，通过扫描方志馆各展区的二维码，用手机终端直通“常州史志数据库”，让地方志研究成果走向大众；辟建一座“藏书方志馆”，在实体方志馆之外，再建一座900平方米的“常州地情文献馆”，把方志馆的藏书功能纳入其中。通过五位一体的纵深打造，常州方志馆成为地方志工作机构内外联结、活跃事业的重要纽带，也使地方志工作由业内走向业外、由专业走向大众，成为不可替代的独立品牌。

让中华优秀传统文化得到传承发展，是国家意识和民族责任。国家期待更多有个性、有专长、有效果的载体成为传承发展的主体，方志馆应有所作为，应占一席之地。

（作者单位：常州市地方志办公室）

方志馆展览布展工作探析

蔡金良

提　要：在地方志事业全面推进的过程中，方志馆建设已经成为新的增长点和突出亮点，而展览布展是方志馆工作的重要任务。方志馆展览的重要意义在于为服务社会发展的需要，展示国情地情和方志文化特色，持续吸引社会公众的关注。展览布展按照时段可分为固定展和临时展两种。应做到主题鲜明，陈列有创意，亮点精彩，观者能互动，真正表现出历史穿透力、文化渗透力和艺术感染力，使观众产生强烈的共鸣。当前各地方志馆的展览布展形式新颖，内容丰富，但面临的困惑不容忽视，应开拓思路，加强交流，培养人才，确保方志馆的持续健康发展，不断提升公共文化服务的能力和水平。

关键词：方志馆　展览　布展

方志馆是一地收藏展示地方志和地情资料的中心。对于方志馆而言，展览布展就是在有限的空间内尽可能为观众展现宽广的地情历史和文化内涵，新鲜的创意、新颖的形式、活泼的内容可以自然地带给观众美好的参观体验。随着地方志事业的全面推进，方志馆建设已经成为新的增长点和突出亮点，通过国情地情和方志文化主题展览，弘扬中华民族优秀文化，深化爱国主义宣传教育，为社会公众服务，成为提高方志馆工作水平的重要任务。同时展览布展可以吸引更多参观者，让人们亲近传统方志文化，感受地方志的博大精深和独特魅力。

展览布展是一项专门的艺术学科，社会上有专门的展览设计和工程施工制作公司，但方志馆展览布展必须是方志工作者将方志文化和地情文献的内核传递给设计者，在双方充分沟通和互相启发的基础上，得以实现的具有方志文化和地情特色的设计和展览。本文就方志馆展览布展问题谈几点粗浅认识，通过简要介绍江苏省方志馆展览布展经历和特色情况，总结方志馆展览布展面临的困惑，提出破解建议，旨在对新建方志馆的展览布展有所启示。

一、展览布展的重要意义

方志馆作为一个公共文化设施，利用地方志书特有的丰富的资源优势，运用现代声、光、电和多媒体技术，展陈国情、地情，传承和延续地域文明，是方志馆职能所在。近几年来，方志界对方志馆展览布展重要意义的认识愈加深入，在为什么要建方志馆到建什么样方志馆的认识上有较大飞跃。

一是地方志为社会发展服务的需要。传统纸质志书发挥着存史、资政、育人的重要作用，但地方志书是资料性文献，部头大、分量重、内容多，不是一般通俗读物，也远不如现代影视、网络媒体产品生动形象，不易受到普通群众的关注和喜欢，特别是青少年对其敬而远之。展览布展就是适应时代发展，把文献资料知识化、故事化，以喜闻乐见的方式展现方志文化，满足人民群众的精神需求。展览布展可以直观地反映国家和地方历史文化的全貌，生动地展示中华文明和地域文化的丰富多样以及历史渊源、发展脉络和基本走向，更好地弘扬中华优秀传统文化。

二是展示地方志文化特色的有效途径。地方志内容上至天文，下至地理，从自然到社会，从经济到政治，从人物到风貌，从历史到现实，一应俱全，是“一地之全史”“一方之百科”。翻阅地方志资料的大多是专家学者、高校学生，普通大众很少涉猎，这就在一定程度上制约了方志文化和地情知识的传播。只有通过展览布展，才能使丰富的地情知识和优秀的传统文化“活”起来，生动形象地展现在观众面前。方志馆通过展板、图片、实物、文字、影像等形式直观展示本区域的地情、历史、文化，使大众不用翻阅志书，短时间内就能了解体悟方志文化的独特作用。

三是方志馆持续吸引社会公众的亮点。方志馆是免费对外开放的设施，如何持续吸引公众是方志馆工作者需要思考的问题。阅读可以去公共图书馆，参观可以去博物馆，方志馆需要打造自己的特色亮点才能在博采众长中独树一帜。通过举办多种内容、多种形式的展览，建立爱国主义教育基地，打造本地域的地情宣传品牌，提升地方志的传播力、感染力、影响力，使社会公众惦记着、愿意来，来一趟有看头、有收获，并愿意向别人介绍，起到一传十、十传百的效果，其成功的展览布展就是“看点”“亮点”。

二、展览布展的内容与分类

展览布展吸引观众的首要因素是内容。主题内容和展品往往体现着对本区域地情、历史、文化、传统的最新研究。从方志馆的布展内容就能看出一个地区的历史厚度和文化含量。一般情况下，展览布展分为固定展和临时展两种。

固定展是指展期较长的展览，重点突出方志文化和地情知识，大致有三类。方志文化展。中华文明悠久的历史留下了浩瀚的方志文化遗产及历代志书，“志”始终是方志馆的重要主题和内容。不同行政区域的方志文化都有各自的发展脉络和修志成果。这些中国方志史上的灿烂瑰宝，无疑应在各地方志馆建设中浓墨重彩地加以介绍和展出。如江苏省方志馆的“方志之乡”主题展，设有方志源流、盛世新篇、志苑名家、文化宝库四个部分，运用实物、图片以及多媒体等多种手段，展示方志发展沿革、历代志界名人及其研究成果、当代方志成就和社会影响，充分展现了江苏方志文化的独特韵味。

历史文化展。方志馆是展示本地区的古老文明、族群文化、历史演变、地方文脉的重要窗口，呈现了不同历史时期的民众生活场景，展现了本地区风雨沧桑的历史变迁。如南京市方志馆以方志人的独特视角，抓住南京灿烂历史文化的脉络，把建置沿革、重大事件、文化成就和修志成果联结起来，再现自古以来在南京历史和文化发展过程中具有重要影响的人物以及文化遗存和名胜古迹等，使观众犹如徜徉在南京的历史文化长河中。

地情知识展。地情知识展览是方志馆有别于其他文化场馆的亮点所在。将地方志文献中具有地域特色、文化含量、典型故事、风土人情等内容，直观地、艺术地展示在观众面前，能够起到了解地情知识、激发爱国爱乡热情的独特作用。如常州方志馆坐落在市中心知名的历史文化街区，地理位置优越。该馆以方志为核心、地情为元素、城史为脉络，系统展示了城市历史变迁、地域风情、人文精粹。

临时展是指展期较短的展览，重点展示本地域某一方面的特色或地情风貌。临时展可以贴近社会公众需求，定期翻新内容，增加展示场馆的新鲜感，不断提高方志馆的知名度。如江苏省方志馆举办了“市县地方志成果展”“记忆江苏·古塔名桥摄影展”“江苏省乡镇村志·民间文化展”，又如浙江余杭方志馆举办“艺尚小镇风采展”，北京市方志馆举办的“老北京商业民俗文化展”。这些展览能使参观者铭记乡思、品味乡俗、聆听乡音、留住乡愁，接受生动的爱国主义教育。临时性主题展是当代新型方志馆布展的重要组成部分，从特定的角度展示本地区域形象和文化魅力，能够吸引各层面公众参观。

三、展览布展的要求与形式

方志馆展示的资源来自于地方志，为更好彰显地方志的独特优势，展览布展必须具有历史穿透力、文化渗透力和艺术感染力，能使观众产生强烈的共鸣。

1. 主题要鲜明

纵观各行各业的展览，都有明确的主题，方志馆的展览也不能例外。地方志资源非常丰富，但展示什么，主要展示哪些方面，必须是经过地方志部门及方志馆工作者对本区域地情的研究、挖掘，和策划者一起对地方历史及本土文化深刻认识、体悟后，确定展示方向和主题，形成优秀的展览大纲。这个大纲反映着方志人的主观愿望和价值取向，如“方志之乡”主题展、“××历史文化”、××地情知识”主题展等。

2. 陈列有创意

展览布展是内容与形式完美结合的创新艺术。方志馆展览是为社会公众提供精神产品，单一的文字、图片难免会使人乏味，而现代科技技术为展览布展创造了得天独厚的有利条件。对声、光、电、数字媒体的运用，及图照、模型、表格、地图、沙盘、人物塑像、文献复制品的制作，要努力“形神合一”。要根据内容选择表现形式，如介绍人物可以采用刺绣、图片及塑像的形式，介绍特产可以利用实物标本模型，介绍历史发展可以利用视频影像等等，增加展览的现实性和趣味性。总之，表现形式与内容相呼应，力求做到优化知识性，突出观赏性，强调体验性，注重传播性，坚持共享性。

3. 亮点应精彩

方志馆展览要让观众感觉乐在其中，易于接受，因此展览主题要鲜明，内容和表现形式上要有独创性、原创性，有历史故事、文化内涵，有看点、卖点和兴奋点，使公众在观展后，对布展内容印象深刻。以江苏省方志馆为例，创造方志文化元素，馆标、金饰浮雕壁画、寓意江苏四大文化的玉雕等成为其特色符号；打造历史文化产品，用江苏的非物质文化遗产——“扬州漆器”画制作清代志书编纂全过程、“宝应乱针绣”展示江苏历代方志名人等，将非物质文化遗产与展示内容结合起来创作成展品，既展现历史文化遗产的精湛艺术，又传播丰富的方志知识，令观者印象深刻。

4. 观众能互动

以人为本，增加互动越来越多地体现在展览的全过程之中。数字技术的运用能给观众带来全新的体验和惊喜，如江苏省方志馆运用数字技术把志书中记载的清朝漕运盛况、桑蚕业发展编成动漫故事，通过多媒体互动屏再现给参观者。触摸屏、二维码能向观众拓展和延伸知识，共享方志和地情文化；讲解咨询、说明文字也是互动的重要环节。以说明文字为例，文字自古以来就是人类传递知识、交流思想的重要媒介，方志馆展陈中的说明文字是展览主题、结构、内容的重要表现形式。方志馆展陈中的说明文字必须既科学准确又通俗易懂，充分发挥表达构思、解释展品、扩充内涵以及注入活力的作用。此外，展厅标牌不仅应包括展品名称、年代，还要给冷僻字注音，要有英文翻译。字体不能太小，要尽量方便年长的参观者。

四、江苏省方志馆展览布展经历和特色

江苏省方志馆于2010年4月9日开馆，首开当代新型方志馆先河。2002年江苏省方志馆立项筹建之初，可学习借鉴的经验很少，方志界基本上没有研究，特别对其内部功能的定位及运作方向并不十分清晰，直到2008年

计划筹备开馆时，我们借鉴图书馆和地方特色展览馆的经验，从四个方面确立了方志馆的工作性质和功能定位。第一，方志馆是一个隶属于省志办的事业单位，应向省编办申请单位名称和人员编制；第二，方志馆是方志、地情文献的收藏中心，应是方志专业的图书馆；第三，方志馆要辟出专区进行展览布展，直观形象地宣传方志文化，向社会公众普及地情知识；第四，方志馆是集收藏、借阅、展览、培训交流、资源开发、爱国主义教育于一体的公共文化服务场所，要免费对外开放。

基于以上的认识和定位，江苏省方志馆展览布展的思路是“整体布局、打造特色”，即整体的色调、风格、景观相一致，精心打造具有江苏地方特色的方志文化展览。

方志馆的馆标，以鼎为形状，古鼎，乃国之重器。春秋时有“九鼎”（九州）之说；又“鼎，方也”，铭之于文，记述事实，永远不忘矣，恰好与“方志”不谋而合。以江苏的繁体“蘇”字为内容，“蘇”字，既包涵鱼米之乡，又是一个梦，留下对昨日的记忆，满怀对明天的憧憬。以中国传统的红色印为基调，形成了独具特色的江苏省方志馆馆标，并进行了知识产权注册，同时也成为江苏地方志的唯一标志。

金饰书形漆艺雕塑摆放在门厅，象征一本打开着的江苏省地方志书，映入眼前的是汇集江苏南京、苏州两城市主要代表性建筑物及景点，文字说明“江苏省，简称苏。江苏于清康熙六年建省，取江宁、苏州二府的首字而得名……”。向观众介绍江苏历史悠久、经济发达、人文荟萃，素有鱼米之乡美誉。

鼎盛江苏金饰浮雕壁画，把江苏所辖13个设区市最具代表性的文化元素（或建筑，或自然景观，或文化遗产）镌刻在一幅浮雕壁画中，将传统与现代融于一体，集中表现了江苏历史厚重，人杰地灵，文化丰富，美丽江苏。红色的江苏省方志馆馆标融合在浮雕中间，颇具江苏地方特色。

中式露窗镶嵌玉石雕刻作品，悬挂在二楼大厅的两侧墙壁上。以“吴文化的玉凤、楚文化的编钟、汉文化的青龙、金陵文化的辟邪”展示江苏古代的四种典型文化；以江苏的“苏”字历史演变，与“鱼、米”字形相吻合，展示鱼米之乡，寓意富饶的江苏大地孕育了古代文化，生动形象，内涵丰富。

以“方志之乡”为主题的展厅，系统展示了江苏地方志的发展史、新方志的成就和地方志在社会经济文化发展中的重要作用。开馆以来，全国各地有300多批次前来参观，特别是机关的党政干部、社会公众、高校学生等。通过参观，对地方志的重要地位和作用有了更加深刻的了解，对方志馆的功能和地位有了更深层次的认同。

五、展览布展面临的困惑及破解建议

随着全国各地文化建设和地方志事业的蓬勃发展，当前各地方志馆的展示内容呈现出百花齐放、多姿多彩的良好局面。但也不容忽视所面临的困惑，主要有以下几方面。

一是方志馆是一个新生事物，社会的知晓度还不高。尽管方志馆是公共文化服务场馆，但社会知晓度明显不高，不像图书馆、博物馆、档案馆那样家喻户晓。外地游客若想了解所到地区历史文化，多选择规划馆、博物馆，很少想到方志馆，甚至不知道有方志馆的存在。江苏省方志馆开馆以来，参观者多数是全国地方志系统人员及与地方志有业务交流的机关、学校、学术研究等单位和人员，社会公众比较少。

二是地方志是以资料文献为资源，方志馆展览布展缺少实物和展品。“物”是各类展览的重要内容，方志馆布展也不例外，尤其是体现历史感、时代感的实物和展品更能触动参观者。但由于受资源的限制，方志馆的展览大多以图片、书籍、影像、文字及模型表现本地的历史文化和地情知识，缺少真实历史的穿透力。

三是展览布展是一项专门的艺术学科，这方面的专业人才严重缺乏。方志馆的展览布展是服务社会公众的窗口，需要规划者深刻的理解当地历史文化及方志文化，需要设计者在表现形式上具备美感、历史感、文化感，需要讲解者充分了解当地文化，具备丰富的历史知识、地情知识，才能将方志馆的文化精髓传递给参观者。

四是展览布展需要不断更新，经费保障机制还没有建立。社会发展和科学技术日新月异，方志馆展览的手段和内容如果不能及时更新，就难以满足公众参观需求，展览的持续吸引力就会降低。江苏省方志馆展览布展之初经费比较充足，但后续更新的经费保障机制有待于建立。

善于破解问题，以推动事业发展，是保证方志馆展览布展生命力的基本要求，为此提出几点建议。

一是加强全国各地方志馆之间的横向联系。由中国地方志指导小组办公室和国家方志馆牵头，定期开展全国方志馆展览布展经验交流，相互学习、相互启发。促进建立各地各级方志馆间的交换展览、形成合作办展的交流模式，同时积极推进馆际间协作，在保持各地方志馆展览特色的基础上，打破壁垒，加强合作，借鉴优秀的展览布展理念，学习他人之长，补己之短。

二是加强与有关文化机构的联系和协作。主动与博物馆、美术馆、文联等机构联络，并加强业务交流，虚心学习他们在展览布展方面的研究成果和创新特色，及时掌握最新的展览布展动态，以多学科的视野为方志馆展览布展创造广阔的发展空间，不断拓展方志文化展示的内涵，努力使方志馆的展览给观众全新的解读。如我们与江苏民间艺术协会合作，将民间艺人的展品交由方志馆代保存，有近百幅农民画和近百件民间剪纸作品入藏方志馆，在举办“江苏省乡镇村志·民间文化展”时，这些作品派上了大用场。

三是加强对展览布展人才的引进和培养。建议中国地方志学会方志馆研究会举办展览布展业务培训班，全面提升规划者、设计者、讲解者的水平，在观念上进行引导，开阔思路，强化创新理念；组织参观考察各地方志馆，加强国内外优秀布展案例的研究，吸取营养，提高业务能力。

四是加强展览宣传教育以及方志文化产品的开发。在信息多元化、传播手段多样化的条件下，通过数字网络、移动多媒体等新媒体，加大宣传力度，提升方志馆知晓度；开展各类活动，尤其是历史教育、爱国爱乡教育活动，发挥方志馆的教育职能，扩大社会影响力；挖掘方志文化资源，打造具有地方志特色的文创产品，提升地方志的影响力和吸引力。我们利用江苏数字方志馆，开设网上“方志馆展厅”“江苏方言在线试听”等专栏，取得了比较好的效果。

五是积极融入公共文化服务体系建设。以深入贯彻落实《全国地方志事业发展规划纲要（2015—2020年）》为契机，充分发挥方志馆自身优势，突出公益性服务性导向，主动担当应有的历史使命，最大限度满足广大人民群众多样化文化需求，从而引起财政等政府各部门的重视，加快建立稳定的经费增长保障机制，确保方志馆更好地履行职能，持续健康发展，不断提升公共文化服务的能力和水平。

（作者单位：江苏省地方志办公室）

浅谈方志馆地情展览的社会作用

常国光

提　要：本文通过回顾广州市地方志馆建设历程，陈述广州市地方志馆旧馆和新馆因地制宜举办专题性和综合性地情展览的情况，阐明方志馆地情展览的社会作用。方志馆肩负着向社会传播方志文化的使命，地情展览是连结方志与社会的桥梁，具有重要意义和价值。

关键词：广州市地方志馆　地情展览　方志文化传播

广州市地方志馆从20世纪90年代初启动建设来，已经历旧馆到新馆的建设，馆内的布展也从专题展览发展到综合全景式展览。从旧馆、新馆的实践来看，无论是专题展，还是综合展，地情展览都发挥了连结方志与社会的桥梁作用。

一、广州市地方志馆建设回顾

1985年，广州市地方志办公室成立之初，条件十分艰苦，办公用房靠租借。1989年市长办公会议决定，建设方志馆并作为广州市的文化设施，以解决地方志办业务用房。1995年7月，由政府投资立项、按现代地方志功能规划建设的地方志馆——广州市地方志馆投入使用，地方志办公条件得到彻底改善。广州市地方志馆（以下简称旧馆）位于越秀区下塘西路，建筑面积4700多平方米，集陈列展览、资料收藏、学术报告、方志编修、地情研究等功能于一体。建馆20年来，设施适时更新改造、修缮维护，管理工作形成制度；根据公用面积偏小的实际，不断调整优化布局，尽可能提高使用效能。作为广州市地方志事业的发展基地，旧馆一直保持良好的运行状态。

近年来，全国掀起了方志馆建设热潮，广州市地方志馆无论是规模还是设施设备都逐渐相对落后。2014年8月，广州市政府决定市地方志办（市地方志馆）整体入驻广州市城市规划展览中心，建设广州市地方志新馆。2016年底，广州市地方志新馆（以下简称新馆）建成，并实现内部开放。新馆南邻白云城市文化广场，北邻商业街和社区，东邻白云国际会议中心，西邻广东画院，是地铁和公交交汇口。新馆建筑面积12629平方米，其中，展厅6603平方米、书库1225平方米、业务管理用房2643平方米，以及与规划馆共用的4D影厅、学术报告厅等共用区域2158平方米。新馆功能定位为广州市情展示中心、市情教育中心、市情服务中心、市情文献中心、市情编纂中心和市情影音中心。

二、因地制宜举办专题展览

旧馆虽然建于20世纪90年代初期，面积也不大，但也在馆的南边设置了近300平方米的展厅，具备陈列展示功能。2014年，通过改造北面的旧仓库，开辟为200多平方米的北展厅。这样，南北展厅共有500多平方米。在旧馆有限的展厅面积中，因地制宜举办了多个专题地情展览。

（一）"名城之光——广州之最"展览

为配合庆祝广州建城2210年活动，广州市地方志办主办"名城之光——广州之最"展览，于1996年11目13日至1997年1月31日在市地方志馆展出。这是广州城庆活动的重要项目之一。展览以图片、文字、模型、实物的形式，从史地、政治、社会文化、经济等各方面，简要而精辟地回顾广州建城2000多年的历史，介绍这座城市在各个不同历史时期所创造的光辉业绩和广州人民所表现出来的英雄本色。

（二）“广州之最”图片展

2008年，是广州建城2222年，市政府开展纪念广州建城2222年及改革开放30周年活动。为配合市政府开展的纪念活动，广州市地方志办策划举办“纪念广州建城2222年——广州之最”图片展。10月28日，在市地方志馆正式开展。展览分为“岭南文化中心地”“海上丝绸之路发祥地”“近现代革命策源地”“改革开放前沿地”以及“历史人物”等五个篇章，用240多幅历史照片展示广州创造的全市之最、全省之最、全国之最，乃至世界之最的文明成果。

（三）人文广州图片展

2010年，市地方志办以“广州之最”展览的内容为基础，新增2008年后广州市经济社会发展尤其是筹备亚运会期间在体育、文化设施和城市建设方面所取得的成果，丰富展出内容，更名为“认识广州，喜迎亚运——人文广州图片展”。除在旧馆展出外，还走进社会，到花都区花都广场、荔湾区沙面文化广场、文化艺术中心、街道文化站、詹天佑纪念馆等地巡回展出。2011年再次更名为“识名城、建设幸福广州——人文广州图片展”，在越秀区图书馆、区政府大楼、区属中小学校、街道文化站、伦文叙纪念馆等地展出。2012年在中山图书馆、广州农民工博物馆广场等地展出。

（四）科学发展　十年巨变——入载地方志大事图片展

2013年，市地方志办策划制作“科学发展，十年巨变——入载地方志大事图片展”。该展览从政治、经济、文化、社会四个方面，用481幅图片及文字，展示“十五”至“十一五”时期广州发生的推动社会发展、永载史册的大事。2013年11月至2014年5月，该展览在旧馆展出外，也走向社会，分别在越秀区政府机关、北京路步行街、广州图书馆新馆、锦伦会馆、邓世昌纪念馆、詹天佑纪念馆等地展出。

（五）修志问道　以启未来——广州城市发展图志展

2014年11月，“修志问道　以启未来——广州城市发展图志”展览开幕。该图志展通过大量的图片，以多媒体手段反映广州城市变迁，及当前广州走新型城市化发展道路创造的新貌，同时展示广州地方志事业30年取得的成果。

（六）与外单位合作举办专题展览

广州市地方志馆还与市委宣传部、档案局、党史研究室、图书馆、档案馆等单位合作举办地方历史文化专题展览五个，扩大了地方志服务社会的渠道。

2005年，为纪念抗日战争胜利60周年，联合举办“广州抗战史迹展”。2009年，联合举办的“建国60周年（广州部分）图片展”。2011年，为纪念辛亥革命100周年，市地方志办与孙中山大元帅府博物馆共同举办“孙中山与辛亥革命”图片展，是广州市首个纪念辛亥革命100周年的展览。2011年10月18日，联合举办的“碧血丹心——辛亥革命在广东图片展”，474幅历史图片以及孙中山伦敦蒙难的亲笔信、同盟会证书，辛亥革命时期的报刊、图册、地图、传单、布告、证券、明信片等文物，生动再现辛亥革命的历史画面。2012年10月，为迎接党的十八大召开，联合举办的“科学发展，成就辉煌——广州庆祝中国共产党第十八次全国代表大会召开特展”，在广州博物馆专题展览厅展出。该展览通过图片、视频、场景模拟、多媒体互动体验等形式，从“幸福广州”“国际商都”“文化名城”“智慧广州”“亚运之光”“文明城市”“大爱广州”“新型城市”等八个方面展示党的十七大以来广州取得的辉煌成就。

三、一展两千年发展历程 打造全景综合地情展

新馆展厅面积6603立方米，在建设之初就立足打造广州市的综合地情陈列展示。新馆展览主题为“方志广州　羊城今古”，体现了展览的核心特点，即以方志的视角，全方位展现广州两千多年的历史和现状，打造权威的全景式综合地情展示窗口，与城市规划展览中心共同展现广州的“过去”“现在”与“未来”以及珠三角、泛珠三角城市区域合作进程。

“方志广州　羊城今古”展览设有序厅、综合展区和专题展区，以丰富的图文资料，结合体感互动、沉浸式环幕影院、场景复原、模型复件、数字化空间等多种现代表现手法，以及分布在各展区的地情图书，多角度展现广州这座千年名城的不断发展与进步。

（一）序厅

由“方志中国”“方志广州”“千年大事长廊”“广州之最”组成，高度概括地展现广州元素、方志元素。序厅上方有由158个不同字体的“羊”字组成的天花，由广州代表元素构成的巨幅浮雕墙，中间为书籍造型屏幕，观众触摸浮雕墙上代表综合展区的六个感应点进行互动，屏幕上就会播放对应展区的介绍影片，可对整个展馆的内容架构有一个初步的了解。

（二）综合展区

由“城”“商”“政”“人”“水”“文”六部分组成。全面展示广州经济社会发展的历史，体现城建辉煌、商贸繁荣、改革先行、人才汇聚、产业创新、生态优美、文化多彩、协调发展，及广州作为国家中心城市的辐射影响力。

“城”展区又名“千年羊城·南国明珠”。展现自秦代始筑番禺城以来，历经古代扩城、近代城市改造、当代城市更新的千年广州的深厚底蕴。展区设有“五仙古观”场景复原故事屋，观众可以观看杨澜访谈录之《广州，从千年商都到国际枢纽》、《广州传说》、《广州记忆》等100多部视频，开展灯谜竞猜，也可以通过市民录音棚保存自己的广州城市记忆。城展区还设区情纵览展区及“珠三角、泛珠三角视窗”。城展区有各区实景拍摄制作的数字沙盘和万花筒。“珠三角、泛珠三角视窗”展区以9台触控查询屏和21个多媒体，生动呈现了珠三角九市和泛珠三角的经济社会发展情况。

“商”展区又名“海丝大港·商都传奇”。通过图文、展柜、友谊之帆展墙和模型实物展现广州千年不衰的商都传奇。展区设有“千年商都”360°沉浸式环幕影院，观众可以身临其境地了解广州“千年商都”的发展历程。

“政”展区又名“革命策源·改革先行”。通过一张张图片、一份份文件、一个个故事，再现了广州作为中国民主革命策源地、改革开放前沿地的风貌。展区设有英雄故事屋，立体再现了三元里抗英、黄花岗起义、广州起义、广州解放等重大历史事件。

“人”展区又名“人才汇聚·务实创新”。展区设有主政领导展墙、千年进步展墙及相关的数字平台，以图文、多媒体形式重点介绍了各行各业的创新发展及各界名人。展区设有“名人知识问答”互动游戏，观众通过互动问答题，更加深入地了解广州历史名人。

“水”展区又名“云山珠水·花城绿洲”。一幅立体珠江画卷，讲述了当代广州的水生态、水景观、水文化、水经济;羊城八景动画展示了宋、元、明、清及当代的“羊城八景”;“羊城景秀”故事屋让观众乘上“游船”，身临其境地感受云山珠水之间的美丽风景。

“文”展区又名“文化名城·引领风华”。在这里,观众可以品粤剧、赏佳作、购名产，看老电影与老字号，体验广州作为岭南文化中心地、历史文化名城的魅力。展区内设有粤剧故事屋，可领略著名艺术家的精彩表演。

（三）专题展区

专题包括资政、旅游、特产、典籍、非物质文化遗产、少儿画廊以及现代书屋和分布在各展区的书柜等，突出地方志特色功能和广州历史文化。

（四）数字空间

地方志全面系统地记述本行政区域自然、政治、经济、文化和社会的历史与现状，信息量庞大，一个展览馆展示的内容是有限的，为了使参观者深入了解广州、认识广州，新馆展厅广泛采用先进技术，在数字化空间为参观者开辟一个更为广阔的市情信息天地。展厅共有多媒体屏幕138块，其中91块具有人机交互功能，整个展厅通过32个技术方案进行数字化展示。除了分布在各展区的查询触摸屏外,还有“地情素模投影”“数字沙盘”“幻影成像”“名人知识问答”“互动踏吧”“广州话问答”“万花筒”“自助拍照”“电子签名”等互动展项，以及5台电子书借阅机，供参观者在线阅读电子书和全国各地报刊。

通过综合展区、专题展区及数字化空间，“方志广州　羊城今古”展览展示了广州两千多年发展的历程，成为全面、权威的城市之窗。

四、地情专题展、综合展都是方志连结社会的桥梁

人类进行文化处理的目的，在于文化的分配和应用。因此，凡是被赋予了文化储存职能的机构，都肩负着向社会传播文化信息的使命，方志馆也不

例外。在社会公众的眼中，方志馆不仅是一座地情资料中心，同时也是连结着历史和现实的桥梁。通过它的中介作用，人们在追忆往昔的同时，对周围的现实社会产生更深刻的体味。提供地情资料为读者所用，正是方志馆发挥这种中介作用的主要方式。也正是由于这种中介作用，方志馆才具有资政和教育功能。

实现方志馆成为连结历史与现实、方志与社会的桥梁作用，使丰富的馆藏地情资料具像化，为普通大众所喜爱、接受，并受到教育。笔者认为承担这个桥梁责任，方志馆的地情展览起到不可或缺的作用。地情展示是当代新型方志馆的主要功能和特点，从广州市地方志旧馆、新馆的实践来看，无论是专题展览，还是综合展览都能起到连结历史与现实、方志与社会的桥梁作用。专题性展览主题鲜明，展示区域独特形象，是吸引社会公众的重要窗口，但规模较小，多为临时展览。综合性地情展览总揽式介绍展示各地历史和现状，除从历史纵向发展角度体现延续性脉络外，还注重从现实各个横向侧面进行全景式展示，这也是当代方志馆与其他文化场馆的重要区别。因此，方志馆规模无论大小，都需因地制宜举办地情展览，发挥连接方志与社会的桥梁作用，成为当地重要的公共文化设施。

（作者单位：广州市地方志办公室）

杭州市方志馆建设及展陈特色述论

马琦敏　黎似玖　倪　晴

提　要：杭州市方志馆以古建筑汪宅为载体，分设内部展陈、园林景观、地情资料保存三部分。这座综合性的方志馆集实体、智慧、数字方志馆于一体，并融合杭州市情、方志文化、南宋元素、江南韵味，特色鲜明。本文从馆址溯源、设计理念、展陈特色及数字化、智慧化方志馆等方面进行述论。

关键词：杭州市方志馆　地情馆　智慧方志馆　数字方志馆

随着对杭州这座历史文化名城“根”与“魂”的追寻，地方志作为历朝历代的权威、官修之作，如何经世致用，通过“纵述史实、横陈百科”寻城市之根引人深思。杭州市方志馆，作为新型方志馆，生动、巧妙地把地方志从深藏的高阁中带入到寻常百姓的生活中，通过布展志书史料和杭州地情，成为一座可全方位快速直观了解杭州古今的新场馆。

一、杭州市方志馆馆址历史溯源

杭州市方志馆位于杭州市上城区望江路266号和靴儿河下6-3号，前身分别为杭州市第三批文物保护单位和杭州市第四批历史建筑。馆址曾是南宋德寿宫西南一隅。德寿宫，原为南宋秦桧的旧第，后收归官有，改筑新宫。南宋绍兴三十二年（1162），宋高宗移居新宫，并改名“德寿宫”。之后，宋孝宗仿效宋高宗也内禅退居德寿宫，并改名重华宫。此宫后又侍奉宪圣太后、寿成皇太后，先后改名为慈福宫、寿慈宫。南宋咸淳四年（1268），宋度宗将其地一半改建道宫，名宗阳宫，一半废为民居。至清初，此地渐为官署、民居所占，故址所存不及十之二三。清咸丰三年（1853），红顶商人胡雪岩的账房先生汪秉衡在此奠基建房，该宅后称汪宅，主体部分即今杭州市方志馆聚远楼。

二、杭州市方志馆建设过程与特点

什么是方志馆？怎样建设方志馆？建设什么样的方志馆？这些都是国内志界同行在探索的几个问题。中国地方志指导小组原常务副组长朱佳木在杭州市方志馆论证会议上的讲话中第一次提出“把方志馆定位成地情馆”[①]。杭州市地方志办公室以方志馆提升改造工程为契机，努力打造杭州历史、市情展示中心，在建设中始终坚持三个理念：一是体现“活”的百科全书特点，二是突出地情馆特色，三是发挥存史、育人、资政功能。杭州市方志馆竣工后，总占地面积约 2900 平方米，其中展陈面积约 1100 平方米、资料保存阅览面积约 290 平方米、外部庭院景观面积约 1500 平方米，是一座集陈列展览、园林景观、地情资料保存于一体的综合性方志馆，成为杭州一处文化新地标。

（一）办馆理念和功能定位凸显方志馆在地方历史文化传承中的中心地位

编纂地方志是中华民族特有的优秀文化传统，是中华民族的文化瑰宝，对中华传统文化的传承起到了独特的不可替代的作用。在人类已进入 21 世纪的今天，在有效继承传统纸质方式的同时，“志”（记录、记载）的手段事实上已不限于单一的纸质形式，我们完全可用各种现代化手段“志”人、“志”事、“志”物。传统的地方志如何在中华文化的传承中发挥应有的作用，除了传统的编纂思路和思维方式需要转变外，还需让地方志“活”起来，走向社会，紧跟信息化时代步伐，而建设方志馆恰好是最好的平台，可以此凸显方志馆在地方历史

① 朱佳木：《什么是方志馆以及应当怎样建设方志馆——在杭州方志馆设计方案论证会上的讲话》，《中国地方志》2012 年第 2 期。

文化传承中的中心地位。

2015 年 7 月 1 日，杭州市市长张鸿铭调研杭州市方志馆，明确提出要把方志馆“打造成国内一流方志馆”、建设成为杭州市新的文化地标。此后，在杭州市方志馆专题会议上，张鸿铭又就方志馆提升改造工程提出“深、雅、精、活、俭”的五字要求。在建设过程中，杭州市地方志办公室根据市领导提出的目标定位，以遵循“内涵丰富、脉络清晰、重点突出、展陈生动、彰显特色”的展陈原则，明确“两中心一基地”的方志馆功能定位，即杭州历史、市情展示中心，杭州方志文献保存、阅览、研究、咨询中心，杭州市情及爱国主义教育基地，确定了“寻城市之根、触文化之脉、探兴替之路、赏风物之韵、图继往开来”的办馆理念。

杭州市方志馆在“深”字上，基本做到了以小见大，反映杭州重要的历史节点，使杭州深厚的历史文化积淀和现代文化相结合，体现南宋元素、江南特色。在“雅”字上，通过园林景观造景、围墙上设置透景窗、增设雾森等手段，体现江南文化的雅致。在“精”字上，本着精益求精的原则，无论是展陈内容，还是园林景观，基本做到了精细、精致、精到。在“活”字上，通过文字、图片、多媒体、互动体验等多种表现方式，做到动静结合，真正使地方志书“活”起来，既反映了杭州城市发展的脉络，又体现了地方志书的权威特色。

自 2016 年 6 月 1 日开馆以来，杭州市方志馆以其鲜明的特色、丰富的内容、生动的形式、深厚的文化吸引着各地来客，日均客流量 150 余人。杭州市方志馆已经纳入杭州市中小学第二课堂、杭州市爱国主义教育基地等平台，成为广大市民了解杭州历史的新去处、接受市情教育的新场所，成为展示杭州形象的重要窗口。

（二）众手参与的管理方式保证了方志馆建设进度、质量和内容的专业严谨

在杭州市方志馆的建设过程中，既得到了杭州市政府的高度重视，也得到了各级职能部门的大力支持。为建设好方志馆，分管地方志工作的杭州市市长多次调研方志馆建设工作，并召开专题会议研究设计方案，还亲自带队赴外地学习交流。市政府秘书长等领导也是亲自督查工程，时刻关注着工程建设的进度和质量，帮助解决建设过程中的困难和问题。同时，该工程在 2015 年 8 月

27日被列入杭州市G20国际峰会投资项目清单。这都为建设高标准、高质量的精品工程创造了有利条件。

在具体建设过程中，市志办主要领导挂帅，地方志办公室与方志馆全体人员共同参与，成立展陈设计组、实物征集组、专家咨询组、后勤保障组。考虑到设计公司对方志文化和杭州地情不了解的薄弱环节，杭州市志办加强专业力量投入，从文字组稿到版面效果、从设计元素到楹联撰写、从实物征集到陈列摆放、从多媒体脚本到后期录音，全程负责并由专家学者和领导层层把关。实践证明，杭州市志办的这一做法是比较成功的，既加快了建设进度，又保证了建设质量。

（三）园林古建和方志元素结合使方志馆焕发出现实与历史交融的独特魅力

如何在有“博物馆之市”之称的杭州建设方志馆，经过反复思考，广泛征求意见，深入调查研究，杭州市方志馆确定了一条主线，即在概览、山水、政治、人物、文化、经济、社会、方志等8个展厅中，重点把志书中记载的内容原原本本地以图片、文字、多媒体等各种方式展陈出来。因馆址在南宋德寿宫遗址上，杭州市方志馆紧紧围绕南宋“临安三志”中关于德寿宫的记载，从志书中还原出德寿宫之样，在体现地方志权威性与内容丰富性的同时，挖掘杭州丰富的历史文化内涵。同时，把园林古建和方志元素充分结合，使方志馆焕发出现实与历史交融的独特魅力。如方志馆庭院中的景观“梅坡”“清深”“探幽”“盘松”等名称皆取自南宋“临安三志”中对德寿宫原有景观的记载，而“香远堂”“静乐”“浣溪”“清妍”等景致也都在庭院中得到了体现。再如，根据南宋词人周密《武林旧事》记载，德寿宫最高处有聚远楼，“因取坡诗‘赖有高楼能聚远，一时收拾与闲人’名之”[①]，遂把汪宅主厅所在的楼命名为“聚远楼”。

为了体现方志馆保存方志文献的功能，杭州市方志馆增设了“存志阁”（靴儿河下6-3号）。该阁建于19世纪末20世纪初，与方志馆展陈区“汪宅”隔墙相邻，系砖木结构的民居建筑。主体建筑坐东朝西，三开间二层，立面外墙上有规律地镶嵌着红砖，颇具特色。“存志阁”内主要收藏有综合志书、综合

① ［宋］周密：《武林旧事》，中华书局2007年版，第107页。

年鉴和乡镇（街道）志、村志、行业志、专业年鉴，以及与外地交流的资料。一楼取名“文杏馆”（南宋时，德寿宫里也有文杏馆，是宋高宗与大臣聊天、品茶的地方），作为会议室，或者讲座的场所。二楼则是藏书阁及电子阅览室，可供读者查阅馆藏资料。

三、杭州市方志馆展陈内容与特色

杭州市方志馆展陈内容采用传统艺术与现代科技相结合的方式，旨在挖掘和展示杭州深厚的历史文化底蕴。展陈以杭州地情为主，按照地方志“横分门类、纵述史实”的原则，分设“杭州概览”“灵秀江南”“政通人和”“人杰地灵”“文化渊薮”“物阜民丰”“民俗风情”“修志问道”8个展厅。同时，从文保建筑的实际出发，根据各展厅面积不同、房间高低错落的特点，在展陈设计中利用不同空间，对设施设备量身定做，保证总体布局合理，以体现精巧精美、古朴典雅、生动有趣的特色。

前院由“南宋京城图”地雕和寿山石“杭州市方志馆印”组成。青石地雕“南宋京城图”内容取材于《（咸淳）临安志》，展现南宋时期杭州的皇城、御街、主要坊巷、河流及南宋临安城布局和当时的繁华景象。地雕前方是“杭州市方志馆”印章，取启功的书法截字。下面印章部分是杭州市方志馆的标志，采用了极少见的正刻法，由繁体字“誌”演变而来，既体现方志文化，同时也巧妙融合了很多杭州元素。

第一展厅“杭州概览”。由地貌沙盘、建置沿革、杭州史诗木雕、城垣变迁组成。正厅有一幅杭州市志办蒋文欢所撰的对联，上联“天地方圆，敢秉公心著信史”，下联“志书今古，应教正道泽乡邦”，既道出了地方志存史资政和教化育人的作用，又表明了史志工作者秉笔直书的历史使命和史德修养。展厅中间陈列的是杭州地貌沙盘。沙盘形象地展现出杭州西南高、东北低的地势。展厅东面是建置沿革展区，用“时间轴”展示了杭州地域内有建制以来的行政区划沿革变迁。展厅西面为长6.8米、宽2.4米的大型木雕史诗画卷，刻画了杭州从8000多年前的跨湖桥文化至21世纪中华民族伟大复兴的发展历程中具有代表性的历史人物及事件。在大厅中间投影墙上，循环播放反映杭州8000年文明史的短片——《最忆是杭州》。正厅后面，设有内室，通过11块展板集中展示了杭州城从古至今的几次重要城垣变迁。展板采用文字和地图相结合的方式，地图大都取自历代旧志的原图。

第二展厅“灵秀江南”。该展厅内容有西湖梦寻、运河怀古、三江风物、西溪风情、天目览胜几部分组成。展厅采用了“船”和“桥”两种江南特色元素，旁边再添设仿真荷花、芦苇，营造出一种划着小船游西湖（运河）、站在桥上看风景的身临其境的氛围。

第三展厅“政通人和”。该展厅主要由帝王与贤官、历代首官、国家领导人与杭州、历任市委书记市长和杭州荣誉，以及重大决策组成。在展厅中间区域的“重大决策”部分，采用了三面翻板形式，增加展陈内容的互动性：第一面是时间，第二面是重大决策的介绍，第三面是与决策相关的代表性图片。通过时间、事件和图片三个点，把重大决策串联起来。同时，还设有触摸查询屏，通过照片、文字和视频，进一步深化“重大决策”的内容，也为及时更新内容留有余地。

第四展厅“人杰地灵”。由人口、家谱谱牒和先贤名士三部分组成。古代人口变化，选自民国《杭州府志》中从隋朝到清宣统时期的人口数字史料，采用古籍竖排的方式，让游客从数字的变化中感受到历史的变迁。同时，杭州市方志馆征集了杭州历史上两位帝王——孙权和钱镠的富阳孙氏宗谱和临安临水钱氏宗谱，作为家谱文化展陈的一部分。

第五展厅“文化渊薮”。由书风蔚然、笔墨生香和曲韵婉转三部分组成。展厅中还设有一处互动体验项目——旧志拓印。从南宋“临安三志”选取对“西湖”与“浙江”记载的书页，制成雕版，让游客亲自动手体验拓印，把古老的志书文字带回家。此厅的另外一个亮点是，西侧设有一戏台，采用半嵌入式戏剧舞台场景，通过幕布背投的方式，循环播放由两位国家一级演员为方志馆专场录制的越剧《梁山伯与祝英台》“十八相送”选段，深受广大游客喜爱。

第六展厅“物阜民丰”。该展厅以时间脉络为主线，反映历史上各个时期杭州地区经济发展特点。杭州市方志馆把地方志中记述的内容，通过简明的文字、生动的实物和雕塑、形象的图片、有声的多媒体等多种手段，使平面的内容立体化，以全面展示杭州经济发展情况。同时，利用古建筑天花房顶的空间，把杭州的一些著名商标、百年老字号和色彩绚丽的西湖绸伞展陈出来，起到了画龙点睛的作用。

第七展厅“民俗风情”。该展厅位于二楼西侧天井东西走廊内，利用有限的空间布展民俗民风和天工巧作。除了文字、图片、泥塑，在方言部分还设有两台多媒体电脑，游客在此可通过听筒，听听地道的杭州方言，也可以通过触屏，互动学习杭州方言知识、测测方言水平。天工巧作版块，采用了实物展陈方式，展出了征集的西泠印社篆刻、余杭丝绵、都锦生织锦、西溪花篮等非遗展品。

第八展厅“修志问道”。该展厅是方志馆独有的特色展厅，分方志源流、方志典籍、方志人物、当代方志、国家领导人与方志五个版块。通过文字、图片、实物和影像制品，告诉游客什么是地方志，地方志工作者是干什么的。展厅南面，设有两处线装书展柜，传递出古色古香、浓厚典雅的文化气息。

四、实体方志馆与智慧方志馆、数字方志馆同步建设

随着网络技术、数码存储与传输技术等电子信息技术的全面普及与发展，使得人们对志书信息的存储、查询、利用等方面有了更新、更高要求。如何更有效、更快捷地读志用志，开发利用地方志资源，地方志工作的信息化建设变得日益迫切。倡导由实体向虚拟拓展，纸质与数字化并存的智慧化、数字化方志馆的概念也应运而生。杭州市地方志办公室在提升改造工程中努力探索建设“三位一体”方志馆，即实体方志馆、智慧方志馆、数字方志馆同步建设。

杭州市方志馆在实体方志馆开放的同时，智慧方志馆也同步运行，馆内的智慧语音导览系统——“云观博”，是全球首款基于AR技术的全博物馆（方志馆）领域智慧应用，是一款集音频、视频、图片、文字，现实和3D互动于一体的智慧导览工具。经过不断升级优化，至2017年5月，杭州市方志馆智慧导览系统已实现对馆内8个展厅的全覆盖，全馆共有30个AR扫描点，9个蓝牙推送点（包括1个方志馆介绍和8个展厅的介绍）。游客可以通过移动平台使用馆内免费WiFi，下载智慧语音导览系统App，实现方便快捷的自助语音展览功能，使方志馆的展陈内容真正的“智慧”起来。

数字方志馆建设也于2017年正式启动。杭州市方志馆存志阁内目前收藏了1437种杭州市及各区县（市）地情文献，这些文献都以纸张为存储介质。数字方志馆建设将传统纸质存储变成集文本、图片、声音、视频等多种形式的多元化存储模式，扩大地方志文化的传播。数字方志馆建设将依托杭州地情网，

"杭州数字方志馆"门户网站，实现对志书库、年鉴库、地情资料库、古籍库、期刊库、多媒体库等数字资源的检索、在线阅读、下载等，完善原始馆藏资源的数字化建设，适应当今飞速发展的信息化时代，满足社会各界的更高需求。

杭州市方志馆是杭州地情文化的宝库，是展示杭州文明历程的窗口，也是对公众进行文化普及的教育基地。方志馆的特点与职能赋予了它崇高的使命。杭州市方志馆将在建设"三位一体"之路上继续努力探索，寻杭城之根、触文化之脉、探兴替之路、存乡愁记忆、图继往开来。

（作者单位：杭州市方志馆）

论馆藏对方志馆发挥社会功能的重要意义

张满满

提　要：方志馆是收藏地方志书、地情资料、历史资料的机构。丰富方志馆的馆藏，坚守方志馆的特色，才能使方志馆名副其实。没有充分的馆藏，没有馆藏特色，方志馆就难以在众多的公益馆藏机构中占有一席之地，也就难以发挥方志馆作为地情资料权威中心的作用。方志馆应重点收集地方志书、地情资料、历史资料和家谱等。馆藏的数量达到一定的程度，就能形成自身的特色，使之与公益图书馆有所区别，才是我们建方志馆的目标。

关键词：方志馆　功能定位　馆藏特色　馆藏内容

方志馆是地方志事业发展到一定程度时的必然产物。作为新生事物，方志馆的功能和作用还没有充分显现出来，还需要方志馆的建设者们去研究和探索．如何使方志馆在文化领域凸显其功能与作用，是一个非常重要的命题，需要我们方志馆工作者不断去探索。

一、方志馆的定位

自20世纪80年代开始兴修社会主义新方志以来，至今已有30多年的历程，经过几代修志人的接力，编修出的志书可谓硕果累累。志书所反映的内容包含社会生活的各个领域和层面，真实记载了各地历史与现状，具有非常高的利用价值。但是就目前而言，志书依然没有引起社会各界的重视，读志用志依然没有形成风气。我们建方志馆的目的，就是要解决读志用志问题。

（一）方志馆是公益性机构

方志馆顾名思义，应该是以收藏地方志书、地情资料为主兼藏历史资料和历史书籍的公益性机构。

当然，方志馆除馆藏功能外，还有地情及专题展、方志理论研究、资料开发等功能。但是，究其本质而言，馆藏是其基本的功能。如果一个方志馆没有丰富的馆藏，没有自己的馆藏特色，那方志馆就可能演变为展览馆或小型的综合图书馆。我们现在亟待要做的，而且必须做的就是把所有的志书，无论是过去的还是新修的收集起来、集中起来。

（二）展览是方志馆的次要功能

方志馆利用所掌握的历史资料、地情资料办展览，应该说也是发挥馆藏资料作用的一种途径，同时也可以提高社会影响。但是，举办展览光有图片和文字是不够的，展览还需要一定量的实物，只有这样才能把展览办得有深度、有力度，才能给参观者留下深刻的印象。从现在全国的方志馆的展览看，最大的不足就是缺少实物。由于资金不足、实物量少、场地有限等诸多原因，展览不容易办得精彩，难以吸引参观者。而且，无论是历史展览、地情资料或是专题展览，即使有近万平方米的展厅，也不可能把当地的历史进程充分地展示出来，也不可能把当地的地情整个地反映出来。社会生活丰富多彩，有限的场地是难以展示的。由于展览的内容是高度提炼出来的，展示一个事物的时候往往是交代开始和结果，中间的过程省略了。展览一般起宣传的作用，而不能代替志书的社会功效，所以不能把方志馆简单地办成展览馆。

（三）地情资料的开发利用与馆藏丰富与否密切相关

方志馆另一个功能是整理、开发、利用历史资料和地情资料为现实服务。整理、开发、利用的前提是方志馆必须掌握和占有非常多的历史资料和地情资料。所以搞好方志馆的馆藏非常关键，没有丰富的馆藏，就失去了整理、开发、利用地情资料的基础。

既然方志馆以馆藏为主，以展示、利用地情资料为辅，如何处理他们之间的关系，是方志馆工作者首先要解决的问题。不分主次，齐头并进的做法不可取，把展览放在首位，以展览为首要任务也是不可取的。

二、馆藏特色是方志馆立足之基

方志馆与同级的图书馆相比历史短暂，对于一个馆藏机构来说，馆藏丰富与否，与历史的沉淀成正比。大多数方志馆运作不久，又受到购书经费的限制，因此一般馆藏图书不多。省级方志馆在馆藏图书的数量上远比不上省级的图书馆，尤其在馆藏图书资料的版本上更无法和图书馆相比。

既然方志馆在图书资料的数量和版本上都无法超越图书馆，那么方志馆只有一条路可走，那就是走自己的特色之路。我们知道，图书馆的馆藏不受任何专业限制，也就是说图书馆的馆藏内容是百科全收。方志馆以馆藏地方志书为主，所以方志馆馆藏上一定要坚持走特色之路，才能与图书馆形成一定的区别和互补性。

三、方志馆馆藏的具体范围

方志馆以馆藏志书和地情资料为主要对象，但是在坚持形成自身特色的基础上，为更好地实现其社会功能，馆藏的内容也不宜过于单一，在图书资料的征集和采购上面要适当放宽，大致有以下几个方面的内容。

（一）志书

方志馆主要以馆藏志书为主，所以应该广泛收集，不但要收集新修的志书，也要收集各种旧志；不但要馆藏本省的志书，也要收藏全国各地的志书，在志书的收藏上应该比其他的馆藏机构更多更全。

国家图书馆将馆藏的全国各地旧志基本做成了电子图书，即中国数字方志库。此方志库收录各类旧地方志 1 万余种，近 10 万册，收录了现存已知志书的近 90%，收录有各府、州、厅、县的志书近 7000 种，还有山水志、游记等 3000 余种。其中，刻本近 5500 余种，抄稿本 1800 余种，铅印本 3000 余种，另有活字本、石印本、油印本共计约500种。明代及以前版本的旧志1300余种，清顺治至乾隆间版本的旧志2200余种，清嘉庆至宣统间版本的旧志4000余种，民国间版本的旧志2600余种。还有凤凰出版社出版的《中国地方志集成》收录了不少全国各地的老志书，已影印出版3000册。台湾成文出版社有限公司影印的《中国地方志丛书》是目前纸质影印旧志最多的一套丛书，有万余册，到目前已经陆续出版完所有馆藏在台湾的民国以前（含少数民国期间的志书）的全国各地的旧志。

20世纪80年代至今，全国新修的第一、二轮省、市、县三级志书及各种部门志、行业志、厂矿志、乡村志等，数量与日俱增。这些志书应该是方志馆收集的主要内容，尽可能地把这些志书收集全，方志馆就可以比其他的馆藏机构有优势，也就真正成为名副其实的方志馆。

（二）地情资料

地情资料与志书是相互补充的，应该也是方志馆收藏的一个不可或缺的内容，拥有地情资料的多少，同样影响着方志馆的特色。地情资料的收集有很大的难度，一般情况下，地情资料公开发行的很少。各个行业各个部门每年都出了不少的内部资料，将这些内部资料收集起来，也是很有意义的一件事，需要花费很多的精力。

（三）历史资料

方志馆的馆藏要延伸到历史资料这个领域，我们要做的工作就是把分散在各个馆藏机构中的历史资料汇集起来，形成我们方志馆除地方志书以外的另一个特色。例如民国史料，一般的馆藏机构集中收集的也不是很多，基本上是分藏在各地馆藏机构，如果我们能把这些分散的历史资料慢慢集中起来，那方志馆的馆藏就更加丰富了。现在有不少的馆藏机构将一些历史资料影印出版，这给我们馆藏历史资料带来了难得的机遇。如《北洋军阀史稿》《二十世纪三十年代国情调查报告》《民国史料丛刊》《民国时期内政公报三种》《民国时期外交史料汇编》《中华民国史资料长编》《北洋军阀史料》《中国近现代女性期刊汇编》《近代海关史料》《近代各地小报汇编》等，这些史料都是研究民国经济与社会的珍贵历史资料，是很有馆藏价值的。如果现在不出手采购，很有可能就收集不到了。因为这些影印的史料印量一般不多，是针对馆藏机构印发的，一般印量在200套以内，销售完了，再重印的可能性不大，所以方志馆在馆藏建设上应该见史就收。

（四）家谱

家谱是一个姓氏的发展史，家谱追溯了这个姓氏的由来、发展和去向，有很大的收藏价值。由于家谱的编修既不是官修行为，也不是专家所修，所以可靠性不能和正史相比，但还是有一定的参考价值和利用价值的。如自唐至今有不少的胡姓人从江西奉新迁移到全国各地，许多胡姓的后代根据家谱来奉新华林认祖归宗，很多名人都是通过家谱来江西认祖的，也有不少的海外游子也在积极地通过寻找家谱来认祖。所以家谱也值得方志馆去收藏。

四、丰富方志馆馆藏的有效途径

馆藏积累是一个漫长的过程，资料的收集也是很费时间和精力的。要加速方志馆的馆藏是我们今天的硬任务，要丰富方志馆的馆藏一要有一定的资金，二要建立跨省资料交流的良好关系。

（一）争取专项资金

方志馆没有一定量的图书资料采购专项资金，要形成自己的馆藏特色，要丰富馆藏就比较难。所以要积极争取到一定量的专项图书资料资金，而且要列入政府财政年度预算之中，这样才能保证方志馆馆藏丰富的持续性。另一方面要在图书资料的采购中有针对性，就是说要采购符合方志馆特色的图书资料，这样我们才有可能在地方志书、地情资料这个领域超越图书馆，成为一个有特色的专业馆藏机构。

（二）加强省级资料的交换

新修社会主义新方志以来，衍生出部门、专业志、行业志、厂矿志、山水志、乡村志等，种类繁多，这么多的修志成果，到目前为止估计没有一家馆藏机构能够收全。从行业角度来看，方志馆在收藏志书方面应该有独特的优势，比其他的馆藏机构应该收集的更多更齐全。但是从现在实际情况看，各级方志馆的馆藏情况并不理想。就全国的三级志书而言，也没有哪一家方志馆收集到很多。目前，收集新修的第一轮三级志书最佳期已经错过，现在想收集齐全也不太可能，收齐全国的第二轮三级志书也有一定难度，但是现在着手建立交换关系，那么各个省级方志馆收集全国的第二轮省志应该不是很难。这个问题如果不引起足够的重视，不去加强这方面的工作，不去建立第二轮省志交换关系的话，有可能也收集不全。现在全国大多数省第二轮志书都处在逐步出版阶段，在这时建立交换关系还为时不晚。各地方志馆应积极加强联系和协作，互通有无，让各省的方志馆馆藏丰富起来，建立全国志书交换机制刻不容缓。

综上所述，要办好方志馆，要让方志馆发挥社会作用，应该在馆藏内容上下功夫。只有馆藏特色鲜明，馆藏丰富，才能形成方志馆的独特优势。我们方志馆工作者就是要将方志馆打造成任何馆藏机构都不能替代的独特专业馆藏机构。

（作者单位：江西省方志馆）

试论加强方志馆馆藏建设的重要意义与实施策略

——以广西方志馆为例

吴辉军

提　要：馆藏建设是方志馆建设的重要环节，是方志馆持续健康发展的重要保证。提高认识是搞好方志馆馆藏建设的前提，持续投入是改善方志馆馆藏条件的保障，搜集资料是做好方志馆馆藏建设的基础，加强管理是搞好方志馆馆藏建设的关键，加强馆藏资源开发利用是抓好方志馆馆藏建设的目的，还要加强数字方志馆建设和馆藏队伍建设。

关键词：方志馆　馆藏建设　广西

国务院副总理刘延东在接见全国地方志系统先进模范代表时强调，“要加快方志馆和地方志信息化建设，用新的理念和技术加强和创新对地方志资源的开发利用，推动地方公共文化建设，使地方志更好地发挥传承历史、展现当今、启引未来的作用。”[①] 王伟光在《发扬成绩 谋划长远 奋力书写地方志事业发展新篇章——在第五次全国地方志工作会议上的工作报告》中指出，“方志馆是地方志工作向社会提供公共文化服务的基础设施和重要平台。要研究制订方志馆建设指导意见，开展方志馆建设的经验交流，推动方志馆建设的规范化。发挥国家方志馆的桥梁和纽带作用，推动数字方志馆建设，逐步

① 刘延东：《在接见全国地方志系统先进模范代表时的讲话》，《中国地方志》2016 年第 1 期。

实现方志馆之间的资源共享。开展方志馆定位的研究，努力将方志馆建成地方志和地情资料收藏展示中心、地情研究咨询中心、地方文化对外交流中心，建成爱国主义宣传教育基地。”[①] 地方志资料的收藏展示是地方志事业的重要组成部分，是方志馆的主要功能之一。地方志资料的收集保存，不仅是地方志编纂的基础工作，也是方志馆建设的重要环节，丰富的地情资源是方志馆赖以生存的物质条件，是方志事业持续发展的重要标志之一。抓好方志馆馆藏建设，是方志馆持续健康发展的重要保证。现以广西方志馆为例，谈谈怎样搞好馆藏建设。

一、广西方志馆结构和馆藏特点

2007 年，广西方志馆建设项目立项。2009 年 10 月开工建设，2011 年 9 月竣工交付使用。广西方志馆位于南宁市西乡塘区罗文大道，西明江畔，占地面积 5333 平方米，建筑面积 6003 平方米，总造价约 3000 万元。广西方志馆的建成，大大地改善了广西壮族自治区地方志办公室的图书资料馆藏条件。

（一）广西方志馆的馆藏结构

广西方志馆由北部 8 层主楼及南部 3 层裙楼组成，主要包括书库、阅览用房、计算机用房、业务用房及其他附属用房等几部分。书库及其附属设施用房主要设置于二、三、四层，对外紧临一楼出入口，资料进出方便，对内与楼层上部办公人员靠近，方便管理。书库内部采用大开间柱网布局，中央为自然采光的中庭，有利于阅览和自然通风。

（二）广西方志馆的馆藏特点

一是单门独院，自成一体，方便管理。

二是设计合理、有特色。方志馆大楼是一个长方体和一个正方体的结合，正方体正面是中国印，设计有篆体字样“方志馆”，凸显方志特色。

---

① 王伟光：《发扬成绩谋划长远奋力书写地方志事业发展新篇章——在第五次全国地方志工作会议上的工作报告》，《中国地方志》2014 年第 5 期。

三是馆藏条件好。现有的6个不同类型书库全部安装防火防盗、恒温恒湿设备，全部改装成实木地板。现有高档古典式樟木书柜、密集型书柜及防磁柜共815个834立方米，其中二楼志书书库和四楼古籍书库全部为樟木书柜。与全国各省市区方志馆比较，馆藏条件非常优越。

四是馆藏书籍丰富。现馆藏图书11万余册。其中民国时期广西地方文献及古籍线装书10088册，历代《广西通志》12种327册，历代广西府志、州志、县志等229种661册，历代纂修的《广西通志》、府州县志等旧志的收藏占广西现存旧志的90%以上；广西以外省、市、县（含台湾）的旧志91种887册。全国新编各类地方志书8221种12635册。各类年鉴496种3739册。其他广西地情书7134种12541册；历史类书籍及其他有关工具书、参考书、方志理论研究等书籍41700册；报刊合订本1200多种20202册；地方志稿2780册；电子图书3200多种（包括民国以前的广西旧志电子版129种，影像志6种）。

二、怎样搞好方志馆馆藏建设

方志馆的馆藏建设有别于图书馆和档案馆，如何形成方志馆独有的馆藏特色，如何利用有限的场地布置有特色的展览，如何为公众提供全方位的地情资料查阅，是方志馆馆藏建设的重要命题。[①] 怎样搞好方志馆的馆藏建设？我认为要重点解决认识、投入、资料、管理、利用等问题。

（一）提高认识是搞好方志馆馆藏建设的前提

加强对地情资源收集、组织、管理、贮存，满足修志工作的需要，是提高志书质量的重要保证。打造全面系统具有较大规模的权威的地情资料库，对继承中华文化传统，弘扬方志文化具有重要的现实意义和深远的历史意义。各级地方志工作机构，只有重视地情资料的搜集保存和管理，才能使地方文化积累得以传承、延绵不断。《地方志工作条例》把“搜集、保存地方志文献和资料”作为地方志工作机构的主要职责之一，表明国家对这项工作的高度

① 张满满：《方志馆馆藏建设探索——以江西省方志馆建设为例》，《中国地方志》2012年第12期。

重视。随着地方志事业的蓬勃发展，广西地方志办公室对这项工作重要地位的认识逐年提高。1981年广西通志馆恢复后，即建立图书资料室。1987年定编为副处级单位。1998年，广西地方志文献资料中心大楼建成投入使用。2006年，广西地方志办公室设地情信息处为正处级单位，对外称广西地情信息中心，其主要职能就是负责收集、保藏和利用全国三级地方志书、广西各种志稿、古旧志书及其他重要地情资料、工具书等。2011年，广西方志馆竣工交付使用，馆藏10万余册图书资料搬迁至新址。

（二）持续投入是改善方志馆馆藏条件的保障

广西方志馆建成后，继续加大投入改善馆藏条件和增加地情资料。每年安排70万元用于购买全国三级综合志书和修复旧志，80万元用于地情资料数字化，50万元用于书库消防改造，到2016年底，所有书库都安装实木地板、恒温恒湿设备、自动干粉灭火消防设备等设备设施。另外还争取上级拨款300万元用于购买樟木书柜，200万元用于购买高级扫描仪、摄影机、照相机等设备。

（三）搜集资料是抓好方志馆馆藏建设的基础

地情资料收集，是方志馆建设中的重中之重，是一项经常性、长期性和艰巨性的工作。正确的馆藏定位和规划，能达到事半功倍的效果。20世纪80年代，广西地方志办公室图书资料室建立之初，对自己的藏书体系有明确定位，与社会公益性的图书馆相比，侧重于地方性、史料性，即以搜集新、旧地方志书及广西其他地情文献为主，以相关学科的图书资料、理论研究资料及有关工具书为辅,形成具有鲜明特色的藏书体系,以满足地方志编修的需要。确定明确的目标，通过报送、征集、复制、购买、交换等方式积极采集所需资料文献。

一是建立图书资料报送制度。第一轮地方志编纂初期，要求各级地方志工作机构要将编纂出版的第一轮三级志书、志稿及其他地情图书资料及时报送到广西通志馆（广西地方志办公室前身）收藏。2006年，为加大对广西地情图书资料的搜集力度，改善馆藏广西地方文献较少的状况，广西地方志办公室在全区印发《广西地方志办公室关于征集广西地方文献（广西地情）资料的函》，拓宽采集渠道。2009 年，为配合《地方志工作条例》及《广西壮族自治区实施〈地方志工作条例〉办法》的贯彻实施，促进地情资料搜集、整理、保存工作的制度化、规范化，制定《广西壮族自治区地情资料年报规定》，明确了地情资料的种类、报送的方法、时间及数量等，并规定把资料报送情况纳入地方志督查范围。2014 年 5 月，制定《广西地情资料年报试点工作初步方案》，列出明确具体的《地情资料年报内容清单》，共有基本清单 14 种及特色清单 80 多种。近两年来每年组织 1—2 次业务培训，对资料报送进行研讨、交流。

二是通过采购、复制、交换等方式充实馆藏资源。利用财政每年 40 万元的图书资料采购经费，积极采购地方文献。要摸清地方文献出版信息，与出版社及有关书商建立密切联系，及时采购所需图书资料。对缺失的古旧地方志文献和资料，通过《地方志联合目录》等信息资料，了解其收藏情况，设法复制到本单位的资料库中。在第一轮地方志编纂期间，为满足修志工作的需要，曾到国家图书馆、广西壮族自治区图书馆、桂林图书馆等单位，搜集影印了一大批古旧地方志文献和资料。第一轮地方志编纂期间与 14 个省级地方志工作机构建立志书交换关系，近年来又与 19 个省级地方志工作机构建立志书交换关系，与 30 多个全国地方志工作机构建立地方志期刊交换关系，与区内 90 多个单位建立期刊交换关系。

（四）加强管理是搞好方志馆馆藏建设的关键

为使地情图书资料得到妥善保存，达到“藏以致用”的目的，实现规范化、科学化管理，先后制定《广西方志馆图书采购规则》《地情资料移交签收制度》《图书资料管理制度》《图书资料分类编目排架规则》《图书资料借阅制度》等规章制度。强化安全保卫意识，方志馆大楼内外均安装监控设备，外来人员进出方志馆要办理登记和审批手续。对参观者热情接待，提供优质服务。根据方志馆收藏图书资料的实际，及时对书库的窗台进行防水改造，把喷水消防装置改为喷气消防装置。安排专人负责书库的清洁卫生、消防检查、供电供水，切实做好防尘、防火、防潮、防水、防热、防鼠、防虫、防蛀、防盗等工作，确保图书资料安全。每年组织一次消防演练，不断提高干部职工的消防意识和防灾救灾能力。

一是搞好图书资料分类编目。为规范图书资料采编工作，实现图书资料的自动化管理。根据馆藏图书资料不同类型，分别建立广西地情、全国三级地方志书及年鉴、报刊、古籍、其他有关学科及工具书等书库。以《中国图书馆分类法》及《中国文献编目规则》为依据，根据本单位的工作性质和任务，从方便读者借阅出发，制订《广西方志馆图书分类编目排架规则》。2007 年开始，采用北京清大新洋公司的 GLIS 通用图书馆集成系统管理软件，对图书进行计算机分类编目，对原来所藏图书回溯性建立书目数据库，基本实现图书的采购、分类编目、书目检索、图书借阅、统计管理、新书通报等自动化，业务人员均可在本单位局域网中查询书目信息。之后，每年采集的约 3000 多册图书资料及 500 多册的报刊合订本均及时著录到书目数据库中。2012 年，广西方志馆使用的北京清大新洋通用图书集成系统管理软件升级并加入国家图书馆联合编目中心，实现图书编目的资源共享，进一步规范了图书分类编目工作。

二是加强古籍图书资料的典藏与保护。广西方志馆收藏有地方志等古籍线装书及民国时期广西地方文献共 1 万多册，其中经自治区古籍普查中心 2017 年 1 月普查登记，收藏有 1912 年以前出版的古籍图书资料 212 部 4306 册。为使这些珍贵的古籍资料得到有效保护，方志馆设专门的古籍书库。但由于南方梅雨天气较多，受潮湿气候影响，导致一些古籍书页老化严重，纸张焦脆，翻动时出现掉渣、裂口，一些书页被昆虫蛀食严重。我们除对古籍书库重点装修，增加有关设备进行维护外，近十年来政府还每年拨给 20 万元资金，用于聘请专业技术人员进行修复抢救。本办先后选派 5 位工作人员参加自治区、国家古籍保护中心举办的各类培训班，进一步做好古籍保护工作。同时积极搜集缺藏的各种版本旧志，充实古籍库的藏量。通过各种渠道陆续发现并搜集到《思陵土州志》《康熙思明府志》等数种广西佚志，分批采购由台湾成文出版社出版的广西古籍旧志影印本 100 多册，采购并自行扫描加工电子版民国以前的广西旧志及其他古籍资料 130 多种，提供局域网旧志查询服务，使原版图书资料得到有效的保护。

三是有序推进图书资料信息化建设。2004 年开始，为抢救馆藏古籍图书，对馆藏的《[嘉庆]广西通志》、民国时期出版的《广西一览》《广西年鉴》等图书进行扫描，以图片的形式存入电脑。2006 年，将馆藏新编广西三级地方志书，《广西年鉴》《广西统计年鉴》《广西文史资料》及历年《广西地方志》

期刊等图书资料，共597种29万页3亿多字进行扫描、制作数据库，以图片形式分类保存。2008年12月，配合广西地情网站建设，将已扫描的部分广西地情资料进行文本数字化处理，组织全区地方志系统100多个单位及100多万元资金，对数字化后广西地情资料进行校对验收，建成100多个地情资料数据库。2012年，建立电子阅览室，读者可通过广西地情网和本单位局域网查询。

（五）加强馆藏资源开发利用是抓好方志馆馆藏建设的目的

开发利用地方志资源，是新编地方志工作开展以来出现的一个新生事物。近些年出现的信息化、数字化、网络化，给开发利用地方志资源提供了前所未有的便利条件，为志书资源的开发利用开辟了无限广阔的天地，因此应当把方志馆作为开发利用地方志资源的有效途径[①]。

为使馆藏资源得到充分开发利用，方便查询检索。广西方志馆编辑《广西壮族自治区通志馆史志图书目录》，连续编辑《馆藏全国地方志期刊论文目录索引》和《馆藏全国报刊广西资料目录索引》，不定期编辑《新书通报》，编印《广西方志馆馆藏全国新编三级地方志书目录》《广西方志馆馆藏广西地情图书目录》《广西方志馆馆藏普通图书目录》等。2010年10月，编辑的《第一轮广西三级地方志书目录》由广西人民出版社出版，利用馆藏的新旧地方志书、年鉴及广西地情图书资料，为社会各界提供服务。还先后接待来自美国、日本、澳大利亚等国家的专家学者。近年来，我们积极主动贴近中心，融入大局，在服务大局中找准地方志工作的位置，在服务大局中发挥地方志的社会功用。如为自治区党委、政府提供广西历代水旱灾情史料；组织撰写《上海支边企业在广西简述》《广西大学院系调整和恢复重建史略》《北部湾沿海地区隶属关系变化简述》等，为自治区党委、政府提供经济、社会、文化建设等方面参考；组织撰写《广西历代重大战事》报自治区党委办公厅；撰写《广西城市规划发展简述》报自治区政府，为城市建设发展提供决策参考；组织审议南宁人民公园烈士纪念碑碑文，从史实的角度答复自治区政府办公厅的来函咨询；组织撰写《广西壮瑶医药简述及附录资料》报自治区政府，对

---

① 朱佳木：《什么是方志馆以及应当怎样建设方志馆——在杭州方志馆设计方案论证会上的讲话》，《中国地方志》2012年第2期。

壮瑶医药发展决策提供参考。

三、对搞好馆藏建设的建议

《全国地方志事业发展规划纲要（2015—2020年）》（以下简称《规划纲要》）提出“加快信息化和方志馆建设”，为方志馆的建设指明了方向，对全国各地方志馆建设起到了重要的推动作用。我们要认真贯彻落实，围绕“三中心一基地”目标，审视反思方志馆的建设，采取措施，加大力度，推进方志馆馆藏建设迈上新的台阶，为社会各界提供更好的地情服务。

（一）抓住关键环节，加强地情资料的收集

首先是构建完善的地方志资料搜集体系，健全和完善地方志资料报送制度，实行专人专责工作机制，将地情资料年报工作纳入各单位、各部门的年度绩效考评。二是探索地情资料年报“三整合、两同步”：对外整合现有党史、档案年度绩效考评年报工作机制，争取适时适度适当共享常态化资源；对内与年鉴条目稿、第二轮修志资料搜集和志稿报送两同步。三是实行地情资料年报激励机制，地情资料报送有偿，每年对地情资料报送工作先进单位或个人进行表彰奖励。

（二）建立数字方志馆，打造全面、系统、权威的地情信息库

由于数字化技术和网络技术快速发展和成熟，中国的方志事业已发展到数字方志时代，建立数字方志馆势在必行。“数字方志馆就是打破了围墙限制的虚拟方志馆，是在信息技术条件下基于网络环境共建共享的可扩展的知识网络系统，是分布式的、超大规模的、易于人们使用的、没有时间空间限制的、可以实现跨库无缝链接与智能检索的方志文献中心。”[①] 要从方志信息资源建设、网络建设、地情信息法治环境建设以及人才和队伍建设等方面加快数字方志馆的建设。通过对地方志地情文献资料的搜集和积累，将大量的地情资源分类整理加工，进行全文数字化，存贮于非纸质载体中，分类建立专题资

---

① 潘捷军等编著：《中国方志馆》，方志出版社2016年版，第389页。

源库，如人物资源库、事件资源库、地名资源库、山水资源库、文献资源库等。同时密切联系图书馆、档案馆、博物馆、文史馆等单位，借助其历史悠久、地方文献丰富的优势，建立协作关系，使数字化的地情资源相互补充，进一步充实馆藏资源，适时通过地情网向社会发布。读者可在任何区域、任何时候利用网络方便快捷地检索到所需信息，提高使用效率。

（三）加强馆藏机构队伍建设，适应发展需要

地情图书资料的采集、保存和管理是一个比较专业的系统工程，除了有一定的财力保证外，人力资源是重要因素。实现资料管理的可持续发展，需要统筹兼顾，需要有一定专业素质的工作人员进行认真研究解决。随着数字方志馆等新业态的出现，地方志信息化发展日新月异，对方志馆馆藏机构人员的要求越来越高，既要有扎实的基本功，又要有创新能力；既要有图书资料管理、地方志编纂、情报信息检索、计算机应用等方面专业知识的复合型人才，又要甘于寂寞，具有奉献精神。一方面，各级方志馆要积极引进符合馆藏建设需要的高素质人才，另一方面，通过各种渠道加强教育培训，不断提高馆藏队伍业务素质和工作能力。

（四）加强方志馆馆藏资源建设和开发利用

丰富的馆藏资源是方志馆为社会各界提供优质服务的基础。方志馆建设中要加强地方志资料征集的品种和质量建设，充实馆藏资源，优化馆藏结构，解决馆藏内容不丰富、结构不合理的问题。收集征集资料时应关注民生，结合本地历史、自然风貌、物产、著名事件和人物、民俗、宗教信仰、名胜古迹、名村名镇、非物质文化遗产等方面的情况，积极收集相关的地方志书与资料，使入馆的地方志书与资料具有浓郁的地方特色，具有自己独特的存在价值和文化品位。同时，要主动围绕中心、服务大局，整合地方志资源，开展资政研究，开发地方特色文化产品，积极服务于当地政治、经济、文化和社会建设；结合各种活动，通过各种媒体和窗口平台，将优秀的地方志资源推荐给社会公众，满足各阶层民众文化生活需要，将方志馆的公共服务职能落到实处。

（作者单位：广西壮族自治区地方志办公室）

加强四川省方志馆馆藏建设的点滴思考

王孝平

提　要：方志馆是一个地区的公共文化基础设施，方志馆建设是新时期地方志事业的重要部分、重点内容。方志馆馆藏需要着力思考和解决目标定位、特色优势、核心竞争力等问题，突出其存在价值、服务效能、学术地位和独特功用。要进一步解放思想，真正将地方志打造成为当地的“精神名片”，将方志馆打造成为本土的“文化祠堂”。

关键词：四川方志馆　馆藏建设　文化祠堂

近年来，我国经济社会高速发展带动了社会文化事业的不断进步，文化强国、文化强省战略逐步深入实施，各地各类方志馆作为全面展现地情资源、承载历史文化根脉延续的重要载体，日渐成为地方公共文化基础设施中的新亮点、新名片。

方志馆建设作为地方志事业的重要组成部分，也成为近年四川省地方志事业发展的重点工作之一。在省委、省政府和各级地方党委、政府的关心支持下，经过不懈努力，四川方志馆建设取得了一定成绩，呈现全面推进、全域建设的可喜态势。

一、抓好硬件建设，打好馆藏基础

（一）立足省情确保“据实建馆”

1. 四川省方志馆新馆建设有序推进

以 1997 年四川省方志馆正式挂牌为标志，四川方志馆建设开始起步。四川省级馆库从无到有、馆藏由少到多，现收藏四川省和全国各级各类志书、年鉴等地方志资料、历史文献以及各门类图书、工具书约20万册。四川省方志馆新馆选址及立项工作稳步推进。2015年3月27日，四川省委编办同意省志办增挂"'四川省方志馆·四川省国学馆'筹建处"牌子，着手进行四川省方志馆新馆建设筹备工作。新馆（与四川省国学馆共建）选址于成都理工大学附近，规划占地约18亩，设计总建筑面积约1.8万平方米（其中方志馆1.2万平方米）。目前，选址、规划、环评、财评、节能审批等前期准备工作已经基本完成，可行性研究报告（代项目建议书）已通过专家评审，即将报请省政府常务会议审定立项。

2. 市、县两级方志馆建设蓬勃开展

《四川省地方志事业第十二个五年发展规划》提出了"省级方志馆6000平方米至10000平方米、市级方志馆2000平方米至10000平方米、县级方志馆300平方米至1000平方米"的要求。在此规划指导下，目前成都市、巴中市、资阳市方志馆已正式开馆，南充市方志馆开始布展，内江市方志馆即将建成，广安市方志馆建设纳入广安市博物馆整体立项，泸州、宜宾、乐山等市方志馆建设列入规划，在"5·12""4·20"地震灾后重建中，灾区方志馆建设也纳入了当地重建规划。成都市武侯区、郫县、平昌县、普格县、美姑县等县（市、区）级方志馆建成，面向社会开放。成都市、双流县、成都市锦江区数字方志馆建设取得阶段性成果。

（二）出台"四个一"确保"依法建馆"

"四个一"即一个条例、一个办法、一个意见、一个发展规划。具体指：2003年7月四川省十届人大常委会第四次会议审议通过的全国第一部规范地方志工作的地方性法规《四川省地方志工作条例》（以下简称《条例》），它的颁布实施，标志着四川省地方志工作步入法治化轨道；2013年11月28日四川省十二届人大常委会第六次会议又审议通过了《四川省地方志工作条例（修订草案）》，于2014年1月1日起施行。2007年11月13日四川省人民政府发布的《〈四川省地方志工作条例〉实施办法》（以下简称《办法》）。2015年2月28日，四川省委办公厅、省政府办公厅下发的《关于进一步加强和改进新形势下地方志工作的意见》（以下简称《意见》）。2016年4月26日，省政府办公厅下发的《四川省地方志事业第十三个五年发展规划(2016—2020年)》(以下简称《发展规划》),明确提出“推进省、市、县级方志馆建设,形成从省到市、县三级的文献编修、征集、展示、研究、开发利用体系”,“制定《四川省方志馆工作通则》等制度,规范馆藏文献资料的收集整理、保管保护和开发利用。”

这些地方法规和重要文件的出台,为四川地方志工作提供了执法依据,也为依法建馆工作打下了坚实的法规规章基础,成为各级各部门理直气壮开展方志馆建设的“尚方宝剑”。

(三)落实规划纲要确保“全域建馆”

四川省各级地方志部门增强法治意识,积极争取各级党委政府的支持,主动作为,把方志馆的申报、建设、服务,作为当前和今后一段时期依法治志的一项重要内容、重点工作,进一步认清形势与任务,进一步厘清路径和思考,进一步发挥“后发优势”,充分吸取其他省市经验教训,力争少走弯路,“弯道超车”,“晚走先到”全面加强全省方志馆建设,推进方志事业健康、持续、科学发展。

一是进一步把加强方志馆建设作为近几年全省贯彻落实《规划纲要》和《发展规划》的重点工作、重要任务抓紧抓实。积极贯彻落实中指组下发的《方志馆建设规定(试行)》,提出全省方志馆建设指导意见,努力将方志馆建设成为地情资料收藏中心、地情展示中心、地情研究咨询中心、地方文化对外交流中心和爱国主义教育基地,推动各地公共文化服务体系的建设与发展。

二是尽快形成全省方志馆建设体系。加快省方志馆建设进度,为全省市州、县市区起好带头作用,发挥示范效应。积极推进重点市州方志馆建设,同时引导、鼓励尚无方志馆的市州积极争取,把方志馆建设纳入当地“十三五”文化建设的大盘子,尽快加以实施。鼓励、倡导有条件的县市区建设方志馆。积极争取当地党委、政府支持,将方志馆建设纳入各地公共文化服务设施建设规划,充分利用各地建设文化中心等有利时机,实现资源整合,促进方志馆建设立项。

三是加强探索实践,科学实现方志馆功能。全省各地的方志馆主要有五方面功能。

地情展览,主要通过沙盘、展板、影视、实物等全面展示当地的地情地貌、自然环境、人口、建置沿革、经济、文化、地方志编修等方面的成果。

资料阅览，主要为社会各界查阅地方志书等地情资料的场所，一般分设志书阅览、地情阅览、电子阅览3个部分。

图书收藏，主要收藏存放古今本地地方志书、地情丛书以及收集全国、全省古今的地方志书、地情书籍等。

学术交流，举办学术报告及开展学术研讨，兼作地情影视播放室、会议室等。

功能用房，主要有地情资料修复室、影像资料制作室、地情资源开发室等功能用房，以及门卫室、值班室、查阅登记室、资料复印室等。

四是加强沟通协商，科学配备力量。积极向省委编办及各级编办建议，提早调研谋划，科学精心编制，科学设置省方志馆和各地方志馆工作机构，作为公益一类事业单位，根据工作需要确定人员编制，保障经费，为事业发展提供组织和人才保障。

五是制定工作通则，加强科学管理。按照《发展规划》要求，制定《四川省方志馆工作通则》，突出地域特色和区域文化特色，突出与图书馆、档案馆、群艺馆等文化设施的不同功能定位，突出加强运营管理，不断丰富馆藏，利用现代技术，发挥功能作用，扎实做好管理、服务、利用工作。明确空间功能布局，精炼展示主题和内容，整合传统方法和现代科技等表现形式，突出优势提高开发利用及管理服务水平。

方志馆作为地情展示、方志收藏研究、读者借阅、信息咨询、文化交流、爱国主义教育等多种功能于一体的区域标志性公共文化基础设施，是展现地域建置沿革的载体、浓缩地域文化的平台、彰显地域时代风采的长廊、开展文化交流的场所、收藏地方文献的宝库。但受限于种种主客观原因，全省方志馆建设也存在明显不足。一是各地区发展不均衡。经济落后地区特别是边远山区、民族地区资金缺乏，方志馆库建设难以开展。二是工作规范缺乏，难以全面反映、充分实现方志馆特点。

二、抓好“精准”定位，实现“特色”馆藏

方志馆重在建设，贵在使用，要在发挥作用。实现这样的功能定位关键在“馆藏”。馆藏是方志馆的核心竞争力，永恒动力源。这样的思考和定位，

贯穿了四川方志馆馆藏建设工作的全过程。1997年省方志馆挂牌以来，经过不懈努力，馆库建设从无到有、馆藏由少到多，已成为在全国地方志系统有较大影响的省级方志馆，省内三级综合志书及年鉴收藏率达95%以上，省外省级志书收藏率达75%以上，县级志书收藏率为50%。馆藏建设的主要做法有以下几种。

一是在收、藏、管、用方面。力求做到量上求多，面上求广，质上求精，用上求深，目前主要以征集、收藏、利用、开发、编辑本地的地情资料为主业，收藏四川省第一轮、第二轮省志、县志及历代方志、地情资料。目前，省方志馆在目馆藏图书55354册，41111种，范围比较广泛、内容比较丰富、地方特色比较浓郁。另租用2000平方米库房存放非在目图书资料，第一轮、第二轮《四川省志》复本近15万册。

二是及时收集重大事件资料。通过编纂抗震救灾志，收集了大量的“5·12”汶川特大地震、“4·20”芦山地震的文献、影像资料。着力收集省委、省政府重大决策部署的文献资料。以《汶川特大地震抗震救灾志》为例，在震后迅速发文部署“5·12”汶川特大地震资料收集工作，选派人员到省“5·12”抗震救灾指挥部参编抗震救灾大事记，专门成立资料组负责抗震救灾文件资料收集、整理、保管和利用工作，重点做好对省委、省人大、省政府、省政协、省“5·12”重建委办公室、省应急办公室、省对口支援指挥部办公室、18个对口支援省市指挥部、成都军区、省军区以及新闻媒体等单位的抗震救灾和灾后恢复重建有关文件、照片、录音录像资料的收集工作。截至2012年底，收集到近百家单位报送的各类资料书籍、纸质文件资料6500册（份），电子文档24760件，电子照片1.8万张，音像资料120G，购买抗震救灾有关书籍315册（套），收集、整理编辑各级领导有关抗震救灾工作讲话170余篇80万字，实物资料1000余件。

三是加大对海外资料的收藏。承担省政府重大课题《四川抗战历史文献》编纂，收集了大量海内外抗战文献、照片资料。一是收藏了台湾相关部门出版的《抗日阵亡将士资料续编》《抗战时期中国的后方社会》《抗战时期的四川：档案史料汇编》《川军出川抗战纪事》等抗战文献约200册。二是通过各种渠道购买1937—1945年抗战历史图片7000多张，保存了很多正面战场、川军抗战和大后方四川社会方方面面的图片，还购买了美国国会图书馆馆藏档案目录，香港、台湾等地机构出版的图书。

四是加大对稀见方志的收藏。共收藏了国家图书馆出版社出版的首都图书馆藏方志丛刊和北京大学图书馆、清华大学图书馆、中国人民大学图书馆、北京师范大学图书馆、吉林大学图书馆、河南大学图书馆、华东师范大学图书馆、广东省立中山图书馆、浙江图书馆、南京图书馆、陕西省图书馆、湖南图书馆、重庆图书馆、中国科学院文献情报中心馆、哈佛燕京图书馆等20家图书馆藏稀见方志丛刊1124种（册）。

五是加大对涉及四川地方史资料的收藏。广泛收集四川历史文化资料。出版了《西康通志稿》《刘赞廷图志》《迪山日记》，正在编纂《四川羌族志》《西康通志》。收藏了1000多幅四川历史地图，其中清代地图一本，民国时期四川地形图409幅（1914年至1949年编印），新中国成立后四川地图、地形图800多幅（1956年至1990年编印）。

六是加大捐赠征集力度。开辟“四川名人名作珍藏馆”，专门收集、珍藏、展示四川各界知名人士的代表作品，让这些积淀着蜀地俊彦思想光辉和科学文化智慧的结晶永载史册、代代传承。目前已有马识途、流沙河、周克芹、王火、蒙文通、朱清时等四川名人的个人资料和代表作品入馆珍藏，已征集到四川名人名作567种633本，及刘光第等名家、名人字画。

七是有目的地收藏旧志版本。通过开展全省旧志普查，发现四川历代地方志700多种，与国家图书馆出版社合作，出齐《四川历代方志集成》（1—4辑），影印出版四川旧方志582种。

八是加大交换捐赠力度。与国家方志馆和全国30个省（市、区）、5个副省级城市等46家单位建立了交换关系，收集地方志书。2016年，向全省200多座公共图书馆、200余家档案馆和50多所高校图书馆捐赠了第一轮《四川省志》（69种75册）各一套。

九是充分进行整理开发。购买缩拍扫描机对珍贵资料进行扫描数字化保存。购买装裱机对馆藏地图、字画等进行装裱修复、抢救保护和开发利用。购买非线性编辑设备，对录音录像、口述历史进行整理。通过对收集的地情资料进行挑选、鉴别、分类、编目乃至数字化处理，使繁杂、零乱的地情资料变成系统、有条理的集合体，便于提取利用。

十是制定工作通则进行规范管理。2016年10月制定了《四川省方志馆工作通则》，从方志馆功能定位、规划与建设、征集与接收、管理与保护、服务与利用方面等进行规范。

三、强化“顶层设计”，打造“文化祠堂”

2016年，《全国地方志事业发展规划纲要》（2015—2020年）出台，既描绘了地方志事业的发展蓝图，也为开展工作指明了方向路径和奋斗目标，是全国地方志事业的顶层设计。由此出发、观视，做好新时期的方志工作及方志馆工作，需要进一步解放思想，拓宽视野，进一步跳出方志看方志，思考和挖掘地方历史文化、地情资源中的特性和特色，真正落实中央领导的要求，将地方志打造成为当地的“精神名片”、将方志馆打造成为本土的“文化祠堂”，科学、全面、系统反映当地历史根脉、人文根脉、文化根脉。要进一步自我加压，强化历史使命和责任担当，以“志者情怀”不断勉励自己，增强地方志工作的使命感、责任感和自豪感，着力思考和解决方志馆的目标定位、特色优势、核心竞争力，以及如何吸引普通老百姓、如何吸引专业人士等问题，突出其存在价值、服务效能、学术地位和独特功用。

（一）进一步解放思想，确立方志馆的“独特性”

要努力实现国家、各省相关业务单位的资源共享。努力拓宽视野，力图实现馆藏的特殊性的确立。一是横向上，每个方志馆在全省乃至全国的个性是什么？二是同一地区，方志馆与图书馆、档案馆、文化馆、博物馆的根本区别在什么地方？三是认真思考、发掘每个方志馆的镇馆之宝是什么？四是方志馆作为一个地方的“文化祠堂”，所包含的历史根脉、文化根脉、人文根脉、精神根脉究竟有哪些？

（二）进一步深化发掘，尽力突显方志馆藏的“地域性”

“方志馆”不等于“志书馆”。在新时代下，方志成果的保存、流传、开发利用有越来越丰富的载体和实现途径。深入挖掘一个地方的文化基因，做深做活其形式，使馆馆有别、馆馆独特，“地域性”都是一个绕不过的问题。为此，拟在以下几个方面下功夫。

一是开展近现代“四川名人手稿”收藏。近现代中国发生的若干重大历史事件，社会政治、经济、军事、文化领域出现的各种变化，或与四川密切相关，或在四川有所反响和呼应。在这样的历史条件和社会环境下，四川出现了一批具有重大影响和贡献的代表人物，其中有叱咤风云的革命家、政治家、军事家、爱国将领；有造诣深湛、享誉中外的思想家、科学家、文学家、教育家；有成就卓著的实业家和能工巧匠。同时，也出现了为数不少的拥兵自重、称霸一方的军阀和地方实力派人物，以及逆历史潮流而动起负面作用的人物。他们或为全国与四川的近现代史写下了悲壮的一页，留下了辉煌的业绩，或给四川社会的政治、经济、文化生活打上了鲜明的烙印，推动或阻碍了四川历史发展的进程。开展近现代“四川名人手稿”收藏，通过方志馆去深入探索四川的历史渊源和文化史迹，可以大大增强本土历史文化的凝聚力和辐射力。

二是开展“名人在四川”相关资料收藏。在四川各个历史时期，都涌现出众多杰出人物，他们在政治、经济、军事、文化等各个领域，为中华民族的发展壮大作出了卓越贡献。古有司马相如、严遵（君平）、王褒、扬雄、陈寿、常璩、陈子昂、李白、“三苏”（苏洵、苏轼、苏辙）、秦九韶、魏了翁、杨慎、张问陶、李调元、杜甫、黄庭坚、陆游等，近现代有吕叔湘、郭沫若、宗白华、何其芳、朱光潜、马寅初、黄炎培、晏阳初、陶行知、梁漱溟等，他们或出生成长于四川，或客居留寓四川，都在这方土地上，在自己的领域取得了巨大成就。开展“名人在四川”相关资料收藏，可以集中发掘和培育人文精神，发挥四川历史文化的凝聚作用，延续本土文化“根脉”。

三是开展“名人写四川”作品收藏。历代名人吟咏四川、书写四川、著述四川、研究四川的作品丰富多彩，名家辈出，佳作如缕，值得收藏。这些作品是巴蜀文化和四川地情资料的重要组成部分，很值得开展专题收藏。

（三）进一步加强开发利用，尽力实现方志馆的“功用性”

随着计算机技术和互联网的发展，现代文献不再拘于纸质一种形式，志书作为一种特殊体例的资料性著述，汇集一地的自然、人文、社会、经济的历史和现状，是全面、系统、准确的地情书，是传统文化和当代思想文化的共同载体，内容丰富、资料详翔实，是其他任何书籍不可比拟、难以替代的权威资料。地方相关的手稿、日记、著作、论文、书画、照片、家谱、音像影视作品、网络信息等丰厚资源，既是方志馆的立馆之本，更是实现提供智力支持的强大基础、物质保障、坚实后盾。为充分做好藏品的开发利用，我们正在组织编写资政类刊物《治川史鉴》。把方志馆藏的“官书”中真实记述的历史经验教训及各单位过去方针、政策的制定和贯彻落实情况进行汇总梳理，供各级领导做决策时参考，为治蜀兴川提供经验支撑和智库镜鉴。

（作者单位：四川省地方志工作办公室）

浅谈内蒙古方志馆建设

秦倩倩

提　要：本文围绕内蒙古方志馆建设的必要性、功能定位和打造国家方志馆草原分馆三方面，阐述了内蒙古的地域文化特色和方志馆在传承和发扬草原文化方面发挥的重大作用和价值；概述了内蒙古方志馆的规划设计及打造国家方志馆草原分馆的重大意义、先决条件和资源优势。

关键词：内蒙古方志馆　草原文化　功能定位　草原分馆

地方志是中华民族特有的传统文化形式，方志馆则是传承历史、弘扬文化、发展地方志事业的重要阵地。有了方志馆，方志人就可以在自己的“一亩三分地”上深耕细作，采取多种方式促进地方志事业全面、可持续发展，更进一步开发利用地方志资源，为更好地发挥地方志存史、资政、育人功能提供强有力保障。随着全国各地文化事业大发展大繁荣和地方志事业的蓬勃发展，全国方志馆建设形势空前，内蒙古自治区地方志办公室紧跟时代步伐，积极筹备内蒙古方志馆建设。在此，笔者浅谈一下在内蒙古方志馆建设方面的想法。

一、内蒙古方志馆建设的必要性

（一）建设方志馆是保护和传承民族文化的需要

方志馆建设的功用就是把我们祖先的历史保存下来，将零落在各地、收藏在各类图书馆、分散无序的大批志书搜集、整理起来，保存历史的真实记录，研究和开发利用方志资源宝库，为弘扬民族精神和民族文化提供服务，是益于当代、惠及后世之举。[①]

一定意义上讲，方志馆是妥善收藏、保护地方文化资源的需要，是延续本土文化“根脉”的重大举措。内蒙古地方文献资料十分丰富，仅从宋代至民国所修的省、地、县志就多达400多种。从首轮修志至今，出版各类志书1000多种，各类地情书、地方年鉴也有1000多种，收藏全国各地志书、年鉴和内蒙古旧志数量更多。这些资料需要世代保存传承。如果没有方志馆，浩如烟海的文化资源宝库就无处存放，有可能因遭意外而被损毁或遗失。

内蒙古民族文化底蕴深厚。北方各民族在这里繁衍生息、交流融合，创造了独具特色的以草原文化为核心的少数民族传统文化，呈现出浓郁的草原风情和民族特色。呼和浩特的昭君文化、包头的阴山文化、赤峰的辽文化及红山文化、通辽的科尔沁文化、锡林郭勒的蒙元文化、呼伦贝尔的森林文化及“三少民族”(达斡尔、鄂温克、鄂伦春)文化、巴彦淖尔的河套文化、鄂尔多斯文化等，如何保护和传承这些独具特色的民族文化，是每个方志人必须思考的问题。这些资料承载着内蒙古源远流长的民族文化，加之现存志书、当代新修志书需开发利用、向大众普及，要求必须设立一个专门收藏方志文献的机构——方志馆。

（二）建立方志馆是完善城市社会功能的需要

藏书楼、图书馆古有之，但方志馆不曾有。方志馆有别于其他文化建筑。图书馆虽然文化储存容量大、辐射性强，但收藏的重点是全国乃至世界各国出版的各种图书、期刊，综合性比较强，对地情资料的收集远远不及方志馆全面专业。档案馆收藏的范围主要是辖区内各机关、团体、单位形成的文件材料，对辖区内地方志、年鉴、内部资料收集则较少。内蒙古是文化资源大区，尽快建成集收藏、保管、展示、研究和开发利用地方志文献、各类地情资料为主的方志馆，有利于弘扬和传承自治区优秀文化传统，增强文化的凝聚力和辐射力，深化城市历史文化内涵和底蕴，提高城市品位，打造地方文化品牌。内蒙古有文化馆、博物馆、

---

① 孙文庵：《存载历史文化的重要载体——论方志馆的价值与功用》，《新世纪图书馆》2010年第4期。

图书馆、美术馆等各种类型的文化设施，却没有方志馆。内蒙古方志馆建成后，可以填补自治区基础文化设施建设方面的空白，可以与其他馆形成组合效应，完善城市社会功能，推动内蒙古文化事业繁荣发展。

（三）建设方志馆是地方志事业持续发展的需要

建设方志馆是实现志、鉴、库、网、馆整体推进的地方志工作新格局的一项重要工作。《地方志工作条例》规定“地方志书每20年左右编修一次”。不断出版的各类志书、年鉴，编纂地方志过程中搜集的各类资料和形成的志稿等，仅仅靠资料室已无法承担日益繁重的收藏任务。内蒙古自治区自1982年首轮修志以来，共编辑出版三级志书180余种，行业、部门和村镇志书900多种，地方综合年鉴200多种，第二轮志书也将在2020年基本续修完成，随后还会启动第三轮修志，越来越多的地方志文献资料需要方志馆进行有序地收藏整理，最大化地开发利用。《地方志工作条例》中规定“在地方志编纂过程中收集到的文字资料、图表、照片、音像资料、实物等以及形成的地方志文稿，由本级人民政府负责地方志工作的机构指定专职人员集中统一管理，妥善保存，不得损毁；修志工作完成后，应当依法移交本级国家档案馆或者方志馆保存、管理，个人不得据为己有或者出租、出让、转借”，并把“搜集、保存地方志文献和资料”“组织开发利用地方志资源”作为地方志工作机构的职责。没有方志馆，这些职责将难以完成。

二、内蒙古方志馆的功能定位

内蒙古自治区于2011年9月启动内蒙古方志馆立项工作，于2017年3月正式立项，计划建筑面积2万平方米，拟于2018年完成主体工程建设。这是内蒙古自治区地方志历史上的一大幸事，更是保护和传承内蒙古民族文化的一大创举。参照其他省市建馆理念，笔者认为内蒙古方志馆的规划设计应兼具独特性、实用性、开放性、可持续性，功能定位应集志鉴编纂、地方文献收藏、区情展示与教育、区情研究与咨询、区情检索与服务等功能为一体。

《中国方志馆》一书中介绍，我国的方志馆主要有三种类型，一是未单独设置，而是与史馆、藏书楼、图书馆、档案馆等场馆兼容合并的文化机构；二是单独设置，以存放和展示纸质志书等典籍文献为主要形式的传统方志馆；三是以现代化手段展示特定行政区域历史文化和现实地情为主、同时兼及传统形式的当代新型方志馆。新型综合性地情馆是当代方志馆建设的主要模式和未来发展趋势。[①] 内蒙古方志馆的规划设计应属当代新型方志馆。

内蒙古方志馆是新规划建设的方志馆，有几个特点。一是面积大，规划设计上有更大的发挥空间和余地，但要避免几个误区，不能一味追求高大、豪华、气派，避免千馆一面，千篇一律，要在“差异化”上做文章，突出内蒙古民族文化特色，但又要有别于内蒙古博物院、展览馆、图书馆等建筑。二是选址相对远离闹市区。这更需要方志馆独特的功能设计和特有的定位来聚集人气。要防止方志馆热热闹闹建成以后，却无人问津，门前冷冷清清，甚至不为世人知晓。布展设计上也要防止形式奢华却内容空洞，中看不中用，华而不实。无论是图书馆、博物馆还是方志馆，已经不是传统意义上的资料查阅室，而是逐渐成为一个城市的公共交流场所、文化休闲场所，方志馆建成以后，没有科学的规划设计和合理的功能定位，将是财政的巨大浪费，让更多人了解方志，热爱方志，利用方志，弘扬方志文化的初衷就难以实现。“纵观全国各地、各类方志馆，现有功能一般包括陈列、展示、储存、收藏、编纂、借阅、电子阅览、交流、研究、办公、休闲、服务、信息安保、水电、监控等不同功能”[②]，但并非所有的方志馆都包括以上全部功能，在实际规划中，不同方志馆因实际需求、占地面积、投资成本等因素的影响，在功能设置上应有所侧重。笔者认为，内蒙古方志馆应明确五个主要功能。

（一）成为权威的地方文献收藏中心

地方文献存储是立馆之本。地方志书是重要的地方文献，是一种特殊体例的资料性著作，汇聚一方的自然、人文、社会、经济的历史和现状，是全面、系统、客观的国情书、地情书。如果没有强大的地方文献资料做后盾，方志馆建设将成为无源之水、无本之木。内蒙古方志馆作为省级方志馆，要收藏各级各类旧志、新志、年鉴、地情书和全国各省志，以及党中央、国务院的重要文献和与修志有关的各类工具书、资料书，对一些珍贵的志鉴图书资料，要进行抢救性的挖掘购藏等。方志馆的藏书特色决定了它的独特性和不可替代性。

---

① 潘捷军等编著：《中国方志馆》，方志出版社 2016 年版，第 129 页。
② 潘捷军等编著：《中国方志馆》，方志出版社 2016 年版，第 255 页。

（二）成为地情展示、文化宣教中心

内蒙古自治区地域广阔，面积为118.3万平方公里，占全国总面积的12.3%，资源储量丰富，有“东林西矿、南农北牧”之称。草原、森林和人均耕地面积居全国第一，稀土金属储量居世界首位，同时也是中国最大的草原牧区。5000多年前，内蒙古已经是仰韶文化的分布范围。春秋战国之前，一些北方的游牧民族，如匈奴和东胡人在今天的内蒙古地区游牧生活。如此广袤的地域蕴含着几千年文明，方志馆应承载着展示内蒙古地情的使命。将内蒙古建制沿革、行政区划、人口民族、自然资源、经济发展、社会风俗、历史名人、草原文明等进行展示，为树立内蒙古文化品牌形象提供强有力支持。还可考虑设置多媒体室、临时展厅，用于举办常规性展览。通过地域文化展示，对社会公众尤其是青少年进行地情教育、国情教育、爱国主义教育。

（三）成为公共服务中心

一是提供地情资料查阅服务。方志馆主要功能是以收藏保管地方志文献为主，馆藏资料全面丰富，开展地情资料查阅服务是方志馆作为文化场馆的基本功能。比如，江西省方志馆将馆藏资料向社会开放，逐渐形成了一批稳定、高素质的读者队伍；与媒体合作开办“档案解密”栏目，为查找资料提供方便，产生了良好的社会效益。但是，资料查阅势必会对纸质书籍造成损坏，探索将珍贵文献资料转化成电子版本，既保护了纸质书籍，又方便大众查阅。

二是设置学术报告厅、多功能厅，用于举办报告会、讲座、业务培训等活动。结合各种活动，将优秀的地方志资源推荐给社会公众，将方志馆的公共服务功能落到实处，满足各阶层民众文化生活需要。方志馆也可作为重要的旅游资源发挥作用，提升城市文化品位。

（四）成为地方志资源开发利用中心

中国地方志指导小组办公室主任冀祥德在2015年全国地方志工作机构新任负责人培训班上的动员讲话中曾指出：“与其他部门相比，各级地方志工作机构最大的优势就是掌握了全面系统丰富的地情资料。如何发挥优势，用方便快捷、群众喜闻乐见的方式发挥地方志文化资源的社会效益，建立地方志资源开发利用体系，是摆在我们面前的重要命题。地方志资源开发利用体系的建立，关键在于明确服务对象、完善基础设施、拓宽服务路径。”地方志文献资料浩繁，依靠方志馆建设，可为地情读物编纂、开展地情调查等区情研发提供稳定的场所和有效管理，内蒙古自治区可先通过方志馆建设，将区情信息有效整合，主动围绕党委、政府的中心工作和发展大局，开展资政研究，开发地方特色文化产品，积极服务于政治、经济、文化和社会建设。随着方志馆建设进一步完善，研究范围可深入拓宽，如进行地方志编纂研究、方志学理论研究、方志机构组织研究等，最大限度地发挥地方志文化资源的社会效益。

（五）成为行政服务中心

为完善方志馆功能，需配备办公室、会议室、志鉴编辑室、研究室、古籍修复室、资料档案室等场所。同时应避免办公用房安排过多，影响方志馆主体功能的发挥。一座高质量、高水准的现代化方志馆，不仅要高度重视主体功能的建设，其他辅助功能也不能忽视，比如要配备值班室、消防监控室、设备机房、停车场等。完善综合服务设施，包括休息室、餐饮购物区、公共卫生间等场所，有条件的还可设置更衣室、母婴室等，增加公众参与度。

三、把内蒙古方志馆打造成国家方志馆草原分馆

国家方志馆分别在安徽铜陵市和山东东营市设立了国家方志馆长江分馆和黄河分馆，以弘扬源远流长的长江文化和黄河文化。众所周知，独具特色的草原文化与黄河文化、长江文化等共同构筑了光辉灿烂的中华民族文化，将内蒙古方志馆打造成国家方志馆草原分馆，不仅具有全面弘扬和传承中华优秀传统文化的重要意义，还具有建设的先决条件和先天的资源优势。

（一）先决条件

一是内蒙古方志馆已正式立项，总建筑面积约 2 万平方米，是内蒙古自治区 2017 年重点文化建设项目，是呼和浩特市地标性文化建筑群之一，具备了建设国家方志馆分馆的面积要求和地理位置要求。

二是内蒙古自治区政府高度重视地方志工作和方志馆建设，自治区主席布小

林对地方志工作高度评价并作出重要批示，自治区副主席白向群就内蒙古方志馆建设组织召开专题会议，与呼和浩特市政府、自治区财政厅多家单位协商建设事宜。自治区政府和领导的关心支持，有利于推进国家方志馆草原分馆的建设进程。

（二）资源优势

草原是内蒙古的最大特色和资源优势。全区草原总面积13.2亿亩，占全国草原总面积的22%，其中可利用草原面积10.2亿亩。内蒙古大草原也是目前世界上草原类型最多，保持最完整的草原之一。全国11片重点草原牧区中内蒙古占5片，有驰名中外的呼伦贝尔草原、锡林郭勒草原、科尔沁草原、乌兰察布草原和鄂尔多斯草原。

广袤而古老的草原作为中国北方少数民族的主要活动舞台，孕育了灿烂的草原文明。文献中有记载的曾在内蒙古地区活动的游牧部族有10多个，其中时间较长、影响较大的有匈奴、鲜卑、突厥、乌桓、契丹、女真等。12世纪，蒙古族兴起于额尔古纳河流域，成吉思汗统一蒙古各部，之后不断壮大。成吉思汗之孙忽必烈建立了全国统一政权——元朝。内蒙古人长期与草原共舞的历史，自然形成了丰富独特的草原文化。

草原文化对于丰富中华民族文化具有独特的、不可替代的重要性，草原分馆也将是国家方志馆不可或缺的重要组成部分。草原分馆作为国家级文化展示馆，建成后将填补我国没有展示草原文化的大型文化设施的空白。因此，笔者认为，应将内蒙古方志馆建设成国家方志馆草原分馆，真正将内蒙古方志馆（国家方志馆草原分馆）打造成为宣传内蒙古和中国草原文化的一张响亮的名片，加强与国内外各界的文化交流，用方志独特的功能和语言展示好中国形象，讲好中国故事。

（作者单位：内蒙古自治区地方志办公室）

方志馆建设定位及服务模式探析

姚文文

提　要：方志馆作为传承地方文化，展现区域地情，服务地方发展的重要载体，逐渐成为地方基础文化设施建设的重要工程。本文以黑龙江省方志馆为例，结合当前全国方志馆的发展现状，探究方志馆建设的功能定位及服务模式。

关键词：方志馆　建设　定位　服务模式

方志馆是集藏书、展示、学术交流、资源开发利用、爱国主义教育等多功能于一体的重要公共文化基础设施，是保存地方文献资料、发挥读志用志研学功能的重要平台，是全方位展现国情、地情等历史文化风貌的重要窗口。方志馆经历了从无到有，从官书编纂机构、志书收藏场所到集编纂、收藏、研学、交流等功能于一体的地方文化重要传承基地。可以说，方志馆事业的发展始终伴随着方志史的演变及发展。

一、方志馆的历史沿革

清李玠《康熙畿辅通志序》云："志也者，志天之文，志地之理，志人事之成败，志世数之沿革，下及一民、一物、一草木、昆虫、鸟兽、鱼鳖，纤悉必志。"[①]方志最初多以记载当地风土人情为主要内容，以游记、地记为表现形式，记载当地的自然、地理、风俗、经济、文化等内容。"方志"一词最早见于东周时期《周

① [清]李玠：《康熙畿辅通志序》，影印文渊阁四库全书本，上海古籍出版社1987年版。

官》，萌芽于秦汉时期的地记，发展于隋唐时期的图经，成型于两宋时期并定名为志，鼎盛于元明清时期。[①]

地方志的发展经历了漫长而不断演变的历史过程，同时，与之相适应的史书官修机构也随之变化。在中国方志馆发展史的研究领域，潘捷军等编著的《中国方志馆》一书中记载“北宋九域图志局是历史上第一个专业性方志编纂机构，清代章学诚的《州县请立志科议》是第一次对方志馆建设作出了系统论述，建于1914年的浙江通志局是中国近现代史上第一家省级方志馆，建于1956年的山东地志博物馆是中华人民共和国第一家综合性地情馆，建于1990年的浙江（建德）方志馆是改革开放后第一家冠以‘方志馆’的专业机构，建于1996年的上海通志局是新时期第一个省级方志馆，国家方志馆和广东、广州、深圳等省市方志馆是当今中国规模最大的一批新型方志馆……这一组史实也清晰勾勒出中国方志馆的发展历程。”[②] 由此可见，中国方志馆事业经历了从最初的史学编纂机构、以存放纸质志书、展示地方志为主的收藏场所，到综合展示地情、开展学术交流、服务地方发展的新型方志馆建设转变。

二、当前方志馆发展现状

新中国成立后，特别是改革开放以来，地方志事业得到空前发展，各级方志馆建设如雨后春笋般飞速发展。据统计，截至2016年8月底，全国地方志系统已经建成各级方志馆400余家，其中国家方志馆1家，省级方志馆17家，市级方志馆90余家，县级方志馆300余家。[③] 全国方志馆受地域、经济条件、体制机制、展馆面积等因素的影响，大体分为三个类型。

一是以存放纸质地方志书、年鉴等地情特色志书的收藏功能为主的方志馆。此类方志馆大多受展馆面积限制，多以收藏地方志书、地方文献资料，为读者提供查阅咨询服务等基本功能为主。

二是与档案馆、文史馆、图书馆、博物馆等公共文化场所相依附而存在的方志馆。就全国地方志工作机构组成形式来看，当前全国仍然有部分省、市、县（市区）

---

① 沈松平：《方志发展史》，浙江大学出版社2013年版，第3页。

② 潘捷军等编著：《中国方志馆》，方志出版社2016年版，第4页。

③ 冀祥德：《在第一次全国方志馆工作会议上的讲话》，《成都地方志通讯》2016年第10期。

地方志工作机构仍未单独设置，而是与当地档案局、党史等机构合署办公。受体制机制制约，该地区方志馆大多未能单独设置，而是与档案馆、文史馆等文化场所联合展览，共同发挥史料存放、查阅、地情展示的作用。

三是以展示地情、志书收藏、编纂研学为代表的综合性新型方志馆。如北京、广东、广西、山东、上海、黑龙江等地的方志馆均以地情展示为主要定位。就全国方志馆发展现状来看，以地情馆为定位的方志馆建设是未来的发展方向。

三、当代新型方志馆

公共文化服务设施建设是一个城市文明建设的基础，是满足人民群众精神文化需求的主要途径，是加快文化自信、文化大繁荣的必经之路。当前，全国各项文化基础设施建设步伐加快，各类图书馆、文化馆、城市规划馆、方志馆等文化设施逐渐增多，以不同视角、不同方式展现着当地各项文化事业的发展和城市化发展进程。

（一）当前方志馆定位现状分析

“方志”作为“一方之全史”，具有全面记述一方自然、政治、经济、文化和社会等方面的地情概览作用。而当前全国现代方志馆的建设大多以收藏、整理、研究地方志书、年鉴为基础，以展现地情资料、地方文化为主要内容，全方位展现一省、一市、一地的社会历史发展与现状，具有存史、资政、教化的重要作用。以北京、黑龙江、广西等地方志馆为例。

1. 北京市方志馆

北京市方志馆建成于2013年，建筑面积10000平方米，内设展厅、多功能厅、书库、阅览室、计算机网络中心、编修室和会议室。馆藏书5万余册，涵盖了北京的政治、经济、文化、社会等方面的各种书籍，重点收存方志、年鉴及北京地情资料书。展馆既有北京地情展厅，也有如证书展、房山英烈展等各种特色展和专题展览，充分体现了展馆地情展示的功能。

2. 广西方志馆

广西方志馆建筑面积约6000平方米。展厅部分由广西地形沙盘和史志博物馆组成。史志博物馆分“古籍史迹”“广西通志”“八桂年鉴”“市县区志”“志鉴开发”“志人足记”“影视厅”等部分，综合运用文字、图片、雕塑、实物和现代媒体信息技术，展示广西历史概貌、区情发展变化及广西地方志编修成果等，是广西区情教育和爱国爱家乡教育的重要基地。

3. 黑龙江省方志馆

黑龙江省方志馆建于 2013 年。展馆遵循在有限的空间内实现对黑龙江省情展示的无限扩展为原则，在布展方式和手段上开拓创新，坚持理性与感性相结合，采用声、光、电相结合等先进的新媒体技术和科技手段，设“龙江巡礼”“龙江足迹”“龙江志鉴”三个展厅，走进龙江、领导关怀、龙江资源、龙江声音、龙志赋、龙江历史发展沿革、龙江骄傲、省地方志历史沿革、市（地）地方志历史沿革、志苑留痕等 10 个展区，全方位展现了黑龙江的自然地理、历史人文、地域文化及史志工作的发展，以重要时间节点为主要脉络，“展成果于斗室，汇地情于方寸；助决策与资政，致教化与启迪”[①]，充分发挥了方志馆服务地方中心工作、弘扬地方文化的平台作用。

（二）新型方志馆定位研究

对于新型方志馆的定位，中国地方志指导小组原常务副组长朱佳木曾明确指出：“方志馆究竟应当是一种什么设施呢？它究竟应当具备什么功能呢？要回答这个问题，我认为必须追根溯源，首先弄清楚什么是方志书，什么是方志办。大家现在都承认，方志书本质上是地情书，方志办实际上是地情办。既然如此，方志馆就应当是地情馆，即展示地情的设施。”[②] 因此，当代新型方志馆大多以展现地情为主要内容和基本定位。

作为一项展现地情的公共文化基础设施，方志馆在展览方式和功能上与图书馆、文史馆、博物馆、城市规划馆等文化场馆有所不同。不同于图书馆的综合类图书收藏和查阅功能，方志馆收藏的图书多为地方志书、年鉴、地情丛书等具有地方历史、地情资料性质的文化丛书；而与博物馆和城市规划馆相比，“博物馆的关键在‘物’，以‘物博’为主要特征和展览优势。”“城市规划馆，一般全景式展示特定行政区域（主要定位于城市）的规划设计、建设方案、发展前景甚至地情

① 隋岩：《龙志赋》，《黑龙江史志》2014 年第 2 期。

② 朱佳木：《什么是方志馆及怎样建设方志馆——在杭州方志馆设计方案论坛会上的讲话》，《中国地方志》2012 年第 2 期。

概貌等内容，它是新的历史条件下地情介绍和展示的一个重要场所。”[①] 由此可见，方志馆作为地情展示馆，与其他文化场所不同之处在于，方志馆是以国情、地情展示为主要内容，以媒介展示与实物展示相结合为主要手段，是全面介绍和展现一个地区自然、政治、经济、文化和社会发展的历史沿革与现状发展轨迹，是展示地情信息的重要地标，是一个地区对外交流合作的重要窗口。

（三）新型方志馆展陈内容探析

当前，新型方志馆在地情馆、地情展示定位的指导下，其展馆布展大多以展现某一特定区域的自然地理、政治、经济、文化和社会为主要内容，以多媒体现代技术手段和实物展示为主要方式，以服务某一区域社会发展为主要目的。因此，在展陈内容的设计上，要以地域特有文化为展示内容。同时，要根据展厅大小、展厅位置、展厅内部结构等进行全方位评估。以黑龙江省方志馆为例，展馆总面积相对较小，且位于办公区域内。在展馆的设计中，就不能以“博大”见长，而应以“在有限的空间内，实现对省情内容的无限扩展”为目的。因此，在展馆的展陈设计和布展上，展馆以选取重要时间、重大历史事件等关键内容为主，同时，在展馆内通过增加电子显示屏对部分内容进行展示，其优点在于，电子屏内的展示内容可根据布展主题进行添加与更换，节约了实物展示的空间与成本。

在展陈内容上，方志馆的建设要以“志”为基础，以“史”为脉络，以“情”为表现。古往今来，方志馆始终作为编史修志的机构，随着地方志事业的不断发展与转变，虽然方志馆在功能定位上也相应转变，但是方志馆作为存史、资政、教化的基本职能仍然存在，只是在展馆定位、表现手段、布展内容上更加贴合地情展示的服务功能。因此，在展陈内容设计上，仍然要体现为以“志”为基础，所展览的内容也应以志书记载的内容为准则。展示对本行政区域内综合地情、政治经济、社会文化等方面的内容，让本地居民乃至外地游客都能通过方志馆来了解当地的历史，了解当地的历史发展进程，了解当地的社会变革和发展轨迹。

① 潘捷军：《当代新型方志馆刍议》，《中国地方志》2012 年第 12 期。

四、方志馆服务模式探析

方志馆是具有收藏、科研、学术交流和服务地方发展功能的基础文化设施，具有存史、资政、教化作用。方志馆服务功能的发挥要结合本区域历史环境、发展现状以及方志馆的功能定位，从馆藏资源、展厅布展、受众等不同角度进行创新与协作，真正使之成为传承中华优秀传统文化、服务区域文明发展的重要载体。

（一）以丰富馆藏为基础，提高方志馆的学术交流水平

新型方志馆的建设虽然以地情展示为主要内容，但馆藏资源建设依然是展馆建设的基础，地方志书、年鉴等地情丛书的收藏和查阅功能仍然是方志馆的基础功能。在馆藏建设方面，我们要打破常规，不仅收集和整理本行政区域内和外省的地方志书、年鉴，同时要加强对旧志、口述史、图片、影像等资料的收集和整理，使馆藏地方文献收集资源更趋多元化、专业化、专题化。要以收藏本行政区域内地方文献为主，兼顾其他地方文献资料，对所辖地区的志鉴资料、自然地理、民俗风俗、家谱、旧志等资料进行全面收集。同时，要加强与其他地方志工作机构及高校的交流与合作，定期举办学术交流和学术讲座，开展志书交换，全面提高方志馆馆藏资源的利用率，提高地方志学术交流水平，真正发挥方志馆文化存储功能，将方志馆打造成地方文献的收集展示、研究交流中心。

（二）以创新展陈理念为手段，强化方志馆的地情服务功能

在地情展示的框架下，要不断创新，以固定的展厅展览为基础，创新展览方式，拓展展示空间，不定期开展专题展和特色文化展。以哈尔滨市方志馆为例，除市方志馆固定展厅地情展示外，在纪念中国人民抗日战争暨世界反法西斯战争胜利 70 周年之际，哈尔滨市方志馆举办了“勿忘国耻　筑梦中华”临时主题展，以及纪念哈尔滨解放 70 周年的“铭记历史　以启未来”主题展。通过举办不同形式、不同内容的主题展览，可以进一步强化方志馆的地情馆定位和地方“文化名片”的形象，为全面展示地情、服务经济社会发展、宣传地方文化传承提供一个重要窗口，扩大地方志文化影响力和辐射效应。

（三）以服务大众为宗旨，充分发挥方志馆的文化价值

当前，方志馆的建设和服务已经不仅仅局限于纸质志书的收藏和查阅功能，更多体现在传承和展示方志文化魅力、服务地方经济发展、对外展示本行政区域的历史与发展的桥梁作用，是中小学生爱国主义教育基地，是地方文化传承中心。以黑龙江省方志馆为例，展馆在设计上注重突出重要时间节点的故事性及布展方式上的多元性，展馆中具有地方文化特色背景声音墙，黑土人物等板块均以大众喜闻乐见设计理念，充分调动了公众参与的积极性。同时，要加强与机关、部队、企事业单位、高校等组织沟通，开展国情、省情教育基地建设，推动方志文化进机关、进学校、进社区，为社会各界提供了了解省情、地情以及地方文献资料查阅、学术交流、爱国爱家乡教育的公共文化平台。

（四）以数字化资源为依托，实现方志馆现代化协调发展

资源数字化、网络化、共享化是方志馆未来建设的趋势，面对移动大数据、“互联网＋”带来的冲击，方志馆的建设也应跳出多媒体、电子屏等传统的数字化固有模式，要开拓创新，将实体方志馆与数字方志馆建设相结合，利用先进的计算机网络技术和新媒体传播技术，通过对海量数据、文字、图片、视频、音频等地情信息资料的加工、处理，利用网站、二维码、官方微信等网络资源建设，实现地情信息资源数字化、信息传递网络化、服务形式多元化和信息利用共享化，实现传统与现代融合发展，提高方志馆资源开发利用率与传播效应，全方位提升方志馆的公共文化服务能力，促进地方志、方志文化协调发展。

（五）以网络媒体宣传为平台，全面提升方志馆的社会影响力

网络信息化时代的传播媒介，越来越成为政务宣传、对外发声、扩大影响力的主要平台。方志馆的建设和管理，要打破常规，突破固定场馆、固定模式、固定内容的局限性，树立“开门办馆”的服务理念，将方志馆推向社会，推向大众。展馆可以在重要的节日、重要的活动中，发挥主动性、创造性，同新闻媒介、学校机关、网络媒体进行对接，共同开展主题活动。利用网络媒体，加大方志馆的宣传力度，提高大众认知度，扩大社会影响力。以黑龙江省方志馆为例，在“五四”青年节期间，主动与凤凰网对接，开展以“‘弘扬五四精神，热爱美丽家乡’高校师生参观省方志馆”为主题的直播活动。活动的开展不仅弘扬了中华优秀传统文

化，同时也利用网络媒体对方志馆进行了很好的宣传，提升了方志馆乃至地方志工作的知名度，让社会各界能够认识地方志、了解地方志，了解本行政区域的地情、历史和社会发展状况，充分发挥了地方志存史、资政、教化的作用，全面提升了方志馆的社会影响力。

当前，地方志事业的发展正面临着前所未有的机遇，全国地方志工作正由一项工作向一项事业转型，方志馆的发展也应乘着地方志事业繁荣发展的东风，把握机遇，开拓创新，努力将方志馆打造成服务地方志、服务大众、服务社会发展、传承中华文明的基础文化设施，推进地方志事业的繁荣发展。

（作者单位：黑龙江省地方志办公室）

关于方志馆建设的若干思考

——以上海通志馆为例

吴一峻

提　要：方志馆是传承民族文化传统的重要平台。随着地方志事业的发展，全国各地方志馆建设也如雨后春笋，呈蓬勃发展势头。本文总结了学界关于方志馆建设的研究现状，结合上海通志馆建设的实践经验，对未来上海通志馆建设提出了若干想法，以求与方志同仁共同学习探讨。

关键词：方志馆　信息化　功能　上海通志馆

随着地方志事业的发展，2006年国务院《地方志工作条例》颁布实施，2015年8月国务院办公厅印发《全国地方志事业发展规划纲要(2015—2020年)》(以下简称《规划纲要》)，2017年2月中共中央办公厅、国务院办公厅印发《关于实施中华优秀传统文化传承发展工程的意见》，2017年3月1日全国人民代表大会常务委员会审议通过《中华人民共和国公共文化服务保障法》，一系列的条例、纲要、意见的出台，给中华民族特有的传统文化——编修地方志带来大发展的良机。方志馆作为传承民族文化传统的重要平台也如雨后春笋，呈蓬勃发展势头。

《规划纲要》中明确要加快方志馆建设，为落实这一要求，国家和各级地方政府投入巨资建设方志馆。但是，如何建设方志馆？如何更好地发挥方志馆的功能？方志馆与公共文化的关联有哪些？诸多此类问题摆在方志馆工作者和学界面前，还没有深入系统解决。本文结合学界对方志馆的研究成果和上海通志馆新馆建设的实践经验，对方志馆功能、馆藏和数据化建设等方面提出一些个人见解，以求为方志馆建设的研究和实践提供一些参考。

一、方志馆的研究现状

（一）方志馆内涵研究

在研究领域，方志馆的内涵是不断变化发展的。现将已有成果中的相关说法加以搜罗梳理，按发表时间的先后顺序胪列如下。

密加凡《让地方志这一传统文化以新姿态跨入新世纪》中认为，方志馆是修志机构，续修新志主要依靠方志馆的力量。[①]

刘柏修、刘斌《当代方志学概论》中认为，方志馆的职能是收集、整理、保存各级各类志书、年鉴及各种地情书刊和地情资料，编辑专题地情资料，编写地情教材和爱国主义教材，整理旧志等，并向社会开放。[②]

曹子西、朱明德、陆奇《中国现代方志学》认为，“方志馆是收藏、查阅、展览和编撰、研究各类志书、史志著述、年鉴、史志刊物以及各类地方文献资料，为社会各界提供有关史志和地情咨询服务的学术机构。方志馆是开展地方志工作的重要基地。”[③]

孙文飚《存载历史文化的重要载体——论方志馆的价值和作用》认为，“方志馆是社会主义文化建设的一项基础设施，集编修、研究、收藏、服务和组织领导等功能为一体，发挥编鉴、用志、储存、学术交流等多方面的作用，是集存储、研究、咨询服务为一体的地情历史文化资源与开发利用的重要载体，是集中展示城市历史文化风貌与特色的重要窗口，是集收集、保存珍贵的地方文化财富，供社会公众阅读利用的基地，是一定行政区域的地情资料中心和地情资料研究、开发、利用中心，是公益性的文化事业单位。”[④]

---

① 密加凡：《让地方志这一传统文化以新姿态跨入新世纪》，《湖北方志》1994 年第 6 期。

② 刘柏修、刘斌：《当代方志学概论》，方志出版社 1997 年版，第 309 页。

③ 曹子西、朱明德、陆奇：《中国现代方志学》，方志出版社 2005 年版，第 520 页。

④ 孙文飚：《存载历史文化的重要载体——论方志馆的价值和作用》，《新世纪图书馆》2010 年第 4 期。

朱佳木《什么是方志馆以及应当怎样建设方志馆——在杭州方志馆设计方案论证会上的讲话》认为，“应当把方志馆定位为地情馆。作为地情馆的方志馆，应当是以一个行政区域为单位，用沙盘、模型、塑像、展板、影视等形式，全面介绍该区域内的自然与社会、历史与现状。就是说，把方志书中的文字变成实物，把平面的东西变成立体的东西，生动形象地展示地情和国情。如果这样给方志馆定位，中小学校一定会把这里当成对孩子们进行地情、国情教育的课堂；当地的干部群众特别是外地来出差的人、经商的人、打工的人，要想快速、宏观、形象地了解一个地方的情况，也一定会选择到这里来参观。参观的人多了，方志馆的社会效益自然就发挥出来了，政府的投入也就值得了。”①

潘捷军《当代新型方志馆刍议》认为，“现代意义上的‘方志馆’，既可以是存放传统纸质志书的‘志书馆’，也可以是用各种现代化‘志’的手段，对一‘方’区域地情及经济社会发展现状进行动态记录记载和综合传播展示的场所。”②

（二）方志馆设计和建筑研究

建设方志馆既是一项思想性、科学性、知识性和艺术性很强的工程项目，也是一项专业性和技术性很强的工程项目。方志馆建造得如何，直接影响到馆藏地方文献的安全和各项功能的发挥。

陈希同《谈方志馆的建筑设计》认为，方志馆的建筑与其他办公用房建筑相比，有其特殊性，应把实用、经济、美观作为其建筑设计的指导思想。选好馆址，搞好设计是关键。（1）合理确定馆址。选择交通便捷、方便各界利用、环境优雅的地方建馆。在可能的情况下，馆址最好选在本地的政治、文化中心地带，或靠近图书馆、博物馆、档案馆等文化单位，以方便人们利用。（2）合理确定建筑面积。一般来说，建造的新馆，在各种功能用房设置完备、充足的情况下，书库以预留 30 年左右的发展空间为宜。（3）合理解决书库建造的特殊要求。③

---

① 朱佳木：《什么是方志馆以及应当怎样建设方志馆——在杭州方志馆设计方案论证会上的讲话》，《中国地方志》2012 年第 2 期。

② 潘捷军：《当代新型方志馆刍议》，《中国地方志》2012 年第 12 期。

③ 陈希同：《谈方志馆的建筑设计》，《黑龙江史志》2005 年第 5 期。

杨龙波《浅谈方志馆设计与布展的规范化操作》指出，方志馆的设计与布展应进行规范化操作，可把方志馆设计与布展的规范化操作分成选题研究阶段、内容设计阶段、形式设计阶段、布展阶段、验收阶段、评估阶段等六个阶段，每一阶段都要完成既定的主要工作任务。①

（三）方志馆馆藏和管理研究

丰富的馆藏资源是方志馆立馆之本。方志学界对如何更好地收藏、开发和利用方志馆馆藏资源进行了多方面的研究和探讨。

在建设江苏省方志馆时，尤岩撰写了《从江苏古代藏书的家族现象看省方志馆的定位》一文，建议省方志馆应当是知识信息的汇集、传输和成果转换的中枢系统。要加强地方文献的收集和开发，首先要最大限度地占有全面、系统的方志资料。（1）明确藏书的个性化和多样化。积极关注宏观资料（政治、经济、文化、社会、教育、军事、科技等方面的文献、数据、图片、实物等）、微观资料（如城市地图、广告、电话号码簿、地方音乐、文稿、谱牒、著作、老手艺、老招牌、老方言、老照片等）等地情资料；积极关注各种线索，关注学术热点、社会热点。（2）采用多种渠道和方法收集、交换、采购、征集和抢救有关省情资料；重新发掘全国地方志资料协作中心的作用，减少经费缺项。（3）通过对江苏地情的认识，有针对性收集资料。其中最重要的是古籍善本，同时可以考虑收藏清末民初精刻本、民国初版本、纪念印刷品、老报刊画册、旧志书。②

条形码技术是一种应用广泛的光电数据输入技术，具有编码、数据识别、数据采集、条码印刷等多项功能。胡浩泉在《条形码技术在方志馆典藏工作中的应用》中简述了条形码技术的原理及其在方志馆编录、典藏、流通环节中的作用，论述了二维码技术的应用对方志馆在馆藏资料自动化管理和方志馆数字化建设方面产生的革命性影响。③

张萍《浅谈如何提高自身素质，做好方志馆的资料管理工作》一文结合对新形势下方志馆事业发展和工作实际，指出方志馆资料管理人员应该努力

---

① 杨龙波：《浅谈方志馆设计与布展的规范化操作》，《黑龙江史志》2013 年第 16 期。
② 尤岩：《从江苏古代藏书的家族现象看省方志馆的定位》，《江苏地方志》2013 年第 1 期。
③ 胡浩泉：《条形码技术在方志馆典藏工作中的应用》，《中国光学》2011 年第 6 期。

提升自己的综合素质，从政治修养、职业道德、文化知识和专业技能等几方面入手，尽快适应新环境、掌握新技术，做好方志馆的资料管理工作。[①]

（四）方志馆信息化研究

在全球信息化、网络化、数字化时代，如何更好地运用现代化管理技术对地方志文献信息进行科学的分类、管理与应用是方志工作者面临的一项重要课题。

彭黎栗在《现代化方志馆信息资源建设的探讨》中指出，随着科学技术的迅速发展和社会的进步，人类在21世纪进入网络信息新时代。作为人类知识宝库的方志馆，建立与时代相适应的网络化信息服务新体系，使信息组织与管理更加科学化、标准化和规范化，这是当前我国方志馆工作要发生系列变化，要解决的新课题：（1）网络时代方志馆工作方式的变化，在网络时代方志馆人员的工作重点以纸质文献为主的工作对象过渡到以电子媒介为主的知识存贮与检索介质；（2）方志馆信息服务方式的变化；（3）方志馆工作人员素质的变化。[②]

张旭、石再军的《数字方志馆的法律定位》从四个方面讨论了数字方志馆设计的法律问题。（1）数字方志馆与地方志工作机构的关系。数字方志馆实质上是一个网站平台，不能作为独立的法人机构存在，其创建者和所有者只能是地方志办公室。（2）数字志书的版权归属问题。笔者认为，依照相关法律规定，在进行志书数字化处理过程中只是将纸质原文照搬上网，没有进行再加工，所以应当认定为复制行为，志书数字化处理之后形成的网络版志书、电子光盘志书和多媒体志书仍旧归志书的著作权人所有。（3）数字方志馆对其开发的数据库应享有汇编权。（4）数字方志馆同时实现了方志的信息网络传播权和发行权。[③]

---

① 张萍：《浅谈如何提高自身素质，做好方志馆的资料管理工作》，《黑龙江史志》2013年第16期。

② 彭黎栗：《现代化方志馆信息资源建设的探讨》，《广西地方志》2003年第3期。

③ 张旭、石再军：《数字方志馆的法律定位》，《黑龙江史志》2008年第21期。

二、方志馆的功能建设

建设方志馆是一项思想性、科学性、知识性和艺术性很强的工程项目，也是一项专业性和技术性很强的工程项目。方志馆建设直接影响到馆藏地方文献的安全和公共文化服务功能的发挥。

目前，方志馆建设进入高速发展时代，这个时代机遇与挑战并存。机遇在于公众对知识的新需求提供了不少新业务，而挑战在于各类新技术、新媒体的快速崛起压缩了本已小众的业务范畴。以上海通志馆为例，上海城市发展日新月异，通志馆的各类功能也应与时俱进，要有与国际大都市相匹配的一流功能。

2016 年，上海通志馆新馆纳入上海图书馆东馆项目并通过上海市发改委立项。上海通志馆新馆将不再是简单的场馆建设，而是以此为契机，适应经济社会发展对于地方志工作的新要求，适应文化事业发展的新特点，通过转型创新，打造具有百年历史积淀的新型通志馆。上海通志馆新馆建设将实现“四大”转型。

一是功能转型。在 20 世纪 30 年代上海通志馆以修志为主、20 世纪 90 年代上海通志馆以藏志为主的基础上，全面转向用志为主，即以修志为前提、藏志为基础、用志为拓展，实现修、藏、用“三位一体”。

二是内容转型。修志、传志、用志的内容发生变化，不简单局限于传统纸质志书，而是转向更多依托修志过程不断持续积累的巨量地情文献资料，包括文字、数据、图照、音像资料、实物等。

三是定位转型。与内容转型和未来修志以续志为主的特点相适应，在资料保存、内容展示和研究方向上，重点转向系统地反映当代上海的发展，特别是改革开放以来的上海发展。

四是运作转型。不简单依赖有限自有场地，而转向更多基于电子数据库和电子信息平台，以及与科研院所、公共馆所和修志单位共享设施、人员和资料。

上海通志馆新馆的立馆之本，是独有并且全面、系统、完整和准确的地情资料，即地方志编纂过程中收集到的文字资料、图表、照片、音像资料、实物以及形成的地方志文稿。

因此，上海通志馆新馆的定位是：上海唯一和综合性的当代地情资料中心，即上海唯一承担全市地情资料性文献和数据收集、管理和开发利用工作的机构，保存上海特别是当代上海发展的文献资料，展示上海特别是当代上海的改革发展历程，研究和服务于当代上海改革发展历程，通过地情资料全面、系统、完整地反映上海、宣传上海、研究上海。

上海通志馆功能建设分为硬件建设和软件建设。硬件建设顾名思义即为引进最新最具震撼效果的阅读类设备，如iPad、电子图书阅读器、多点触摸屏等高新技术用于馆藏资源数字化书籍和音频视频资料的使用，展示“挥手翻页”等新技术让公众充分感受“史志+科技”的魅力。为适应信息化时代要求，通过大力推进馆藏数据化、碎片化，馆藏资源入网工程，让公众在馆外能随时随地接入馆藏资源，提供个性化服务。软件建设则努力顺应公众社情民意需求，服务经济社会发展，拓展服务领域，重视公众体验，营造精致环境。送地情科普知识进校园、进军营、进社区，编写乡土教材帮助“新移民”提供各种信息服务与文化认同，满足精神生活需求，更好地融入城市社会。通过馆内人员主动发掘整理本地区历史文化地情知识，在微博、微信上发布、推广，同时在醒目位置标注“馆名”，树立品牌。

三、方志馆的馆藏建设

丰富的馆藏资源是方志馆立馆之本，收集和整理文献，目的在于利用文献记录中的知识与情报。上海通志馆馆藏主要以新方志、各类年鉴、上海地情资料为主，近年来因物价因素由财政资金支持采购的各类资料逐年减少，目前采取地方志系统资源互换方式补充资料。上海通志馆新馆的建设是契机，本着互惠互利、合作共赢的原则，由上海通志馆搭建平台，吸引“他山之石”，将与自身价值相关的系统外资源导入通志馆，有助于丰富与拓展通志馆馆藏渠道，同时也对馆外交流注入新的活力。基于上述馆藏原则，上海通志馆馆藏建设的目标有藏书规划、文献选择与收集、馆藏评价、馆藏复选与剔除、藏书协调共享五个方面。

藏书规划即制定馆藏建设方针和收集计划。上海通志馆除按法定收集社会主义新方志、年鉴、上海地情资料外，着重开发特色馆藏。上海通志馆初建于1932年，著名学者柳亚子先生任第一任馆长，在他的主持和支持下通志馆诞生了“孪生姐妹”——上海通社，通社的主要工作是研究上海的掌故历史，搜集、保存关于上海史的资料。因此，上海通志馆除继承老通志馆的工作外，搜集保存上海史学著作，特别是20世纪20—30年代的有国外学者研究的，如裘昔司的《上海通商史》，兰林、柯林的《上海史》等一批外文地方志文献为特色馆藏。

文献选择与收集即从众多的文献资料中挑选符合通志馆需求的文献。因国家对古籍文献的保护力度，1949年前的文献资料大部分被各博物馆、图书馆所藏，上海通志馆对这一时期的文献搜集主要是追求“兼收并蓄”，对1949年后特别是进入新世纪后的文献资料，主要采取大宗订购和长期定购等方式。

馆藏评价即了解馆藏是否符合本馆的任务与目的，是否能满足本馆读者的需求，馆藏有哪些特点和不足等，为制订馆藏建设方针和文献选择原则、预算文献采购经费及经费分配提供依据，有助于改进文献收集和开展馆藏清点、藏书剔除、文献保管等工作。上海通志馆定位为上海唯一承担全市地情资料性文献和数据收集、管理和开发利用工作的机构。主要服务的对象是科研院所、专家学者、爱好地方历史的普通民众。因此，上海通志馆已通过地区合作建立上海松江分馆、崇明分馆，与复旦大学图书馆建立全面合作伙伴关系。通过通志馆、分馆、高校图书馆建立借阅书目统计，通过补购、增加复本、开展预约借阅和完善管理等加以改进，更好地服务社会大众。

馆藏复选与剔除、藏书协调共享是上海通志馆未来长期馆藏建设的目标。当下未开展的主要原因是上海通志馆馆藏尚不丰富，能够复选的文献不多，现有文献载体质量尚可，能够进行的藏书协调共享单位尚不健全。考虑到社会已全面进入信息时代，各类电子文献的产生，网络信息资源的采集和二次加工，馆藏文献的复选和剔除工作未来必不可少，新搜集馆藏入库的数量和文献是否有电子版需作为重要馆藏标准。

上海通志馆的馆藏建设还将立足文创产业，实现从购买到自创品牌的转型，向上游挺进。如鼓励青年学子创作地情绘本、史志动漫，通过遴选、择优永久典藏入馆。通过与社会资源合作推动上海本地报刊、戏曲、电影、文学等数据库的建设。开发点字图书、有声书等的制作，为社会弱势群体服务。

四、方志馆的大数据化

大数据对科学研究、经济建设、社会发展和文化生活等各个领域正在产生革命性的影响。方志馆属公共文化服务领域，虽对比其他公共场馆建设落后，但新科技的应用恰可弥补该方面。进入新世纪以来，多国政府和文化机构已经充分认识到了大数据的重要性，并相继立法和规划。

当今时代，资源为上，谁占有的资源多就意味着谁有更多的服务能力。公共文化服务机构包括博物馆、图书馆、文化馆、美术馆、科技馆、群艺馆等，他们在多年的运营过程中累积了大量的资源数据和用户数据，这些数据包括数目数据、二次文献数据、馆藏数据、活动数据、多媒体数据、客户信息数据等。以上海通志馆为例，自 20 世纪 90 年代初成立以来，已积累各类数据数十万条，但绝大多数均难以激活使用。2012 年上海通志馆经国家批准属公益一类事业单位，上海市所有的地方志类文献均已全文公开。上海通志馆新馆的大数据化将通过整合，使这些数据资源以多角度细分，从而达到精准匹配。

科技的发展，智能手机的普及，条形码、RFID、移动定位、动作感知等技术层出不穷，使得公共文化服务领域提供基于移动端的资源服务门槛越来越低。2012 年起故宫博物院推出多个全方位数字化展示藏品的 App 应用，以立体、多元、全方位的信息化手段，通过现代科技，使博物馆学术研究与数字展示彼此促进、互为表里，为观众带来审美与求知、娱乐与鉴赏的多元文化体验。《胤禛美人图》《紫禁城祥瑞》《皇帝的一天》《韩熙载夜宴图》《每日故宫》和《故宫陶瓷馆》这些 App 让故宫文化真正活起来，为公众提供了翔实的研究、学习资料和生动的文化体验，反响良好。同时，让“故宫出品”成为社会广为关注和欣赏的文化品牌，让更多民众享受到故宫文化带来的精彩体验。

上海通志馆新馆将打造大数据、智慧化的新型数据方志馆。数据馆将以网络、数字、智能为信息技术基础，以方便公众、绿色发展为精髓，以人为本的可持续发展理念来满足公众和地方志事业对信息的需求。数据馆的建设将方便公众了解馆藏资源、馆内普及展览等；搭建移动上海史志资料，通过 App 应用了解上海的过去和现在，轻松实现观众与馆方的互动。通过大数据协同与融合对进入数据馆的公众以个人背景、专业、习惯、爱好等为依据，推荐个性化服务，为公众提供高效、精准的知识推送。

在现代科学技术高速发展的今天，为了使方志馆的服务宗旨得到充分体现，使受众能获得更多更广泛的知识信息，最好的办法就是实行馆际合作，走资源共享之路，上海通志馆愿与其他省市方志馆紧密合作，共同推动方志馆事业发展。

（作者单位：上海通志馆）

方志馆建设的发展趋势、挑战及对策

吕克军

提　要:《全国地方志事业发展规划纲要（2015—2020年）》要求进一步“加强信息化和方志馆建设”，更好“发挥地方志资源在地方公共文化服务中的重要作用”，对全国各地的方志馆建设起到了重要的推动作用。近年来全国方志馆建设出现了新的趋势，方志馆建筑类型创新中趋于定型，建筑设计形式百花齐放，展示陈列技术手段日趋现代化。但也存在蓬勃发展的方志馆建设现状和“顶层设计”相对落后之间的矛盾、其他各类文化场馆的竞争和数字化的挑战。为此有必要采取全面落实纲要，加强顶层设计，科学规划和设计，有效应对数字化浪潮等措施，促进方志馆建设健康发展。

关键词：方志馆　建设　趋势　挑战　对策

近年来，全国各地方志馆建设过程中，建筑样式百花齐放，展示陈列方式多有创新，建筑和展陈技术运用日趋现代化，为推动全国地方志事业的发展和社会主义文化繁荣作出了贡献。2015年，国务院办公厅印发《全国地方志事业发展规划纲要（2015—2020年）》明确指出“方志馆建设比较滞后”，要求进一步“加强信息化和方志馆建设”，以更好“发挥地方志资源在地方公共文化服务中的重要作用”。对全国各地的方志馆建设起到了重要的推动作用，方志馆建设迎来了快速发展的战略机遇期。至2016年9月底，全国已有各级方志馆400余家。面对方志馆建设的蓬勃局面，有必要认真总结全国方志馆的发展趋势，分析其中存在的问题，本文对方志馆建设的发展趋势和面临的挑战做初步探讨，并试提出相应对策。

一、方志馆建设的新趋势

（一）方志馆建筑类型在创新中趋于定型

方志馆的外观设计如同其他综合性文化场馆的建筑设计一样没有固定模式，且随着功能的日益丰富和类型的不断发展，方志馆的外观设计也必定会呈现多样化发展趋势。对于方志馆的分类也有多种标准，如一是从选址角度可分为新建馆和改造传统建筑建馆。二是以建筑风格为标准可分为借鉴苏联建筑经验所建的“高、大、上”苏式建筑、借鉴西方经验所建的独具艺术色彩和人文气息的文化场馆、传统中式建筑。三是以场馆是否独立为标准可分为独立型方志馆和合建型方志馆。其他还有依照行政级别划分为国家、省、市、县、乡方志馆；以建筑面积为标准划分为大、中、小型方志馆等。[①] 本文主要对第一种分类的方志馆进行论述，因为它涉及方志馆建设中重要的规划、选址和建筑设计问题。回顾近年来方志馆的发展，大致分为新建方志馆和传统改造方志馆这两种类型。

新建方志馆一般具有规划面积大、资金相对充裕、方便现代化手段的运用等优势。这一类方志馆是现在全国方志馆建设的主流，全国大多数省级方志馆都是采取新建模式建馆，如北京、山东、江省、广西、江西等省级方志馆都是这种类型。下面以广东省方志馆为例进行分析。广东省方志馆 2015 年 12 月建成开馆，位于广州市天河北路“广东社科中心”，总建筑面积 10000 平方米。《广东省方志馆可行性研究报告》中规划，广东人文历史展示厅、广东名人展示厅、省情信息检索厅、广东方志和地方文献收藏室、广东牒谱室、阅览与咨询厅、学术交流中心等主体业务用房 8000 平方米，采编部、信息部等馆务工作用房 500 平方米，志书编研室 500 平方米，以及地下室 1000 平方米，规划符合地方志工作的实际需要。该馆重于“地情”和“文化”，把方志馆定位为全面宣传展示方志文化与广东省情、收藏借阅广东地情文献的文

---

① 潘捷军编著：《方志馆史话》，社会科学文献出版社 2015 年版。

化机构。该馆主要打造设计了五部分功能区：一是省情陈列区，将历史悠久又富有时代特色的广东省情展览浓缩在3000平方米的展厅里；二是收藏区，全面搜集地情文献及文物；三是资料查阅区，利用网络技术着力打造数字方志馆；四是研究区域；五是交流区域，打造地方志公共文化服务机构。在地址选择上，广东省方志馆“建在地处广州市中轴线附近的天河北，毗邻华南理工大学、华南农业大学、华南师范大学、暨南大学等高校和省档案馆、省社科中心等文化场馆，交通便利，便于群众参观。”[①] 但不可讳言的是全国绝大多数采取这种模式建馆的省份都选择在郊外或新区。同样由于是新建场馆，在外观设计上也有更广阔的设计“空间”。广东方志馆通过一个凹面型的体块塑造出一个展翅雄鹰的形象，外形现代，韵味厚重，在天河路这个广州市的重要街区初步形成一定的地标性建筑意味，有利于方志文化的传播。由于是在一张白纸上进行规划和建设，可以充分考虑当地地方志事业的发展需要，在面积、外观、功能等选择上具有更大的自由度。

第二种类型的方志馆在全国来说也比较普遍，就是利用传统建筑改建而成的方志馆。它具有自身的独特优势：一是地方志是中华民族特有的传统文化形式，方志馆则是传承这种文化的固定场所。从这个意义上看，利用传统建筑改造而成的方志馆往往与当地深厚的地域文化氛围相融合，与传统相契合，这首先是由中国传统建筑的自身固有优势所决定的。二是由于这类方志馆利用现有建筑改建，因而可免去征地拆迁等大量烦琐的事务性工作，同时也可大大节省建设成本，压缩开支，并有效提高传统建筑的利用率。三是这些建筑往往居于老城区，一般也是该城市的中心区域，交通便利，便于群众参观。如杭州市就选择在地理位置优越、环境优美的胡雪岩故居附近建设方志馆。胡雪岩故居位于杭州市河坊街、大井巷历史文化保护区东部，建于清同治十一年（1872），建筑面积5800多平方米。古宅内有芝园、十三楼等亭台楼阁，从建筑到室内家具陈设，用料之考究，堪称清末中国巨商第一宅。汪宅和胡雪岩故居隔街相望，形成一体，建于清咸丰三年（1853），系原胡庆余堂账房先生汪秉衡的住宅。这座建筑现存结构由外墙、正门、入口天井、入口东厢房、主楼、后楼、副楼、东西草坪、副楼天井等几部分组成，建筑

---

① 陈松文：《试谈方志馆的规划建设》，《中国地方志》2014年第5期。

面积1100平方米，是杭州地区典型的晚清民居建筑，2000年被杭州市政府列为第三批杭州文物保护单位。显然，这样的传统建筑不可能大拆大建，只能在不破坏其建筑结构的前提下适度改建装潢。根据这种情况，杭州市方志馆采取了古色古香、古朴典雅富有江南传统特色的设计方案，在原有建筑框架基础上进行设计布展。整个方志馆由展示区、办公区（培训交流部、地情资料部、古籍文献部）、网络工作区、专用书库、阅览区等5个区域组成，既满足了方志馆的基本功能，又保留了这座建筑的传统风格，实现建筑、空间、景观等多种因素的有机统一。

从总体上看，全国各地方志馆建设大致归于这两种类型，其建设也趋于这两种模式。这两种模式各具优势，无法简单地说孰优孰劣，需要各地根据当地具体情况予以选择，以建成能充分表达出一地文明和独特地情的方志馆。

（二）建筑设计形式百花齐放

建筑设计的技术与艺术水平是决定方志馆质量水准的先决条件，近年来建设的方志馆摆脱了前些年按照普通办公楼建设的“千人一面”形制，发展到了充分发挥艺术创造力，精心选择合适的艺术造型设计方志馆，使方志馆的建筑设计形式呈现出百花齐放的态势。对体块的设计也是方志馆建筑设计的一个重要方面，体块是方志馆的三维几何造型，是方志馆建筑造型中的常见因素，大多数的场馆是通过选择创造不同形式的体块表现出独特的艺术美感。在这方面，各地方志馆建设也颇具精心。如广西方志馆通过一个长方体和一个正方体的结合，再加上中国印的传统元素创造出一个形象鲜明的方志馆，独具魅力，颇有特色。

不仅如此，建筑设计技术与艺术水平高了，可以超越既有条件的限制，扬长避短，设计出高水准的、独具特色的方志馆。这方面南京市方志馆是一典型例子。该馆系2011年南京市委、市政府确定的重点民生工程和文化项目。该项目与市档案馆合建，总建筑面积为41000平方米，其中方志馆约5000平方米，总投资约3亿元。该项目位于南京河西奥体中心北面，南临梦都大街，西邻乐山路和地铁松花江站，交通便利。但该馆的馆址存在一些缺陷，主要是馆址狭窄，相邻建筑的日照要求导致建筑高度受限，同时还要考虑与相邻标志性建筑奥体中心的关系。面对上述情况，该馆的设计策略、技术手段和材料的运用上都下足了功夫。一是在设计策略上，由于限高35米，所以设计的主导方向是“向下生长”，为此设计了大尺度的下沉广场，提出了双首层的概念。下沉广场既是场馆的入口广场，也是展示的公共区域，这样不仅地面建筑的高度可以有效控制，而且削弱了实际功能位于地下空间的负面影响。二是协调与相邻地标性建筑奥体中心的关系，不挑战奥体中心，同时契合方志馆的风格定位，不采取夸张变异设计思路，把体量分为不同层次，1—6层为传统体量，7层为凹入式虚体体量，8、9层为玻璃体量，对超过24米的建筑体量进行弱化，使之和周边奥体中心更好地融合。三是在广场和主体的连接设计上注重了场地的整体性、集中性和开敞性。从地面二层到地下一层通过自动扶梯连接，同时通过绿化、景观、雕刻等方式，制造艺术上的协调一致性。四是对材料和表皮形式的选择。根据该馆需体现的文化特征和地域特征，庄重而有内涵的外在形象需要，因此在设计中选择了深色调，材质采用石材和玻璃，易和南京古城墙产生关联。顶部的外墙玻璃设计了“金陵胜景”的主体城市长卷形象，采取磨砂玻璃材质，无论白天还是黑夜都会产生不同的亮度和效果。[①] 通过以上的设计手段，南京市方志馆有效地化不利条件为有利条件，设计出了一座高质量的方志馆。

（三）展示陈列在紧扣方志主题的基础上技术手段日趋现代化

方志馆的展陈设计是通过展示陈列空间的再创造，将展陈对象传递给观众的一种艺术方式。展示设计如同拍摄电影一样，首先要有一个“剧本”，也就是在展陈前就要有一个展陈设计的大纲或总体设计方案。要求简洁明了，能清晰反映设计思想与原则、展陈要求与结构布局、展陈重点与艺术风格、工期进展与时间安排等基本问题，对展览进行全面系统的分析和整体宏观上的把握，从而指导引领具体策展方案的制定。这个“剧本”的主题便是“方志”，方志馆的灵魂和各个环节不能脱离“方志”因素。首先，这是因为地方志是全面、系统地记述本行政区域内自然、政治、经济、文化和社会的历史与现状的资料性文献。而方志馆则是集中反映这种独特的文化和综合地情的场馆，自然不能脱离方志。其次，方志馆虽然形态上具有多样化，职能上具有多重性，区域文

① 曹伟、赵卓、曾明理：《限制与创新——南京市档案馆、方志馆设计》，《建筑文化》2013年第11期。

化上也具有差异，但是方志是以一种系统、抽象的文本形式反映一地地情和文化的内涵，从本质概念上看，明显区别于通过固态物来反映文化的博物馆、展览馆等场馆，这其中方志是方志馆的核心因素，必须通过各种方式予以体现。

但只有大纲和总体方案还不够，还要有详细的具体设计方案，涉及场面设计、展品设计、展柜设计等各方面。例如一件重要历史事件，对其来龙去脉、发展的重大节点、关键人物和过程细节等等，方案都要有详细说明；一件重要展品，摆放的位置朝向、规格尺寸、材质色彩、装饰手段等，方案也要有详细交代。由于其反映的历史之纵深和对象的复杂性，亟须现代化展陈手段的使用。2014 年 4 月，国务院副总理刘延东在出席第五次全国地方志工作会议时指出："地方志应该是严谨的资料性文献，但是传播地方志的形式和方式应该是生动活泼的。地方志开发利用做得越好、推广得越多、运用得越广泛，地方志工作的现实意义就越重大，贡献就越大。"[①] 因此，在现代化手段日益丰富的今天，不仅要有详细的文字方案说明，还要能充分利用声、光、电、视频、音响、3D、动漫等技术，以及实物、图片展板、沙盘模型等多种手段，多视角、全方位、立体式展示，效果远胜于静态、平面、单一的传统方式。

综上所述，当代方志馆建设在建筑类型、设计、展陈方面都初步呈现出不同于其他场馆的特点，但以上对于近年来方志馆发展的趋势只是初步的总结，且仅限于方志馆的场馆建设层面，方志馆建设中还有很多新的趋势、动向有待进一步总结和阐述。

二 方志馆发展面临的挑战

（一）蓬勃发展的方志馆建设现状和"顶层设计"相对落后之间矛盾的挑战

近两年全国各级方志机构在方志馆建设上进展迅速，成绩显著，方志馆建设类型百花齐放，在建设、展陈、服务群众等各方面创造了诸多经验。但

① 刘延东:《在与第五次全国地方志工作会议部分会议代表座谈时的讲话》,《中国社会科学报》2014 年 5 月 2 日第 1 版。

是目前各地方志馆建设还处于单打独奏阶段，对方志馆的本质还缺乏深刻认识；部分已建成的场馆特征不明确，使用性不强；有的方志馆体量不够，有的则面积过大造成浪费；有的展陈手段不足，有的展陈手段运用不当，造成运行成本过高；同时《方志馆建设规定（试行）》刚刚出台，各地尚未完全落实，这些都限制了方志馆的健康发展。

（二）其他各类文化场馆对方志馆的挑战

作为地情资源开发与利用的重要载体，方志馆有其独到的历史文化优势和社会价值。但是，就现状而言，方志馆的发展不同程度上受到博物馆、展览馆、城市规划馆、图书馆、档案馆等文化场馆的挑战。究其原因，上述文化场馆发展历史较久、社会覆盖面较广、公众认知度较高，在弘扬历史文化、丰富精神生活、陶冶思想情操等方面具有很多优势。此外，在全国尤其是县一级行政体系内，方志馆的建馆率明显低于上述文化场馆，又和其他场馆形不成聚合优势，这也会削弱方志馆的文化竞争力，影响其文化服务功能的发挥。

（三）数字化的挑战

随着现代科技的快速发展，地方志与科技之间的联系日益密切，科学、有效地运用数字化手段，能够拓展方志馆的服务空间，丰富方志文化的价值内涵。但是，数字化趋势也对方志馆建设构成了挑战：在方志成果的数字化转化过程中，过分专业的组合及虚拟化，可能对方志成果的价值及方志馆的文化价值造成消解和损害。又因操作不当等原因而形成的数字化成果也会对公众产生文化误导，进而影响方志文化的生存土壤。同时，由于数字化的便捷和快速更新频率远超过方志馆的展陈更新，给方志馆造成一定的压力。

三　对策

为了更好地适应方志馆建设的新形势、新要求和新挑战，解决方志馆建设过程的各种具体问题，试提出以下对策：

一是要全面贯彻落实《全国地方志事业发展规划纲要（2015－2020年）》。各级地方志工作机构要紧紧抓住全面落实纲要这一契机，积极作为，扎实工作。

中国地方志指导小组办公室已出台《方志馆建设规定（试行）》，进一步细化各项具体要求。如方志馆类型和建筑面积等，具有很大指导性。要通过这两个文件的落实，使方志馆工作成为政府的工作任务，使全国的方志馆建设有基本的标准和依据。

二是要努力将方志馆打造成当地的一张“文化名片”。方志馆作为推动地方志事业前进和发展的重要阵地，已经成为地方志事业重要的组成部分，必然是公共文化中的重要一分子，理应成为公共文化展示的平台，成为对外宣传的窗口，成为一张地方“名片”。在国家高度重视文化建设和各地文化强省建设的大背景下，方志馆作为一个公益文化服务机构，要积极配合当地文化强省建设，高举“方志文化”品牌旗帜，在文化强省建设中发挥自己的品牌效应，努力成为当地的“文化名片”和地标性建筑，使之成为当地参观、旅游、休闲的目的地之一。除打“文化”牌外，还要紧紧扣住“公益”二字，在建设和布展各环节充分体现这些因素。

三是方志馆建设要在遵循共性的基础上突出地方特性。方志馆建筑必须彰显方志的特性，在布展内容、形式设计等方面要打上“方志”的烙印，使其成为名副其实的“方志馆”。要突出区域特性。在申报立项、规划建设等环节，就要将地方元素融入方志馆的建设之中。一方面要有效和其他文化场馆区分，另一方面吸收综合其他场馆的优点。在展览展示、内容设计等环节，更要突出区域特性，地方历史、地方文化、民风民俗、旅游名胜等元素都要充分考虑。

四是在各环节善于创新。要善于创新设计理念。理念是行动的先导，理念正确与否决定着建设的成效。要坚持理念创新与设计实践相结合，充分发挥创造性的思维，发挥设计者的创造力。要坚持展示理念的科学性、展示内容的全面性、展示目的的人本性。要善于创新展示方法，在坚持传统布展方式的同时，适当利用声、光、电等现代科技手段，综合运用多种表现方式，增加展示内容的生动性、直观性，要善于优化布展设计。

五是善于在方志馆建设中运用新技术。现代科技层出不穷，当今数字技术在方志馆中的运用已屡见不鲜。在三维形态的方志馆中要结合设计数字方志馆，采用微信、App等传媒方式，采用触摸屏等技术手段，加强互动；还应创新使用VR技术，增加受众的持久体验。

（作者单位：浙江省人民政府地方志办公室）

简述余杭方志馆建设和运行经验

吕晓英 范雅君

提 要：余杭方志馆于2013年开馆，是余杭区史志办推进地方志事业与时俱进、顺应时代发展的产物。余杭的区位和文化优势为方志馆的设立提供了良好基础。方志馆的设计建设注重体现地方特色，表现形式多样，融合传统和现代。在功能规划上，分为地情研究中心和地情展示中心。余杭方志馆投入运行后，关注馆内管理和服务质量，重视余杭史志文化的开发利用，充分发挥馆藏、研究平台和教育基地的功能，举办了一系列形式多样、内容新颖的活动，在社会上取得良好反响，获得了业内同行的肯定，也成为余杭区对外宣传的一张文化金名片。

关键词：余杭方志馆 建设 运行经验

余杭方志馆是余杭区史志办推进地方志事业与时俱进、顺应时代发展的产物。2011年，余杭方志馆开始立项建设，2013年9月底建成开馆，余杭方志馆秉持“开门办馆”的理念，各项工作蓬勃开展，取得了一定的成绩，成为余杭区公共文化设施的一个亮点，在全国史志界也小有名气。本文对余杭方志馆的建设和运行进行回顾，以期与同行进行交流探讨。

一、项目建设前期可行性调研

建设前期，余杭区史志办对余杭区位优势、区域文化等进行了可行性调研。

余杭，地处浙江省北部，位于杭嘉湖平原和京杭大运河的南端，是长江三角洲的圆心地。全区总面积1220平方公里，良好的地理位置和优越的发展环境，带动余杭的经济发展处于全省乃至全国同级行政单位前列，为余杭方志馆的建设提供了坚实的物质基础。财政拨款1000余万元用于保障余杭方志馆建设。

除了经济得风气之先，这里还是“中华文明曙光”——良渚文化的发祥地。自秦王政二十五年（公元前222年）立县至今，两千余年的历史积淀，为余杭赢得了“文化之邦”的美誉。除了人文荟萃，余杭还素有藏书的优良传统，历代所建藏书楼不胜枚举。如明代吕坤的“樾馆”，清代卓天寅的“传经堂”、劳格的“丹铅精舍”、朱学勤的“结一庐”，民国时期章炳麟的“扶雅堂”、姚虞琴的“珍帚斋”等皆名噪一时。姚寿慈更是于1946年在塘栖镇成立过杭县修志馆。建立方志馆，是古代藏书楼、修志馆在今天的延伸和发展，不仅有助于颂扬读史、藏书的美德，更是对读史、藏书、修志等优良传统的保护和传承。在余杭两千余年的文化脉络中，修志历史源远流长。可考的第一部志书是南朝宋刘道真（420—479）著的《钱唐县记》，至今已有1500余年。此后，北宋大中祥符年间（1008—1016）修有《余杭图经》。到明清两代，修志之风盛行，前后编（重）修了17部县志、2部县志稿。民国时期，续编了《余杭县志补遗》《余杭县志通载》等志书。除了县志，还有数量众多的寺观志、镇志。宋朝编修的《大涤洞天真境录》是余杭历史上第一部寺观志，之后修有（北宋）《径山集》、（元）《洞霄图志》、（明）《洞霄志》、《洞霄宫志》《真境卮言》等10余部寺观志。镇志有《临平记》《栖里景物略》《唐栖志略》《唐栖志》《栖乘类编》《临平记再续》等10余部。

新中国成立后，特别是改革开放以来，余杭的修志事业再掀高潮，成果颇多。这些志书记载了余杭历代的政治、经济、军事、文化、教育、民情、风俗、人物、名胜、古迹等方面的情况，凝聚了余杭历代修志名士的艰辛和努力，是人们认识余杭、了解余杭的可靠资料。建设余杭方志馆，更好地保存余杭的地情资料，成为余杭区史志办的重要工作。

二、余杭方志馆功能规划及设置

按照方志馆的定位和功能规划，余杭方志馆分为地情研究中心和地情展示中心两部分，各占一栋古宅。

地情研究中心建筑面积533平方米，是一个以收藏、保护、研究、交流、开发、利用史志为主体的综合性场所。一楼设有阅览室、藏书库、工作人员办公区，二楼配备现代化多媒体报告厅及小型会议室。目前，研究中心收藏有全国32省（区市）的地方志书共800余册、《丛书集成初编》800册、《申报》全套影印版430册（含《索引》30册），以及余杭历代古籍旧志、年鉴等地情资料。同时，研究中心还构建了电子数据资源共享平台，提供地方史志资料电子搜索服务，为史志研究者提供便利。

地情展示中心建筑面积753.64平方米，是一处面向社会开放、供游客和市民参观的宣传教育场所。展示中心以余杭历代丰富的地方志为史料基础，通过文字、画面、多媒体影像以及实物等形式，呈现余杭深厚的历史文化积淀、秀丽的自然山水风光和悠久的史志编修传统。展示中心分为“方志·源流”、“方志·舆地”、“方志·人文”、“方志·山水”、“方志·物产”5个固定展厅和1个临时展厅。“方志·源流”厅，介绍方志的起源和发展。展厅用“九州治水图”和“秦始皇东巡图”两组雕塑，展示了上古时期发生在余杭的传说和事件。天井正中，有名“鼎湖春秋”的宝鼎，鼎后的玻璃幕墙雕有余杭历代修志人物。鼎的两边围墙上，则图文并茂地介绍了方志的起源、演变发展和类型特征。“方志·舆地”厅，运用文字与地图、微缩场景复制，将方志和古代文献中提及的余杭行政区域的变迁、古代余杭县衙、临平古镇历史风貌，呈现在参观者眼前。运用动漫、影视、沙盘，再现了南宋时期临平镇人烟辐辏、商业兴盛的场景。“方志·人文”厅，展示了余杭本土具有代表性的文化成果，通过一楼的造纸印刷、民间风俗，以及二楼展示的藏书楼舍、杰出人物、名人字画等，让参观者近距离观赏余杭绚丽多彩的文化，感受余杭的人杰地灵。“方志·山水”厅，介绍余杭境内的名山、名川和名寺。根据志书对余杭山水的记载，运用沙盘、雕塑、文字等方式展现余杭山水的旖旎风光，探寻余杭先民利用自然、改造自然、与自然和谐共处的智慧与精神。“方志·物产”厅，采用图文图板、超薄灯箱、实物复制、志书陈列等形式，展示余杭物产分布概况、各种土特产和传统手工技艺，细数余杭作为“鱼米之乡、花果之地、丝绸之府”的丰富物产。

三、余杭方志馆的特色亮点

（一）依托古宅体现地方特色

方志馆的建设，要讲究文化内涵，要从建筑风格上体现不同地域所具有的某种历史的文化、民族的特色[①]。考虑到方志馆与所在地文化底蕴、人文环境的互适性和融合性，经过深思熟虑，余杭方志馆建于风光旎旖、古韵悠长、文化积淀深厚的古镇塘栖，主体建筑是塘栖水北街西端两幢具有明清风格的二层楼古宅，坐落于百年古桥广济桥边，南邻京杭大运河。古宅是传统的民宅结构，由天井、厢房、厅房交叉组成，占地面积765.56平方米，建筑面积1286.64平方米。两幢古宅既相互独立，又紧密相连。作为一个时代的见证和符号，古宅记载着历史，代表着一定的文化积淀，与方志馆的历史人文气息相吻合，彰显着余杭方志馆的文化定位和地方特色。以古宅为依托的余杭方志馆，其规模和风格开创了区（县）级方志馆之先河。

（二）表现形式突破单一模式

中国地方志指导小组原常务副组长朱佳木曾说道："在全国看了很多叫方志馆的地方，印象基本上是地方志工作机构的办公楼。"[②] 为突破这种单一模式，余杭方志馆地情展示中心的各展厅采用文字、图表、雕塑、沙盘、场景复制、动漫视频以及声、光、电等各种生动的展示手段和表现形式，融入各种创意，将静态与动态、文字与图表和谐展示，表现形式丰富多样。

（三）将传统与现代融为一体

方志馆建设时期对古宅的改造融合了古代江南各种建筑元素，采用浮雕、木雕、砖雕、花雕的技法，配以各式精致的花格门窗，打造出不同风情的庭院小景。如进入方志馆地情研究中心后，首先映入眼帘的是一扇砖雕装饰的大门，入门是一个由翠竹、石笋、盆景组成的30平方米的园林式天井。穿过

---

① 王泽群：《方志休闲利用刍议》，《广西地方志》2007年第4期。

② 朱佳木：《不断增强依法修志的能力推动地方志事业大发展大繁荣》，《中国地方志》2012年第5期。

天井，是一个以秦汉书舍风格装饰的阅览大厅。二楼为现代化多媒体报告厅及小型会议室，配备了电脑、投影仪、幻灯机、音箱、话筒等设备。总之，馆内将传统与现代相互融合的地方随处可见。

四、余杭方志馆运行和发展

2013 年 10 月，余杭方志馆正式开馆。运营的好坏，不仅关系到方志馆的长远发展，更关系到方志文化能否在“文化名区”建设和文化大发展大繁荣中发挥一己之力。因此，如何创造性地进行综合开发、研究和利用，更好地服务当代、垂鉴后世，不仅是余杭方志馆面临的重要课题，更是保持方志馆长久生命力的必然之举。运营发展之路，任重道远。三年来，余杭方志馆积极作为，开门办馆，以宣传余杭人文历史，展示余杭风采为重点，面向社会，服务大众，最终成为史志办的窗口，余杭区对外宣传的一张文化名片。

（一）管理到位

由于余杭方志馆是木结构古建筑，所以消防安全至关重要。保持馆内环境清净，正常开馆，是必须达到的要求。余杭方志馆在日常管理维护上持久细致地做好以下每一项工作。

1. 安全不放松

馆内电工每周对设备、电灯、电器检查处理，杜绝安全隐患，并做好相应的台账记录。每年定期举行消防演习 2 次，让馆内的每个工作人员时刻保持消防安全意识。

2. 护绿常态化

重视馆内绿植维护，四季修剪、种植、换盆、施肥、除虫，按季合理安排，保持馆内清幽富有生机。馆内的绿植陈设为馆内环境加分不少，参观者无不赞叹。

3. 卫生高要求

馆内模仿“5S”管理，每月进行卫生大检查 1 次，不放过一个角落，做到窗明几净。对办公室物品摆放也做严格规定，给参观者一个良好印象。

4. 维修及时

开馆三年多来，馆内多个设备、布展陈设等发生大大小小的问题，如换屏、油漆、修补、防潮、墙体维修、监控空调维修、房屋翻漏、展品更换等，近30处大大小小的修理维护及时到位，保质保量，维护如新。

5. 加强学习

制定方志馆各项规章制度，并落实到位。每月例会，每月总结，及时交流工作心得，解决问题。馆员、保安、保洁，互帮互助，馆内工作氛围和睦温暖，共同爱护馆舍。

（二）服务到位

方志馆作为新形势下广大人民群众共享地方文化成果的公益性公共设施，是面向社会公众开放的场所。因此，服务工作要做好。

1. 做好借阅服务

建设方志馆的目的之一是“用志”，而非将收集的志书束之高阁，开展借阅服务是方志馆的基本功能。进入地情研究中心的读者，多为研究型读者，对借阅志书有特定需求。对此，制定了方志馆图书借阅规则，根据藏书情况不断编制完善馆藏书目、专题索引及摘要，完善馆藏数据库，加快馆藏资料数字化进程。同时，完善馆内相应的导读工具——志书分类检索表和计算机检索系统，为读者提供计算机数据检索和多媒体阅览服务。每年五万元的图书购置费精心挑选。图书管理人员对藏书情况了然于胸，具备相应的服务能力，必要时辅助读者代检、代查相关信息和书籍。

2. 做好讲解服务

地情展示中心分为6个展厅，是对外展示余杭地情文化的重要窗口。由于地处塘栖古街，成为一处热门旅游景点，节假日参观游客络绎不绝，日均接待游客260余人。展览中心配备保安2名，监控室有保安1名，确保方志馆每日秩序正常。讲解员深入了解各个展厅布展内容的外延和内涵，能针对不同的参观群体，有重点、有选择地准确讲解余杭的历史人文自然风物等知识。通过讲解，让参观者在较短时间内对本地区情况有一个全面的了解。在普及知识、做好服务的同时，依托方志馆当好文化传播的使者，充分发挥方志馆文化传播平台作用。

3. 不断改进和完善

提升方志馆的整体服务能力和运行能力，是一项长期的工程。不管是管理水平，还是服务的广度与深度，都需根据形势发展要求与时俱进。2015年，为了提升游客的参观体验，制作余杭方志馆语音导览系统，游客只要用手机扫描二维码，就可以听到讲解词。2016年，推出“余杭史志”微信号，每月四次每次三条，按时推送有关余杭文化历史的文章。微信内容丰富，史料充分，可读性强，已拥有近600人的固定粉丝。

（三）开发利用到位

志书具有存史、资政、教化的功能，方志馆作为集文化交流与展示、志书收藏、地情数据检索、方志资源开发等多功能于一体的现代化公益性文化设施，发挥存史、资政、教化的作用是其建设的题中之意。

1. 重视发挥方志馆馆藏功能，妥善保存地情资料

方志馆的首要功能是存史，将散失各处的古籍、旧志统一收藏，不仅是传承方志文化的首要之举，也是传承城市文化的一个“硬件”设施。目前，馆内收藏各类古籍、旧志约3000余册。区史志办古籍图书室藏有《武林掌故丛编》《杭州府志》等古籍几百册。从2011年起，着手开展的古籍旧志再造工程，已整理32部古籍旧志，均已入馆收藏。

2. 重视发挥方志馆研究平台作用，为资政服务

清代史学家章学诚说过：“治天下者以史为鉴，治郡国者以志为鉴。”志书中记载的相关信息是经济发展、文化繁荣、社会进步的重要参考，故而要积极拓展用“志”渠道，为地方经济社会发展服务。区史志办及方志馆作为专业的地方志工作机构，以方志馆为依托，研究、开发地情资料不仅具有得天独厚的优势，更是方志人义不容辞的责任，有助于体现和提升方志工作者及志书的价值。因此，要不断加强方志馆专业队伍建设，提升自身深入研究开发利用地情资料的能力。目前，在与华东师范大学、杭州师范大学等高校合作，已经出版“余杭民国研究丛书”三册，《〈申报〉余杭历史资料选辑》《余杭民国期刊文献选辑》《余杭民国英文报刊选辑》。通过对民国历史的史料挖掘和研究为史志研究者提供第一手的资料和数据，推动余杭乃至杭州近代史研究。

3. 重视发挥方志馆教育基地的潜能

近年来，从中央到地方，各级党委、政府都十分重视地情教育、国情教育。方志馆收藏、展示的地情资料记录了本地区的历史变迁、城市沿革、经济发展、社会进步和民生改善的奋斗史，是熟悉余杭历史、了解余杭现状的重要资料，更是对余杭人民、特别是青少年进行地情教育、爱国教育和革命传统教育的最现实、最生动、最亲切、最富有说服力的教材，可以唤起人们热爱家乡、建设家乡的热情，增强人们爱国爱乡的荣誉感和认同感。利用方志馆平台，开发利用地方资源，面对不同的社会群体，进行针对性的教育宣传活动。

（1）“方志进校园进社区”系列活动。①送出去。三年来，方志馆讲解员走进幼儿园及中小学宣讲余杭人文历史，给近3000名师生上课、讲座，组织研讨15次。②引进来。把学生引进方志馆，浙江工商大学江南水乡主题研究团队、区少先队辅导员团队、临平一小假日小队、“古镇小导游”培训班、塘栖高中志愿者等42次500人来馆学习、活动。③志愿者。塘栖三小在方志馆开设社团课程——“我是古镇小导游”，每周六有30名学生在方志馆工作人员的指导下，学习展馆讲解词，培训讲解礼仪，为游人讲解展品，宣传余杭历史文化。④主题活动。组织“游塘栖古镇 叙千年古韵”小记者现场作文比赛、《钱江晚报》小记者剪纸迎新年、我为G20添风采——争做小小讲解员等8次活动，其中2014年7月与《钱江晚报》合作举办“探寻余杭古迹的前世今生”亲子夏令营活动，全区招募50对亲子，共100人探寻临平、塘栖8处古迹，讲述古迹的前世今生；与《余杭晨报》合作举办“余杭区余杭历史文化知识竞赛”，吸引社会人士关注余杭人文历史。⑤走进社区。三年来，“流动方志馆”展板到塘栖西小河、东小河社区，临平“嘉利花园”、“都市丽景”、“南苑社区”、余杭图书馆等地展览，让群众在家门口了解余杭文化。

（2）举办文化研究交流活动。余杭方志馆在研究中心报告厅，召开多次研讨会，包括蒋豫生《塘栖续事》研讨会、民国余杭地方历史文化研讨会、塘栖申遗成功后时代发展研讨会、章太炎先生逝世80周年座谈会、抗战在余杭座谈会、《运河文化名镇塘栖》手稿捐赠仪式以及余杭区书画协会走基层送文化等近10次研讨活动。

（3）筹备策划临时展览。方志馆展示中心的第六展厅为临时展览区，以增加方志馆的利用率与活跃度。从2014年至2016年，共举办临展9次，分别是毛主席“五九”批示宣传展览、余杭历代书画精品展、抗战画家张善子书画展、“铭记——抗战在余杭”展、林永金个人邮票展、杨乃武与小白菜案展、绘意余杭任平书画展、塘栖老照片许强个人影展、“蝶变——艺尚小镇风采”展。

临展的举办，丰富了方志馆展陈内容，很好地传播地方文化，提升家乡品味。

（四）拓展外延功能

发挥方志馆的辐射及外延作用，是提升方志馆价值、拓展方志馆利用空间的有益尝试。

1. 打造具有文化内涵的旅游景点

近年来，随着人们物质生活的丰富和消费水平的提高，文化休闲之旅异军突起，人们外出旅游时更加重视旅游景点的文化内涵。考虑到方志馆的文化功能和社会功能，余杭方志馆选择建在地理位置优越、环境优美的旅游古镇塘栖，正是希望文化与旅游结合，发生“化学效应”，助推经济发展。方志馆南依京杭大运河，又与古镇现存的乾隆御碑、太史第弄、栖溪讲舍堂等景点连成一线，构成了古镇塘栖一条深具历史文化内涵的旅游风景线，提升了古镇老街的文化内涵，同时助推了运河学习文化长廊的开展，使游客在领略余杭山水风光的同时，有机会碰触余杭的历史人文。据初步统计，方志馆开馆后截至2017年4月1日，共接待游客35万人次，春节、十一黄金周，日参观人数达2000人次。相信在日趋激烈、多元的旅游市场中，余杭方志馆将为塘栖发展旅游事业、繁荣旅游经济带来新的契机。

2. 举办“人人讲堂”

人文类电视节目《百家讲坛》《文化中国》，一经播出便受到普遍关注，说明了民众对历史人文类节目的欢迎程度。利用余杭方志馆地情研究中心的多媒体报告厅，普及余杭地情知识，方志馆运行开设“人人讲堂”，这是一档小型精品讲座，本着“聚人人以成众，集春水而润泽”的宗旨，邀请不同学科的专家，在方志馆讲学授课7次，采用网上自愿报名参加，共吸引听众400多人次。学者与公众之间架起沟通的桥梁，推动公众对历史文化进一步的了解和认知，获得了良好的反响，取得了一定的社会效应。

未来，余杭方志馆将在总结经验的基础上，与时俱进，积极创新，做好各项工作，提升“余杭方志馆”这张名片的效应。

（作者单位：余杭方志馆）

关于方志馆建设的几点思考

李　波

提　要：在新的历史发展时期，方志馆建设工作已驶上了快车道，明确方志馆建设的重要性，从建设标准、建设要求、服务质量和服务内容着手，把握方志馆建设的几个关键环节：馆址的选择，图书资料科学化管理，数字化、网络化建设，方志文化与综合地情展示，以及创新服务等工作。不断研究和实践、不断总结和创新，励精图治，勇于探索，让方志馆充分发挥存史、资政、教化功能，成为人们记述乡愁、回归桑梓的精神家园。

关键词：方志馆　建设　思考

随着地方志事业发展与进步，方志馆建设作为新的城市文化设施项目，越来越受到各地党委政府的高度重视和支持，各地方志馆建设步伐越来越快，建设质量和标准越来越高，社会影响力也在不断攀升，及时总结、探索和改进方志馆项目的建设标准、建设要求、服务质量和服务内容已成为当前地方志工作的重中之重。笔者结合在方志馆建设中的一些经历，谈几点个人体会。

一、方志馆建设是地方志事业发展的必然

从古至今，在修志编鉴过程中，各地编纂机构为国家和地方积累和保存了一大批珍贵的地情资料，这是中华民族几千年灿烂文明的发展史和艰苦卓绝的光辉历程。“治天下者以史为鉴，治郡国者以志为鉴。”如何更好地开发和利用

这一资源宝库，为经济社会发展服务？方志馆为我们提供了宝贵的施展平台，没有这个平台，地方志存史、资政、教化功能就很难充分展现，社会功效也难以更好地发挥。

当今，科技的进步、社会的发展，为方志馆建设提供了强有力的技术支撑和良好的外部环境，党中央、国务院十分重视地方志工作，习近平总书记曾指出，要使中华民族最基本的文化基因与当代文化相适应、与现代社会相协调，以人们喜闻乐见、具有广泛参与性的方式推广开来。让收藏在禁宫里的文物、陈列在广阔大地上的遗产、书写在古籍里的文字都活起来。李克强总理也作出重要批示："修志问道、以启未来"。2015 年 8 月 25 日，国务院办公厅印发《全国地方志事业发展规划纲要（2015—2020 年）》，明确要求"加快信息化和方志馆建设"。2016 年 3 月，《中华人民共和国国民经济和社会发展第十三个五年规划纲要》中也明确提出"加强修史修志"。

正是在这样的大背景下，近年来，全国方志馆建设如雨后春笋般破土新建，这是一个国家、一个民族对优秀传统文化的尊重与保护，是一个社会文明进步的象征，是经济社会发展的需要，更是全国各级地方志工作机构深入贯彻落实两个纲要的具体体现和实际成果。一个国家的文化自信以及国民的家国情怀离不开传统文化的滋养，方志馆是收藏、编研、交流、展示和利用地情资料的专业机构和公共文化服务场所，是传播中华优秀传统文化的宣传窗口，是国内外学术交流的平台，是培养和增进广大党员干部、青年学生爱国爱乡的教育基地，是人们记述乡愁、回归桑梓的精神家园。

二、馆址的选择是方志馆建设的重要前提

（一）综合考察馆址的地理环境、人口密度和交通的便利性

地理环境主要包括：一是考察选址及周边的土质土壤是否能够承载方志馆建设项目；二是考察自然灾害发生情况，如震灾、水灾以及风沙对方志馆的影响力；三是考察方志馆是否靠山近水，要掌握可能出现山体滑坡或因临近江海湖泊而发生潮湿问题等情况。

人口密度主要是为了解选址周边是否有广泛的人气。方志馆作为一项新生事物，既没有博物馆、图书馆那样悠久的历史，也不如文化馆、城市规划馆有那么广泛的知名度。就目前而言，很多人还不了解方志馆的功能，以及有哪些对外服务项目，若要尽快被社会大众接受和认知，选址必须考虑周边的人气因素，方志馆只有深入社会大众之中，才能为今后的发展奠定坚实的基础。如北京市方志馆就建在居民住宅密集区，通过丰富多彩的综合地情和方志文化的展陈，加上定期举办的各类主题展览、专题讲座等活动，吸引了周边乃至全市文化爱好者参观、学习和调阅，并通过他们再广泛地传播出去，逐步提高了社会知名度，很多老同志和青年学生主动申请加入志愿者，承担讲解和服务工作，拉近了地方志与社会大众的距离。

交通方面，必须深入了解和掌握城市配套工程，即道路交通规划建设情况，确保交通的便利性，以利于参观者的出行。

（二）深入了解城市规划设计，积极融入大众文化圈

今天的方志馆与历史上的通志局、通志馆在社会功能和服务理念上已有天壤之别，尤其在社会服务功能和技术手段上有了翻天覆地的变化，如丰富的地情资料馆藏、优越的调阅环境、多渠道的调阅方式、专业的研发利用技术、方志文化与方志学科的对外交流、现代化的管理手段与服务理念，特别是方志文化与综合地情的展示功能，无不尽显当今地方志事业的发展与进步。但是，尽管如此，这些仅仅代表着方志馆的公益性、科学性和时代性，作为一项新生的社会文化服务设施，其受众面目前还是有限的。很多方志馆建成后访问者甚少，知道或了解的人也不多，单靠地方志系统有限的宣传渠道是远远不够的。

因此，无论是外部环境还是方志文化本身都需要积极融入现代都市文化、休闲文化、旅游观光文化等大众文化圈，近距离接触广大市民百姓，助力方志馆建设新的活力。在选址上要主动“挤进”城市文化园区、古城镇旅游景区或居民密集区等相关功能区，选择闹中取静，使休闲、观光的人们在不经意间走进方志馆，让专业的场馆、优雅的环境、精彩的展陈，吸引大众蹙足浏览。这既提升了景区、园区、社区的文化氛围和文化品位，又扩大了方志馆的影响力，间接促进了旅游经济的增长。杭州市及余杭区方志馆的选址值得借鉴，杭州市方志馆位于南宋皇城德寿宫遗址西南角，余杭方志馆坐落于京杭大运河畔、塘

栖镇水北街的西端，两处都在著名景区，参观人数较多，社会影响较大。

（三）要站在党委政府的层面，综合评估建成后的社会效益和经济效益

方志馆选址不当会造成建成后无人问津、参观人数寥寥无几等现象，这既不能创造良好的社会效益又无法促进当地的经济效益，造成决策上的重大失误，经济上的重大损失。因此，要综合评估建成后的社会效益和经济效益。

三、图书资料科学化管理是方志馆建设的重要基础

（一）要突出方志馆馆藏的地方特色或地情特色

方志馆不是图书馆，它既没有综合性图书馆那样大而全的涉猎范围和海量的馆藏，也没有高校图书馆那样面向师生、极具专业的学科理论研究和教育辅导书籍，要立足于社会，就必须突出方志馆的自身价值和馆藏特色。地方志是“一方之全史”。《地方志工作条例》中明确表述：“地方志书，是指全面系统地记述本行政区域自然、政治、经济、文化和社会的历史与现状的资料性文献。地方综合年鉴，是指系统记述本行政区域自然、政治、经济、文化、社会等方面情况的年度资料性文献。”简而言之，本区域综合性地情资料馆藏就是方志馆立足于社会的落脚点和支撑点，以本区域地情资料为主，兼收其他，这就是方志馆最为显著的馆藏特色。资料工作是地方志事业发展立足之本，做好资料工作是地方志的“千年大计”。要从依法治志、科学发展、质量建设的“三个”高度认识地方志资料工作的重要性。

（二）严格图书资料的标准化管理

资料收集整理和对外查询服务是方志馆的基本功能，没有科学的管理就无法有效地利用。长期以来，方志馆集中收藏了大量丰富多彩的地情图书资料，如志书、年鉴、旧志、家谱、地情书、志稿（送审稿、评议稿）、人物传记、工具书；报刊、期刊、图集、画册；实物、影像资料、电子读物、电子数据等等，且不断地增加和丰富着，初步形成了独具特色的地情资料数据中心。由于

地方志系统缺少图书管理专业人员，馆藏图书缺乏科学分类、编目与现代化管理，绝大多数单位没有按照《中国图书馆分类法》进行图书分类，有些单位为了方便管理与查找，自己编制图书分类法，不符合科学规范且无法与国际、国内图书馆序列或地方志序列的对接。计算机管理目前也在不断探索和建设当中，但缺乏统一规范的管理系统。因此，图书资料的标准化、规范化、现代化管理势在必行，及时引进和培养图书管理专业人才，提高图书资料管理能力是方志馆建设的当务之急。

（三）促进地方志书和年鉴的交流

资料交流是资料管理工作中的一项常规性工作。目前，全国各级地方志办公室用于图书购置的专项经费还是有限的，仅靠有限的资金无法满足馆藏需要，没有丰富的馆藏又何以称之为方志馆。加强省内外地方志资料交流和交换是丰富图书资料馆藏的一条良好途径，此项工作必须引起系统内足够的重视。首轮志书由于各省编纂进度相差较大，资料工作的重要性认识也不尽相同，交换工作难度较大，安徽省首轮省志也仅与不足10家省级志办建立了交换关系，专业期刊交流也受到一定局限。笔者认为，各省地方志办公室或省级方志馆应牵头组织，具体负责筹备本省三级志书及年鉴，与其他省份之间进行平等协商、达成共识后签署协议、对等交换。

四、数字化、网络化建设是方志馆建设的必然趋势

截至目前，全国地方志系统累计建设网站、网页1000多个。大多数省级地方志办公室已将志书、年鉴上网发布，部分先进省家谱、地情书也已数字化上网发布，为社会大众提供了很好的查阅平台。但总体来说，地方志系统网站查询功能较弱，缺少全文检索功能，无法精确查询，给读者查阅造成不便。

（一）强化数字方志馆建设

首先，必须选择一款适合地方志特性的数据库，包含全文检索等基本功能，将志书、年鉴等进行数字加工，转换成数据库文件，通过互联网全天候对社会公开发布，便于人们随时通过电脑、手机等工具上网浏览、查询所需信息。其次，

适时引进大数据、云计算等高科技手段，便于地方志成果的二次开发和再利用。将大量的地情资料进行重新分类统计、分析比对，将对某一专业或某一领域的研究更加深入而便捷，从而产生新的更有价值的资料数据。比如通过分类统计、分析比对某一区域历史上重大地震灾情、水灾、旱灾等资料，就能得出一定规律，把握这些规律就可以提前做好治理和预防措施，将灾情控制在最小范围和最低程度。

（二）本着集约化、一体化的发展思路，加强顶层设计

由中国地方志指导小组办公室牵头规划设计，建立“方志中国”网站集群及数据库，为各省分配一个独立的网站页面并自主后台管理，由各省、市、县（市、区）及时上传相关数据信息和工作动态，形成以中国地方志指导小组办公室网站为龙头，各省志办为躯干，各区、县志办为基础的全国一网信息化网络架构，并结合国家数字方志馆建设，上下联动，汇集全国各级地方志书、年鉴、旧志、地情书等，精心打造最具权威性的全国综合地情数据库。此外，各级方志馆也可结合自身实际，依法依规建立门户网站及地情数据库。

五、方志文化与综合地情展是方志馆重要的标志性特色

方志文化与综合地情展是方志馆标志性特色，是区别于图书馆、博物馆、文化馆，以及城市规划馆、名人馆等专业场馆的重要标识，是全方位展示一域自然、政治、经济、文化、社会等方面的历史与现状的综合性地情展览，是人们了解一个地区、一座城市的窗口。方志文化与综合地情展馆正是本着以人们喜闻乐见的形式和广泛参与的方式，根据志书与年鉴中的资料记载，摘取当地最为精华、最有特色、最具代表性的内容设计、制作而成。通过展览，要让外地的客商对当地的历史与现状有一个全方位的了解，要让本地的百姓和他乡的游子通过参观更加了解家乡、热爱家乡，从而激发建设家乡的情怀。

所以，展陈大纲的编写应抓取自然与人文之魂，尤其是地情展示方面要清晰地勾勒出城市与人口的发展轨迹，把握好自然风貌、人文史迹、物产种类、文化特色、重大事件、经济建设、社会生活、当代辉煌等几个重要板块。在布展上要充分运用图片、文字、表格、色彩、音像、实物、沙盘、雕塑等形式，

采用声、光、电等高科技手段，进行科学而系统的展现。在布展设计上，应明确把握所有的高科技手段都是为了烘托展陈主题而服务的，不能为了体现展馆的高科技水平而喧宾夺主，过度使用或滥用高科技产品，必须自然而适度，在灯光、色彩的运用上也要充分体现历史的厚重与张力。展览应重点突出地方特色和人文精神，既展现历史的文明、智慧与进步，更要反映当代社会发展的辉煌成就，以独特的表现形式和方志文化魅力诠释中华民族优秀传统文化和现代文明。

六、加强顶层设计、创新服务方式是方志馆建设与发展的根本保证

（一）科学制定和落实方志馆建设规定

中国地方志指导小组办公室出台《方志馆建设规定（试行）》（以下简称《规定》），这给全国方志馆建设制定了一个标准，提供了一个遵循。鉴于全国各地经济社会发展情况的不同，应鼓励有条件的地方建设高规格、高标准的方志馆，同时也要兼顾经济社会发展较慢的地区酌情建设方志馆。在建筑面积、功能设置、经费及人员编制、技术标准上，省、市、县三级方志馆究竟要怎样落实规定，达到什么样的标准和水平？

笔者认为，首先，《规定》的落实必须实事求是，根据实际工作需要。其次，可以借鉴全国优秀方志馆建设的成功经验，科学设置各级方志馆，眼光必须要长远一些，否则将会影响未来方志馆建设的发展空间，如个别方志馆在建成后没有几年，库房就不够使用了。展厅亦是如此，在设计方志文化与综合地情展面积的同时，应适当预留“临展”的空间，便于将来业务的扩展。就目前全国情况来看，《规定》中的基本条件、技术标准和基本服务功能必须落实，也就是底线必须要守住。

在开馆时间上，方志馆必须打破每周5个工作日的工作制度，应参照图书馆序列的国际惯例——周一闭馆制度，以方便社会大众参观、调阅。在内部管理和运行机制上更应加强与图书馆、博物馆、文化馆等公共文化单位的交流与沟通，促进方志馆服务水平的提高。

（二）创新是方志馆事业发展的不竭动力

2017年上半年，中共中央办公厅、国务院办公厅连续印发《关于实施中华优秀传统文化传承发展工程的意见》和《国家“十三五”时期文化发展改革规划纲要》两个指导性文件，其中分别提出加强地方史志编纂工作。这既是地方志事业发展的良好机遇，又是地方志工作的重大历史责任。方志馆要面向大众、全方位对社会开放式服务，在加强修志编鉴和接待社会参观、查阅的基础上，不断创新工作思路，开展多种形式的地情信息服务，弘扬和传播方志文化。

安徽省地方志办公室近年来积极为各级党委政府和社会提供专业地情服务，先后为省纪委办公厅、省新四军研究会编辑提供了近58万字的地情资料。参与了省委组织部主编的《安徽省党的群众路线教育大事记》、省物资储备局主编的《安徽储备大事记（1965—2014）》的编辑和指导工作。在今后的发展中更要充分利用方志馆这一平台，组织开发各类地情信息，以寓教于乐的形式通过网站及新媒体对社会发布。举办各类专业培训、专题知识讲座、主题展览，将方志文化不断推向社会，再将社会关心的、老百姓喜爱和关注的传统文化作为一个个专题，加以专业的情景包装，以专题讲座、文化论坛等形式推陈出新，不断吸引广大市民前来学习和聆听。与媒体及电视台合作，依据志书内容，拍摄文化专题片。加强与机关、学校以及社会的联系，组织开展多种形式的主题教育培训、专题竞赛等活动。

只有不断创新服务方式，丰富方志馆工作内容，切实提高人们喜爱方志、利用方志、宣传方志的热情指数，才是方志馆事业发展的不竭动力。

（三）促进社会效益、经济效益双丰收

在修志编鉴过程中，方志界同仁更多地关注地方志的社会效益，而忽略其直接或间接的经济效益。安徽在“合宁高速公路”规划设计过程中，由于设计单位依据志书中记载的古驿道遗址修改设计方案，从而为政府财政节省了几亿资金。今后方志馆的建设，应该注重打造方志文化品牌，积极促进当地社会效益、经济效益双增长。文化与旅游、文化与休闲、文化与生活本身就是密不可分的，服务百姓生活、助力经济社会发展，只要运作得当，社会效益、经济效益是完全可以双赢的。

综上所述，在新的历史时期，方志馆建设工作已驶上了快车道，无论是建设标准、建设要求，还是服务质量和服务内容，都要求我们不断研究和实践，不断总结和创新。中国社会科学院院长、中国地方志指导小组组长王伟光同志提出："努力将方志馆建成地方志和地情资料收藏展示中心、地情研究咨询中心、地方文化对外交流中心，建成爱国主义宣传教育基地。"让方志馆真正成为人们记述乡愁、回归桑梓的精神家园。

（作者单位：安徽省地方志办公室）

关于省辖市方志馆战略定位与发展路径的思考

杨献珺

提　要：在全国地方志事业迎来转型发展机遇期的关键阶段，省辖市方志馆建设也迎来了前所未有的发展机遇。省辖市方志馆建设如何抢抓机遇、拓展空间、聚合动能，科学把握方志馆建设的战略定位、规划布局、发展路径，使其更好地发挥传承历史文化、展示方志魅力、突出宣传教育、聚合公共服务能量的综合功效，是当前方志界从理论到实践都亟待研究和破解的新课题。本文以三门峡市方志馆建设实践为例，认为省辖市方志馆在战略定位上必须体现前瞻性，在规划布局上必须突出地域性，在展陈内容上必须彰显方志文化的特质，在运行管理上必须坚持创新。

关键词：省辖市方志馆　战略定位　发展路径

在全国地方志事业迎来转型发展机遇期的关键阶段，省辖市方志馆建设作为“全国地方志十大精品工程”的一个重要组成部分，也迎来了前所未有的发展机遇。省辖市方志馆建设如何抢抓机遇、拓展空间、聚合动能，科学把握方志馆建设的战略定位、规划布局、发展路径，使其充分发挥传承历史文化、展示方志魅力、突出宣传教育、聚合公共服务能量的综合功效，是当前方志界从理论到实践都亟待研究和破解的新课题。为此，本文仅以河南省三门峡市方志馆建设实践为例，把脉问诊，探求规律，就省辖市方志馆建设的战略定位、规划布局、发展路径等问题，谈一些粗浅思考。

一、战略定位必须体现前瞻性

历史文化是民族的血脉，是人民的精神家园。从中国数千年的编史修志历史来看，地方志是中华民族特有的传统文化形式，方志馆则是传承历史文化、弘扬民族精神、展示方志魅力的重要载体。进入改革开放新时期，伴随社会主义先进文化大发展大繁荣和第二轮修志事业的蓬勃开展，全国方志馆建设如雨后春笋，方兴未艾，特别是省辖市方志馆建设更是引领潮头、迅猛发展，如浙江省杭州市方志馆、江苏省常州市方志馆、河南省三门峡市方志馆、江西省景德镇市方志馆、山东省东营市方志馆等，在传播社会主义先进文化、聚合公共文化服务能量、推进地方经济社会发展方面日益彰显出方志文化的当代价值和永恒魅力。

近年来，中国地方志指导小组办公室审时度势、高瞻远瞩，站在国家战略层面，高扬地方志事业创新发展主旋律，将方志馆建设与信息化建设作为推进地方志转型升级的重要举措，及时研究制定《方志馆建设规定（试行）》《全国信息方志与数字方志建设工程实施方案》两个规范性文件，对全国方志馆建设标准、信息方志与数字方志建设目标都提出了明确规定、具体要求和保障措施。因此，省辖市方志馆建设必须坚定不移地贯彻遵循这两个规范性文件精神，切实把实体方志馆、数字方志馆和方志信息化建设融为一体、同步推进。尤其在规划设计、项目运作中，要以前瞻性思维、开放式理念，确立方志馆的战略定位，坚持高起点规划、高标准运作、高质量推进，真正把省辖市方志馆打造成传承历史文化、展示方志魅力、突出宣传教育、加强科研交流、满足公众文化需求、经得起历史和人民检验的方志文化精品工程。

三门峡市方志馆2012年9月规划立项，2013年2月开工建设，同年11月建成并免费向公众开放。项目总投资6800万元，总建筑面积5800平方米。在建馆初期，三门峡市委、市政府就旗帜鲜明地提出以创新引领规划，以前瞻性思维确立方志馆建设的战略定位。经过深入细致的调查研究和专家咨询论证，最终形成了区别于博物馆、展览馆、图书馆的方志馆建设战略定位，即把方志馆定位为传承历史文化的新坐标、公共文化服务的新平台、爱国主义教育的新阵地、方志文化研究交流和资源开发利用的新载体。在方志馆项目策划上，以

“借势而为”“借船出海”的方式，把方志馆建设作为创建“全国文明城市”的硬件指标，纳入市政府财政预算和创建文明城市考核项目。市委书记在方志馆立项报告中批示：“方志馆建设属永久性公共文化服务设施，要站位全局，统筹谋划，前瞻性定位，要与宣传三门峡城市形象协调一致。”为有效推进方志馆建设，市政府还通过立法形式，将市、县两级方志馆建设纳入《三门峡市地方史志工作管理办法》和《三门峡市地方史志事业“十三五”发展规划》予以贯彻实施，并明确要求把实体方志馆、数字方志馆与方志信息化建设同步规划、同步推进、融合发展，初步形成了党委重视、政府支持、立法保障、制度规范、人才支撑的方志馆建设工作机制。

二、规划布局必须突出地域性

加快构建中国特色的现代公共文化服务体系，是贯彻落实党和国家全面建成小康社会的总要求。省辖市方志馆作为构建现代公共文化服务基础设施建设的新平台，在总体规划布局上，必须按照党中央、国务院《关于加快构建现代公共文化服务体系的意见》规划部署，突出地域特点，做到“三个坚持”：一是要坚持政府主导。坚持从地域实际出发，根据城镇化发展趋势和城乡常住人口变化情况，认真研究人民群众对公共文化服务的基本需求，因地制宜，统筹规划，科学布局，将方志馆建设用地、设施规模、资源配置、资金保障等，依法纳入地方政府经济社会发展总体规划，列入政府财政预算全力予以推进。二是要坚持正确导向。坚持以人民为中心的工作导向，以社会主义核心价值观为引领，采用生动鲜活、通俗易懂、雅俗共赏、喜闻乐见的形式，把跨越时空的方志文化理念、价值标准、审美风范，及时转化为人们的精神追求和行为规范，以增强人民群众对方志文化的认知感、参与感、获得感。三是要坚持功能优先。充分发挥方志馆在公共文化服务中的功能，加强方志成果的深度加工，拓宽服务渠道，创新服务方式，深化服务管理，使方志馆建设更好地贴近经济社会发展实际，贴近人民群众文化需求，进一步推进方志文化建设，涵养方志文化历史记忆，全力为促进地方经济社会发展提供强大的精神动力和文化支撑。

三门峡市方志馆规划选址、项目布局、面积指标确定等方面，始终坚持以人民为中心工作导向，从构建现代公共文化服务体系的全局出发，坚持服务人民、依靠人民、共建共享，坚持把方志馆建设统筹纳入三门峡市最繁华的地标性建筑项目——三门峡国际文博城，由市政府统一规划、统一招标、统一施工、统一分配。项目建成后，市政府划拨给方志馆总建筑面积为5800平方米，并由市财政单列专项资金800万元，对方志馆进行空间设计、立体装修、平面布展。其中，方志馆接待厅、主题展厅、学术报告厅、藏书阁、研究交流中心等功能区面积4000余平方米。三门峡市方志馆自对外开放以来，已接待参观680余批次13.8万余人次，受到社会公众广泛关注。先后被命名为三门峡市爱国主义教育示范基地、河南省中共党史教育基地。

三、展陈内容必须彰显方志文化特质

“国有史，郡有志，家有谱。”地方志编修是中华民族的优秀文化传统，历史悠久，灿烂辉煌。方志文化作为中华优秀传统文化和社会主义先进文化的重要组成部分，蕴藏着丰厚的历史智慧和珍贵的精神内涵，是加强爱国主义教育、弘扬社会主义核心价值观、坚定中国特色社会主义文化自觉和文化自信的生动教材。省辖市方志馆作为爱国主义教育的新阵地，肩负着传承和发展中华优秀传统文化、弘扬和传播社会主义先进文化的历史责任，是开展党史国史地方史教育、开展爱党爱国爱家乡教育不可或缺的示范基地。因此，省辖市方志馆在展陈内容策划上，必须充分彰显方志文化的特质，着力在记录当代、保存历史、传承文明、引领未来，为经济社会发展提供历史借鉴和智力支持上下工夫。首先，要聚焦方志主题，创新展示形式，深入挖掘方志资源的历史价值、现实价值，将大事记、建置沿革、历史人文、姓氏家谱 、民俗方言、诗词典故、资源特产、风景名胜、革命遗址、名村名镇、传统村落、宗教庙会、非物质文化遗产等重点内容，通过深度加工、提炼升华，全方位予以展示。其次，要深入研究和把握人民群众的文化需求，通过编史修志和开发利用方志资源，利用重大节日和纪念活动，有计划开展针对性的“点对点”“一对一”的“菜单式”服务，深入推动方志文化进机关、进农村、进社区、进校园、进企业、进军营、进家庭，为培育和践行社会主义核心价值观提供源源不断的优秀方志文化产品。

三门峡市方志馆在展陈方案策划时，经过广泛深入调查研究，吸纳新的设计理念和最新前沿成果，在综合运用文字、图片、视频、雕塑、场景再现等手法的基础上，有效融入新媒体科技，力求实现地情陈列与公共文化服务、艺术设计与现代科技、展厅空间布局和突出地方特色的“三个完美结合”，全景式展示方志文化的独特魅力，全方位体现方志馆建设的功能定位。在资料征编阶段，拓展思路，广征博采，先后征编文字资料800万字、视频资料580余部、备选照片15000余张，遴选实物680余件，为布展文案编写奠定了坚实基础。在文案深化阶段，先后六次召开研讨会，广泛征询专家学者意见，十易其稿。在空间设计和平面布展上，紧紧围绕党委、政府工作大局，集中提炼出三门峡市打造“一带一路”节点城市、省际中心城市、全域文化旅游城市、转型创新发展城市，以及仰韶文化欧洲行、庙底沟文化——中国早期文明的辉煌、三支红军在卢灵、周恩来三次视察三门峡、刘少奇在渑池写就《论共产党员修养》、抗日烽火燃崤函、中原突围到豫西、万里黄河第一坝——三门峡水利枢纽建设等特色板块，全方位展示三门峡厚重的历史、灿烂的文化、辉煌的成就。

四、运行管理必须坚持创新

在我国经济社会深刻变革、对外开放日益扩大、互联网技术和新媒体快速发展的大背景下，加快省辖市实体方志馆、数字方志馆与方志信息化融合发展，是时代的召唤、人民的期盼，也是党和国家赋予方志人的历史使命。在省辖市方志馆运行管理实践中，必须深入贯彻落实中央“四个全面”战略布局和“五大发展理念”要求，坚持把创新作为引领发展的基点，以开放的思维、创新的理念，全方位发挥方志馆的综合功能。要充分利用互联网、大数据、云计算和新媒体，加强地方志研究交流合作与方志资源的开发利用，将地方志蕴含的历史智慧和现实价值，最大限度地进行发掘利用，提供给全社会共享，使省辖市方志馆建设在服务地方经济社会发展中真正形成“弯道超车”和“骨牌效应”，为实现中华民族伟大复兴的中国梦贡献方志人的智慧和力量。

三门峡市方志馆在运行管理实践中，牢牢把握创新引领发展主旋律，以开放共享的思维、互联互通的理念，倾力推进实体方志馆、数字方志馆与方志信息化融合发展，精心打造“三库一网”（大事月报视频库、方志文献数字库、地情数据库、地情网站“崤函网”）数字方志新平台，全面发挥方志馆转型升级、资源共享、服务社会的综合功能。截至目前，大事月报视频库已采集视频资料 36800 余条（部），总容量达 4T 库存；方志文献数字库（藏书阁）已收藏文献资料 2700 余种 10 万余册，拥有 10 组密集柜、48 组陈列柜，数字化率达 75%；地情数据库市县两级志书、年鉴、旧志、地情资料入库率达 98%；地情网站“崤函网”自 2013 年改版升级以来，科学设置栏目，突出地方特色，强化宣传功能，已拥有 9800 万字、3000 余幅图片的信息量，年点击率突破 60 万人次。

三门峡市方志馆在方志研究和资源开发利用方面，通过编写地情丛书、出版方志期刊、举办方志展览、拍摄电视专题片等方式，使方志成果真正走出书斋，予以全方位开发利用，积极为全社会提供方志文化需求。同时利用广播电视、报纸杂志和互联网、微信微博、手机报、移动客户端等新媒体，传播方志文化，推动读史用志。近年来，三门峡市方志馆先后为党委、政府机关和企事业单位提供地情数字资料 500 余万字，为黄河金三角经济协作区、高新技术开发区、商务中心区、产业聚集区、脱贫攻坚办公室等提供资料 700 余万字。

三门峡市方志馆在推动方志文化“走出去”、加强对外交流合作方面，坚持以方志馆建设为桥梁，以编写志鉴丛书为媒介，以参与高端论坛为载体，抢抓“一带一路”新机遇，积极参与一年一度在三门峡市举办的“中国黄河文化旅游节”和“中国特色商品博览会”，以及在三门峡市举办的亚洲财富论坛、仰韶文化欧洲行·彩陶中国论坛等高峰论坛，主动作为，精心策划，沟通“一带一路”沿线国家加强方志文化交流合作，广泛推介方志研究成果，相继推出《走进三门峡》《文化三门峡》《红色之旅三门峡》系列地情丛书，充分展示了方志文化的时代价值和独特魅力，为推动方志文化走出去、扩大方志文化影响力、传播“黄河三门峡，美丽天鹅城”作出积极贡献。

（作者单位：三门峡市地方史志办公室）

浅谈数字方志馆建设的意义、特征、构建策略与前景展望

张 海

提 要：数字方志馆建设是推进信息化建设的一个重要部分。数字方志馆具有资源数字化、内容多样化、形式现代化等特点，其主要目的不仅是要利用计算机来收录和管理地情资料，也包括运用互联网技术开发地情信息资源。在数字方志馆构建策略中要更新服务理念、丰富服务内容、创新服务路径、拓宽服务范围，促进从志书管理到地情管理、从地情志库到文化休闲、从单一利用到多维交互等方面的转变。

关键词：数字方志馆 地情信息 互联网技术 资源共享

在信息化浪潮席卷全球的今天，我们已经不可逆转地进入数字化时代，而数字方志馆正是顺应时代趋势的产物。数字方志馆建设是一个动态概念，其内涵会随着信息技术的不断发展而日益完善。因此，我们要根据地方志事业发展需要，探索建设一个“合理适用”的数字方志馆。

一、建设数字方志馆的必要性

数字化时代的来临，对传统产业造成了极大的影响，传统的地方志书管理方式和服务模式正面临巨大的挑战。在数字化环境下，地方志不再单一地通过传统纸质载体方式传播，而是转化成数据信息形式进行管理、开发和利用，志

书的公共服务功能也将通过信息数字化得到进一步拓展和延伸。当今社会是信息社会，信息作为社会生产的主要资源之一，其开发和利用能力已日益成为生产发展水平的重要表现。地方志作为一种重要的信息资源，必须适应这一趋势，融入社会生产活动中去，为社会提供信息产品以及信息服务，充分发挥其自身的价值。这既是时代发展的要求，也是新一代地方志工作者追求的目标。

（一）实现现代化管理的需要

数字方志馆建设是实现地方志现代化管理的内部需求，能大大优化方志馆工作流程，提高工作效率。利用现代化设备进行检索，地方志资料的查找将变得更快更容易，有效提高地情资料的查全率，查阅资料的时间将大大缩短，服务水平大幅提高。利用电脑和计算机通信设备，方志馆将实现从保藏地情资料的基本业务发展成研究与利用的信息中心。科技发展日新月异，社会不断发展，只有不断更新思路，寻找新方法，大力发展数字方志馆，才能在新时代中全面推进地方志现代化管理和信息化建设，才能使地方志事业持续、健康、快速发展。

（二）节约空间及成本的需要

长久以来，方志馆一直缺乏对方志价值的评估意识，采用的保管方法也相对传统和保守。许多十分珍贵的资料得不到合适的保护，而一些资料保管代价昂贵，甚至远远超过它本身的价值。近年来，随着馆藏不断丰富，志书数量递增，方志馆也逐步显现出用地面积不足，库房紧缺的窘迫性。传统的保管方法已经无法满足方志馆现代化管理的需求，不仅经济成本高，也给方志馆的库房增加了负担。数字方志馆通过对志书进行扫描，形成虚拟数据，存储到计算机设备中，甚至网络云端，这样方志馆就腾出了空间，降低了管理费用。

（三）提高馆藏实体安全的需要

馆藏实体安全主要是确保资料在利用过程中不被人为或者自然因素损毁。资料原件在利用过程中极易受损。这些珍贵的历史记载，是人类宝贵的记忆财富，保护资料不被破坏是每个人的义务，也是方志馆的内在使命。但是，传统的管理方式已经无法适应现代社会对方志馆公共服务的要求。纸张老化、字迹褪色模糊，有相当数量的资料纸张变黄发脆，老化变质，有的已成粉片，到了不能再利用的程度。馆藏条件得不到改善，库房建筑不适合文献保护标准，存在大量需要修复的志书，复制志书的手段也比较落后，这些不利因素大大影响了资料的保存寿命。数字方志不同于传统纸质方志，运用信息技术扫描完成的电子方志，在利用时不会因为频繁使用造成对志书的磨损，大大降低了管理的难度，提高搜索效率和准确性，同时也有效保护了传统志书。

（四）地情资源共享的需要

传统方志馆管理成本较高，存在着方志馆之间和方志馆与其他部门之间缺乏有机联系，造成资源无法共享、资源浪费等问题。数字方志馆的出现，有效解决了这一问题。利用云计算技术，将志书以数据的形式存储在共享“云”中，为用户提供统一的访问接口，提供利用地情信息，实现真正意义上的资源共享。云计算让用户的检索更加便捷、迅速，解决了信息孤岛现象，在志书信息资源有效共享方面有着重要的意义。将云计算应用于数字方志馆，用户能够方便快捷地对地情资源进行共享。同时能让用户使用统一的访问接口和合适的访问协议，在任何时间、任何地方资源都可以保存和使用。通过虚拟化技术、网络技术等相关技术的支持，最大限度地对地情资源进行充分利用，并对资源进行归集，完成以云计算为基底的数字方志馆建设，最大可能地满足人们的需求。

二、数字方志馆的特征

（一）资源数字化

数字方志馆和传统方志馆最大的不同，就是地方志资料的存储介质，在服务观念、服务对象、服务模式乃至服务效能上，二者也存在区别。在数字方志馆中，各种文献载体被数字化，以计算机可读的数字形态存储，以资料库的形式存储于数字方志馆中。可以建成志书全文数据库、年鉴全文数据库、影像库、专题数据库、书目库、相关文献库等数据库，主要来源于以下两个渠道。一是地方志信息化建设。随着信息技术的发展与普及，信息化建设成为机关单位的重要工作，电子文档资料作为信息化建设的附属品，理所当然地成为当前产生电子资料的核心渠道。二是志书的电子化处理。对传统志书进行数字化处理工作的途径包括文字录入、图片扫描等，将原有的各种文字资料、声像资料以数字形态重新存储。相比于传统方志形态而言，数字形态存储更为简便，空间也更为节省。

（二）内容多样化

在传统的方志馆中，地方志信息大都以单一的纸质形态呈现，不仅存储条件要求高，而且所能记录的内容也不容易精确查询，一定程度上限制了地方志信息的开发利用效果。数字方志馆的信息存储介质发生了根本性的变化，从纸质形态转变为数据库、光盘、移动硬盘甚至云盘，这些存储工具使得用户可以突破时空界限，随时随地获取想要的信息，这不仅提升地方志的利用效率，也加快了地方志的传播速度。随着地方志存储介质的变化，地方志的形态也逐步从文字为主转向文字、图片、音频、视频等多种形态共存的局面，很好地拓展了地方志信息的内容，用户可以轻松地从数字方志馆中获得传统方志馆中难以接触到的地情信息，增强地方志服务的效力。

（三）手段现代化

在传统的方志馆中，信息载体与内容都较为单一，相应的服务方式也比较简略，最为常见的是用户的手工检索，耗时通常较长。数字方志馆以电子资料为服务内容，检索方式从手工过渡到智能化，常见的检索方式包括搜索引擎检索、网络检索、光盘检索等，有效地提高了检索的效率和准确性。同时，数字方志馆的服务方式也发生了深刻的变化，以往地方志使用者只能抄录或拍摄志书中的内容，而数字地方志则提供在线阅读、资料下载乃至网络聊天、视频通话等多项服务方式，服务效果更突出。实现地方志信息化，可以通过网络通信系统进行信息传递，速度快、效率高，信息可及时交流与反馈，有利于地情信息资源的开发与利用。

三、数字方志馆构建策略

（一）更新服务理念

在传统的方志馆信息服务模式中，方志馆更多的是作为方志信息的搜集者、收藏者、整理者而存在，主动开发资源、提供服务的意识相对缺乏。对此，数字方志馆需要从以下几点出发，更新现有的服务理念。首先，数字方志馆要强化服务意识，将向用户提供优质、特色的服务作为方志馆工作的核心，以此来指导方志馆的搜集、整理、分类工作。其次，数字方志馆要强化用户管理，转变以往方志馆在管理模式中只重志书、不重用户的弊端，将用户管理与方志管理作为建馆的两大主要任务，构建用户中心。最后，数字方志馆要突出知识管理的思想。信息是知识的基础，知识管理是当前数字方志馆中的重要管理形态。数字方志馆需要从此出发，弥补当前管理体系中的不足，采取更为主动的服务态度。

（二）丰富服务内容

无论是传统的方志馆还是信息时代的数字方志馆，服务内容都是其服务模式中最为核心的要素，服务内容的数量和质量更是直接决定了服务模式的实际效果。首先，数字方志馆要注重信息服务的数量，加大电子方志的搜集、整理力度，主动拓展电子方志的来源路径，不断推进方志馆现有方志存量数据建设，使电子地情资料的数量更多、类型更全。此外，数字方志馆还要逐步落实好传统方志形态的数字化处理工作。就服务质量而言，以往方志馆在方志信息服务中大都提供的是信息搜集服务，过于简略。数字方志馆需要在此基础上，添加新内容。如可以根据用户的需求提供针对性的索引，甚至是相应的延伸，从而更好地实现数字方志馆的服务目标。

（三）创新服务路径

信息服务路径也就是通常所说的信息服务的具体方式，与服务效能有着直接的关系。在传统的方志馆信息服务中，存在着比较明显的封闭化、被动化、单一化倾向，制约了服务效果。数字方志馆虽然是一种新形态的方志馆，有着自身的特性，但在用户服务的路径上难免会留有传统方志馆的痕迹。对此，数字方志馆需要从自身的特性出发，以用户需求为根本来创新服务路径。首先，数字方志馆可以从馆藏资源入手，主动寻求信息服务的需求者，提供专业化的信息服务，使方志馆信息服务的形态由被动转变为主动。其次，数字方志馆在提供信息服务的过程中，可以和服务对象展开交流，从而提供更为专业、高效的服务内容。这对于信息服务效率与质量的提升都大有裨益。

（四）拓展服务范围

数字方志馆的服务范围，包含内容和对象两层内涵。内容层面的服务范围指的是方志馆或数字方志馆所收藏的各种信息资源，而对象层面的服务范围则指接受数字方志馆信息服务的用户，包括个人用户、机构用户等。随着经济建设的持续发展以及科学研究的不断深入，社会各界面临的数字信息服务需求将会呈现出几何级的增长态势，现有的服务范围，无论是内容还是对象都难以满足社会的实际需要。因而，数字方志馆需要从此出发，不断拓宽自身的信息服务范围。首先，扩大服务对象。数字方志馆需要挖掘更多的潜在信息服务需求者，并向其提供信息服务。其次，完善馆藏信息，数字方志馆需要紧扣时代发展的进程，增加馆藏信息内容。服务是方志馆的天职。相比于传统方志馆而言，数字方志馆的服务效能有了显著的提升，主要体现在服务的主动性、综合性以及个性化，对此，数字方志馆需要从服务理念、服务内容、服务路径、服务范围等多个角度出发，落实好信息服务模式的构建工作。

四、数字方志馆前景展望

（一）从志书管理，到地情管理

方志馆是集收集、保管、阅览、编纂、研究、咨询、展示、交流于一体，具有开放式、服务性、大众化特征的标志性基础文化设施。数字方志馆的特征、优势，以及信息化功能的完善，使得数字方志馆保存、开发、利用地情信息的功能越发自动化、自主化和智慧化。数字方志馆可以将“横分门类”的志书资料，通过信息的加工处理，重新组成新的知识体系或知识模块，将再次加工的知识信息输出到不同需求者手中。依赖数字方志馆的大数据管理功能，可以节省地方志工作者收集资料的时间，甚至可以完成志书资料的自动化收集和预收集工作，将其中的电子资料，自动转存在数字方志馆的云存储之中，可以实现从志书收集到保存等系列工作的自主完成。可以说，数字方志馆作为地情资料的收藏中心，可以将它们再开发、再利用，转化为志书的再生知识，进一步供研究者使用。

（二）从地情志库，到文化休闲

社会在不断向前发展，方志馆如果还是将重心停留在志书保管，公众的关注度就会降低。数字方志馆从志书管理到知识管理的转型，可以利用丰富、宝贵的馆藏做到信息的再生，也能持续地创造价值，实现方志馆功能的转型。地方志最为重要的作用就是存史、资政、教化，数字方志馆知识资源能力和知识再生能力的提升，使地方志的文化作用、教育作用得到了凸显，方志馆的人文气质得到了发扬。这样，人们将方志馆视作休闲娱乐的场所，老百姓在开放的方志馆中，不仅能够感知历史，还能增长知识，了解文化，成为老百姓的智慧宝库。

（三）从单一利用，到多维交互

当前数字方志馆提供利用形式十分单一，基本局限于网站查询。但在三网融合的整体发展趋势之下，数字方志馆将服务的触角延伸至各个渠道，让利用者可以随时随地使用，在技术的层面上是可以实现的。这得益于数字方志馆资源获取的多样化，传统馆藏是主要来源。同时依赖感知技术，获取感知信息；通过立体互联打通数据间隔，获取全面信息；通过大数据分析功能，获取再生信息。这样的资源群为方志馆更准确、个性化的交互，提供了资源背景。

（作者单位：河北省地方志办公室）

浅谈在数字背景下传统方志馆的发展前景

吴　辉

提　要：数字方志馆是方志馆的发展趋势，使传统方志馆面临巨大的冲击和挑战。有学者认为将来数字方志馆将取代传统方志馆。面对挑战，传统方志馆必须充分认识其存在的必要性，发挥自身优势，才能在信息化时代拥有更为广阔的发展前景。传统方志馆的历史地位及主要功能，决定了其在数字背景下仍然有巨大的优势，是数字方志馆不能取代的。

关键词：传统方志馆　数字方志馆　发展前景

修志是中华民族的优秀文化传统，历史悠久，连绵不断。盛世修志，志载盛世。方志馆是盛世的重要标志，是方志事业的根基，是社会文明进步的产物。随着经济高速发展、社会快速进步，在短短的几十年间，全国的方志馆建设事业取得了前所未有的成就。但在信息化时代，传统方志馆不论是以收藏纸质典籍文献为主业，还是以展示综合性地情为主要形式，在数字背景下都面临巨大的冲击和挑战。

一、数字方志馆的发展及优势

（一）数字方志馆的发展

数字方志馆以传统方志馆为基础，是传统方志馆的进一步发展，是为解决网络时代地情信息资源的收集、处理、保存、传播和利用等问题而诞生的，利用计算机技术、数据库技术、国际互联网络技术，把各种数据、文字、图像、声音等地情信息资料进行加工、处理，建成各种数据库，进一步建设为地方志信息资源数字化、信息传递网络化、信息利用共享化的现代化方志馆。通俗地说，数字方志馆就是虚拟的、没有围墙的方志馆，是基于网络环境下共建共享的可扩展的知识网络系统，是超大规模的、分布式的、便于使用的、没有时空限制的、可以实现跨库无缝链接与智能检索的知识中心。

数字方志馆虽然还处在理论研究与局部开发研究中，但其强大的生命力已经展现在了我们面前。数字方志馆是方志馆的一次革命，必然会对方志馆界及整个社会造成深远的影响。但我们也应该看到，从传统方志馆到建成数字方志馆还有很长一段路要走，虽然很多方志部门开设地情网站并数字化处理一些资料，但这种文化成果只能称之为数字化信息，并非真正意义上的数字方志馆。数字方志馆要建立在丰富的馆藏资源基础上，依托馆藏资源数据库和馆藏数字化系统，通过多样化的展示手段和表现手法并借助网络加以发布，最终达到传播方志知识、弘扬方志文化的目的。此外，数字方志馆广泛运用的模拟式、动画式的展示手法，可以充分调动使用者的兴趣，增强方志馆对公众的吸引力。作为一项系统工程，数字方志馆建设需要人力、物力和财力的支撑，其建设不可能一蹴而就。

（二）数字方志馆优势

1. 克服时空障碍，实现跨区域阅读

传统方志馆存在服务时间的限制和空间距离的障碍，数字方志馆具有数字性、储存性、开放性、高效性、实用性等特点，利用先进的网络技术，与传统方志馆相结合，克服了时空障碍，实现了跨地区、跨国界的阅取，读者通过网络能真实感受展馆及展品，为读者提供便捷服务，也为方志人开发利用地方志信息资源提供了平台。[①] 与传统的方志馆相比，数字方志馆更具影响力和传播性，读者可以更加方便地检索和浏览。

2. 信息储存空间小，且不易损坏

数字方志馆是把信息以数字化形式加以储存，一般储存在电脑光盘或硬盘

---

① 潘捷军等编著：《中国方志馆》，方志出版社 2016 年版，第 415 页。

里，与过去的纸质资料相比占地更小，且有效地解决了传统方志馆面临的资料多次查阅后磨损的难题，使一些珍贵资料在得到妥善保管的前提下展现给普通读者。

3.信息查阅检索方便

数字方志馆都配备有电脑查阅系统，读者通过检索关键词，就可以获取大量信息。而传统方志资料的查阅，都需要经过检索、找书库、按检索号寻找方志等程序，不仅烦琐而且容易出错。

4.实现信息共享

传统方志馆一本书仅能供一位读者使用，而数字方志馆则可以突破这一限制，数字化的资料通过服务器可以同时供多人查阅，大大提高了信息的使用效率。

二、数字方志馆与传统方志馆的主要区别

数字方志馆与传统方志馆相比，在功能、结构、运作方式、服务方式、工作重心等方面存在着差异。

（一）馆藏比较

传统方志馆是以纸质载体为主，其他载体并存，藏品体积大，占用空间多，存储密度小。而数字方志馆则是全部以电子出版物和网上数字信息为对象，存储介质已不限于印刷体，有文本、声、光、图像、影视等多种媒体，其存储的载体也有光盘、录音带和各种类型的数字化、电子化装置。通过多媒体、超文本、超媒体等技术，提供智能化的信息检索手段，向读者展示各种生动、具体、形象、逼真的信息，而且网络化的信息资源不存在复本和拒借的现象。

（二）服务对象比较

数字方志馆的阅读方式称为数字媒介阅读或者叫电子式阅读。这里的“书”不再由纸张装订而成，仅由显示在屏幕的“页面”取而代之。“读书”也不局限于手捧一册，一页页翻阅，而是意味着或者在线阅读，或者手机阅读，或者手持式阅读。但是，数字媒介阅读缺点在于容易产生疲劳，不适合深度阅读。传统方志馆基于馆藏资料的历史性、完整性以及丰富性，仍有一定的优势，到

馆学习、研究的读者也大有人在。

（三）服务方式比较

传统方志馆的服务是以方志馆为中心的被动服务，受时间和空间的限制，只能局限在一定的地区和在一定的时间段里为大众服务。数字方志馆通过宽带高速互连的网络，克服了时空障碍，实现了异地阅览，提供了高效便捷服务，为开发利用地方志信息资源提供了广阔平台。

（四）信息载体比较

传统方志馆以纸质载体为主，中国素有“纸千寿”之说，纸张容易长久地保存文献，只要保管好就能使用上百年时间，但不及电子载体使用方便。电子载体应用便捷，但保存条件苛刻，而且寿命比较短，数字化的信息容易受病毒等因素的影响，导致数据永远丢失。

（五）工作重心比较

传统方志馆与数字志馆的性质和功能不同，决定了两者的工作重心不同。方志馆不单是存放志鉴、地情文献档案的永久性场馆，还是地情展示中心，地情资料研究和咨询中心，地方文化交流活动中心和爱国、爱乡教育基地。传统方志馆管理员主要任务是对方志进行收集、整理、保存、研究，成为社会传播的角色。而数字方志馆时代的管理员不再只是被动的信息资源管理者，而是成为信息采集者、管理者和传播者。可以通过网络随时发布和传播各种文献资源信息，对读者进行“引导”或“导航”，向读者提供多种兼容的多媒体远程数字信息服务。

三、数字背景下传统方志馆的发展优势

当前，全国方志馆建设热潮正在形成，这是地方志事业蓬勃发展的体现，也是文化软实力深入发展的体现。但就整体而言，我国的方志馆建设仍处于起步阶段。目前，全国已建成方志馆 470 多家，但一些建成的方志馆影响力并不大，馆内没有太多吸引民众的内容，参观量较少，方志馆的社会认知度仍然处

于较低的水平，公众对方志馆的含义和用途缺乏必要理解，甚至存在将方志馆与一般意义上的展览馆等同的文化心理。方志馆没有真正地融入社会，仍然需要时间得到社会的接受。甚至我们一些方志工作者都认为方志馆藏书不如图书馆，收藏不如博物馆，担心建成后在社会主义文化建设中不能发挥重要的作用。有学者认为，在信息化时代，将来数字方志馆要取代传统方志馆。笔者认为，传统方志馆的特殊性及主要功能决定了在数字背景下仍然有巨大的优势，是数字方志馆不能取代的。

（一）地方志是我国民族文化特有的瑰宝

编修地方志在我国有悠久的历史。“方志”的名称最早见于《周官》，发展至今已经有 2500 多年的历史，期间由雏形方志——两汉的地记、隋唐的图经，逐步发展到宋代方志定型，至清代修志事业大盛。[①] 数千年间，代代赓续。据统计，我国历代编修的地方志现存达 8500 多种，10 万多卷，约占我国现存古籍的十分之一。如今，中国已出版 7000 多部省、市、县三级地方志书，2 万多部行业志、部门志等。[②] 如此浩瀚的方志文化及历代各类志书，被分散收藏于各类藏书馆，成为馆藏的重要组成部分。悠久的修志传统是方志馆产生的前提，现存志书是方志馆形成的基础。建设方志馆就是把我们祖先的历史保存下来，将零落在各地、收藏在各类图书馆、分散无序的大批志书，搜集、整理、集中，不仅保存历史的真实记录，还要研究和开发利用方志宝库，为弘扬民族精神和民族文化提供服务，是益于当代、惠及后世之举。

（二）方志馆是弘扬传统文化的舞台

按照党的十八大“建设优秀传统文化传承体系，弘扬中华优秀传统文化”的战略目标，方志馆既是记录民族文化传统的历史载体，也是展现中国梦的现实平台，还应成为弘扬传统文化、传承中华文明的宽广舞台。传统方志馆是集中反映一个行政区域地情的公益性基础文化设施，是全面展示区域文化、自然状况、历史沿革、社会风貌和地方特点的载体，是开展地方志史料研究与学术

① 宋佳、万霞：《试论中国传统方志实践经久不绝的原因》，《广西地方志》2008 年第 3 期。
② 杨卓轩：《浅论方志馆建设的必要性及几点建议》，《黑龙江史志》2013 年第 12 期。

交流、推动地方志资源开发利用的平台。以海南史志馆为例，建成后的海南史志馆将开设党史馆和地情馆，是海南省开展党史教育、爱国主义教育和革命传统教育的重要基地，展示海南地情的重要窗口。方志馆具有收集整理、保管保护、社会服务、资政决策、研究、文化休闲功能等。[①] 这就决定了在数字背景下传统方志馆的发展仍然有巨大的优势。

（三）文化是民族的精神血脉，是国民的诗意家园

以海南省为例，要促进文化大发展大繁荣，凝聚社会正能量。促进文化大发展大繁荣，就要始终坚持正确的宣传舆论导向，广泛开展理想信念教育，弘扬以爱国主义为核心的民族精神和以改革创新为核心的时代精神，深入挖掘海南红色文化精神内涵，弘扬海南本土优秀历史文化，让红色基因代代相传。就要加强未成年人思想道德建设；培育传承良好家风家教、乡贤文化，用传统美德滋养人心，营造崇德向善、见贤思齐的浓厚氛围。而海南史志馆所具备的功能决定了其是塑造海南新文化形象的一张新名片，对讲好海南故事，提升海南文化自信，推动海南文化建设，促进海南经济社会发展具有重要意义。

四、数字背景下传统方志馆的发展对策

在信息化不断推进的背景下，公众的文化选择空间在不断扩大。方志馆要在激烈竞争的文化环境下生存与发展，需要采取各种措施，不断提高社会认知度，以适应变化发展的实际。

（一）加强馆藏资源特色建设

馆藏资源是方志馆的立身之基，是方志馆实现可持续发展的前提。馆藏内容要以本地资料、近现代资料为主，同时收藏与本地相关的其他地区的资料。资料收集要突出专业特点，主要包括各地各类志书、年鉴、地情文献、方志理论著作、旧方志等，逐步形成专业、特色、系列的馆藏结构。应将地情资料作为馆藏资源的重要来源，在地情资料中发现特色文化信息，形成特色文化成果。

① 刘丹：《浅论新形势下的方志馆建设》，《黑龙江史志》2013 年第 8 期。

与地方志工作关联度不高、无存史价值的资料不应进入馆藏范围，尽量形成自己馆藏资源特色。

（二）创新服务理念，实现方志数字化转型

随着信息化时代的到来，传统方志馆应该以积极的态度参与其中，认清自己作为传统方志馆的优势，同时看到数字化所带来的便捷与效益。在认清利弊的基础上，传统方志馆应转变“以藏为本、以资料为主”的服务理念，逐步树立“以用为本、以公众为主”的服务理念。应充分利用传统和现代服务手段与公众保持密切的联系，让公众充分认识方志馆，以“服务公众、服务社会”为目的开展工作，最终融入公众的日常生活。在方志数字化转型的过程中，全力打造数字体验区，实现方志与公众的人机互动。

（三）提升服务能力，充分发挥数字功效

面对日新月异的社会公众需求，传统方志馆已难以满足。因此，方志馆要主动适应加快转变经济发展方式和社会管理创新对文化服务提出的新要求，丰富业务范围，深化业务内涵，不断提高服务经济社会发展的能力。在可能的情况下，应当保持与各类文化机构之间的联系，沟通文化服务经验，提高方志馆的文化适应性。此外，在传统方志馆的数字化转型中，应能够充分识别自身的文化传播对象，了解他们的喜好，这样才能在有限的地域、时间里做到高效传播。作为传统方志馆，在提升文化服务能力的同时，应该提高自身挖掘文化的能力，将方志知识进行深度剖析，从而为服务能力的提升打下坚实的文化基础，提升自身的文化高度，增强自己的文化吸引力。

（四）加强社会宣传，营造数字传播环境

由于发展时间较短，方志馆的社会影响力相对较小，需要加强宣传力度，增强公众对方志馆的了解程度。近期笔者利用微信公众平台就方志馆建设情况做问卷调查，50 名在校大学生，只有 2 名大致了解方志馆。可见不加强宣传，方志馆建设得再好，没有人知道又有什么用呢？酒香也怕巷子深。方志馆应当着眼于地区和本馆实际，与相关部门保持密切的业务联系，并以此为依托，利用网络等手段开展富于特色的宣传活动。此外，各级地方志工作机构尤其是县

一级工作机构要积极争取领导重视和财政支持，扎实推进方志馆建设工作，以扩大全国范围内的方志馆覆盖面，切实增强方志馆的文化竞争力。宣传力度的加强首先需要宣传人员有较高的媒介素养，因此需要加强对宣传人才的培养。在信息化时代，不仅要用好“两微一端”等新媒体平台，更要学会在官方平台或自媒体平台上发声，要敢于发声，敢于传播正能量。同时，传统媒体应该在完成方志文化大众化宣传的基础上，面对不同的公众有针对性地实现方志文化宣传的小众化，从而让每个方志馆都能在基于当地方志文化的基础上形成自身的核心竞争力，确立无法取代的位置。

（五）完善管理制度，融入数字科技

传统方志馆在数字背景下要想生存，科学管理是其重要保障，只有业务目标化、管理科学化、流程规范化，才能让传统方志馆在与数字方志馆的竞争中占得先机。方志馆要适应时代的发展，适应市场的要求，就必须改变原有的计划管理体制。传统方志馆要从组织机构、管理机制和工资分配上适应市场要求，挖掘信息资源流通渠道加快信息资源的流通，以实现方志馆的持续发展。此外，传统方志馆不能盲目“排外”，应该虚心学习数字方志馆在数字化管理上的先进水平，取长补短。在自身优势的基础上，为自己披上“数字”的外衣，实现传统与数字的协调发展，最终为自身的发展打造出双轨道，完成“双拳出击”，最终完成传统方志馆的数字化转型。

方志馆建设是一项艰巨而复杂的系统工程，关系到地方志事业的长远发展。实现方志馆建设的可持续发展，需要全体方志工作者的共同努力，也需要社会的关注与支持。唯有如此，才能将方志馆的价值真正回馈社会，为全面建成小康社会，实现中华民族伟大复兴的中国梦作出应有的贡献。

（作者单位：海南省地方志办公室）

论方志馆在文化建设中的重要性

李雨桐

提　要：方志馆是社会主义文化建设的一项基础设施。它集编修、研究、收藏、服务等功能为一体，发挥编鉴、用志、储存、学术交流等多方面的作用。方志馆具有图书馆和档案馆及其他文化机构所不能取代的作用。以专门的、独有的、权威的资料为馆藏，运用现代化的手段和方式，高效、快速、准确地提供地情文献资料，为改革开放和经济建设提供服务，是城市文化基础设施建设的一个重要内容。本文围绕方志馆建设的必要性，阐述方志馆的功能与作用，提出方志馆建设的几点建议。

关键词：方志馆建设　必要性　建议

一、方志馆建设的背景

党的十八大报告在论及文化建设的战略时指出，要继续大力推动社会主义文化大发展大繁荣，建设社会主义文化强国。这一要求为方志馆建设事业提供了良好的机遇和广阔的发展前景。各级方志馆建设应趁势而上，在社会主义核心价值体系建设、引领文化风尚、教育人民、服务社会、推动发展中有所作为，推动方志馆建设事业不断前进。

近年来，随着社会主义文化大发展大繁荣的强力推进，全国各地方志馆建设工作如雨后春笋，很多地方把方志馆建设列入规划，正表明了方志馆对社会发展的重要性。方志馆是社会主义文化建设的一项基础设施。集编修、研究、收藏、服务等功能为一体，发挥编鉴、用志、储存、学术交流等多方面的作用，利用修志成果为改革开放和经济建设提供服务，是城市文化基础设施建设的一个重要内容。我们要按照《地方志工作条例》的规定和国务院办公厅印发的《全国地方志事业发展规划纲要（2015—2020年）》的要求，有序开展方志馆建设工作，及时准确地为社会各界提供优质的文化和地情服务。

二、方志馆建设的必要性

联合国教科文组织实施世界记忆工程，方志馆建设正是民族文化记忆工程的重要组成部分。编修地方志有3000年的历史，撰修出的方志著作难计其数。如此浩瀚的方志文化遗产及历代各类志书，早已被分散收藏于各类藏书馆，成为馆藏的重要组成部分。地方志体现了我国传统思想文化特质、特色和个性，以特殊的著述体例，汇集各地自然、人文、社会、经济的历史和现状，是全面、系统、准确的国情书、地情书，是传统思想文化、当代思想文化的共同载体，是其他图书难以比拟和替代的。

悠久的修志传统是方志馆产生的前提。建设方志馆的目的，就是把我们祖先的历史保存下来，将分散的大批志书，搜集、整理和集中。方志馆不仅保存历史的真实记录，还要研究和开发利用方志宝库，为弘扬民族精神和民族文化提供服务，是益于当代、惠及后世的举措。

随着地方志事业的不断发展，方志馆成为一个新生事物。建设方志馆是实现“志、鉴、库、网、馆”整体推进的地方志工作新格局的一项重要工作。《地方志工作条例》规定“地方志书每20年左右编修一次”。不断出版的各类方志、年鉴，编纂地方志过程中搜集的各类资料和形成的志稿等，数量浩繁，资料室已无法承担新形势下日益繁重的收藏利用任务，需要方志馆有序地收藏整理，最大化地开发利用。同时方志馆是纂修地方志书资料搜集的重要途径之一，是完成地方志编纂工作的重要基地。2017年，随着全国方志馆建设方兴未艾，中国地方志指导小组办公室适时出台了《方志馆建设规定（试行）》。这一文件的出台对今后方志馆建设提供了具体依据，必将促进方志馆建设全面提速，健康发展。

三、方志馆建设的意义

（一）方志馆是集存储、研究、咨询服务为一体的地情资源开发利用的重要载体，是集中展示城市历史文化风貌与特色的重要窗口

方志馆既是一种物质文化的地理标志，也是一种精神文化的“地理标示”。通过方志馆去深入展示各地的历史渊源和文化史迹，可以大大增强本土历史文化的凝聚力和辐射力。通过开展地方文献的收藏、编研、展示、交流等活动，集中发掘和培育城市人文精神，为建设和谐社会发挥历史文化的凝聚作用，同时在对外交流辐射中扩大影响，成为本地文化之传统与现代的最佳连接点。从这个意义上讲，建设方志馆是延续本土文化“根脉”的重大举措，是把传统与现代结合起来，不断推进文化大省融合创新的重要工程。

（二）方志馆是当今社会文化网络中不可或缺的一环

全国各地各种文化设施已较具规模，文化馆、博物馆、图书馆、美术馆、艺术馆、档案馆、展览馆、音乐厅等构成了一个复杂的文化网络。方志馆建成将成为这个网络不可缺少的一环，必将发挥其与众不同的作用，并且随着社会的不断发展，其历史文化价值必将随着时间的推移而显现，是保存与研究历史文化最好的载体之一。

随着地方建设事业的发展和经济实力的增强，文化事业日趋重要，地方志工作是社会主义文化事业的重要组成部分，建设方志馆也成为文化事业建设的趋势和必然。

方志馆是地情馆，是以一个行政区域为单位，用沙盘、模型、塑像、展板、影视等形式，全面介绍该区域内的自然与社会、历史与现状，生动形象地展示地情和国情。这样，方志馆会成为中小学校进行国情、地情教育的课堂；是人们了解一个地方的窗口，会吸引更多的参观者。参观的人多了，方志馆的社会效益自然就发挥出来了。

四、两点建议

（一）加强民间史料的搜集

方志馆搜集地方志书、地方综合年鉴、地方文献。这些资料经历岁月洗礼，很大一部分散佚于民间，零散地存于个人手中。一些民间书商看中商机，进行搜罗出售。另外，文物商店、物资回收部门、印刷厂、打字复印社等机构可能会存有一些地方史料，是民间采购需要留心的地方。一些散佚民间的资料，因年代久远，除具有文献性价值外，还具有一定的文物价值。重视民间资料的搜集，不仅是方志馆强化存储功能的重要途径，而且也可以对古旧书籍进行保护和抢救，意义重大。

（二）重视方志馆的网络建设

随着我国信息技术的快速发展，信息化建设已经广泛应用于社会生活的各个领域。方志馆作为全面展示行政区域内地情、文化民俗、历史沿革、社会风貌的重要载体，是推动地情资源开发利用的重要平台，发挥着促进经济社会发展的重要作用。随着信息技术的进一步推广，方志馆的功能趋于完善，展示内容也更加丰富多彩。在信息化背景下，方志资源的保存、传递、加工更多依托于数字化技术、网络技术，其载体和类型发生了变化，除了纸质志书、年鉴外，还会生成多种类型的电子文档和多媒体资料，具有内容丰富、易于查找、共享度高等特点。将方志资源数字化后，以文本影像等几种形式呈现，可满足不同用户的需求，通过技术手段实现数据库的跨库链接，使人们不用对志书资料进行冗繁的手工查找，只需要对数据库进行检索，即可在最短的时间内获取最大的信息量，提高了信息服务的时效性和互动性。另一方面，改变了传统模式下与参观者需面对面的单一服务模式，扩大观众数量，使其可以不受时间、空间限制，选取所需的内容进行查询和阅读。

（作者单位：榆林市地方志办公室）

论方志馆的文化根基
——以广东省方志馆为例

林子雄

提　要： 我国方志馆事业方兴未艾，新建方志馆的数量逐步增加，馆藏资源丰富多彩，地情展览呈现特色，方志馆日益成为地方志服务中心工作、服务社会生活的重要机构。但同时也要看到，方志馆建设仍属于一个新生事物，其中涉及方志馆的定位、功能等诸多问题需要进行探索和研讨。本文拟从方志馆的历史、文化定位、文化性质、文化传承、对策与措施等方面去探讨和回答方志馆的文化根基问题。

关键词： 方志馆　文化定位　广东省方志馆

在我国，与图书馆、博物馆等机构相比，方志馆是一新生事物。从当前全国各地许多方志馆仍在建设中的情况来看，方志馆是新生事物也是不争的事实。因此，对于方志馆的历史、性质、功能及其工作等，都有值得讨论和研究的空间。本文兹从方志馆的历史、文化定位、文化性质、文化传承等方面初步探索方志馆的文化根基。

一、问题的提出

2017 年 1 月，中共中央办公厅、国务院办公厅印发《关于实施中华优秀传统文化传承发展工程的意见》(以下简称《意见》)。《意见》提出，到 2025 年，中华优秀传统文化传承发展体系基本形成，研究阐发、教育普及、保护传承、创新发展、传播交流等方面协同推进并取得重要成果，具有中国特色、中国风格、中国气派的文化产品更加丰富，文化自觉和文化自信显著增强，国家文化软实力的根基更为坚实，中华文化的国际影响力明显提升。《意见》强调，“充分发挥图书馆、文化馆、博物馆、群艺馆、美术馆等公共文化机构在传承发展中华优秀传统文化中的作用”，这里面没有“方志馆”，这说明方志馆无论从概念上，或者在常识方面，仍属“新生事物”。加之长期以来以系统划分机构性质，在人们相对固定思维中，只有在文化部、省文化厅、市文化局属下的单位才是文化机构。同年2月，文化部颁布的《“十三五”时期文化发展改革规划》也没有提及方志馆。在互联网检索“公共文化设施”词条：“博物馆、文化馆、图书馆、乡镇文化站、村文化室、非物质文化遗产展示中心、非物质文化遗产传习所以及一些纪念地都属于公共文化设施。”同样，也将方志馆排除在“公共文化设施”之外。这样一来，方志馆到底是不是与图书馆、博物馆属同类性质的文化机构，是不是“公共文化设施”，成了一个值得探讨问题。

二、悠久的历史

与图书馆、博物馆均源自近代西方的情况不同，方志馆完全是“中国特产”，其渊源很早，历史悠久。“方志”一词，源于《周礼·地官》。是书云：“王巡守，则夹王车，诵训掌道方志，以诏观事。掌道方慝，以诏辟忌，以知地俗。”[①] 尽管古籍中的“方志”与今天的地方志的内涵并不完全相同，在《现代汉语词典》找不到“方慝（tè）”一词，但从紧接着的“以诏观事”“以知地俗”，不难知道它们与揭示历史故事、了解地方习俗密切相关。这段文字内容与今天的地方志意义接近，而周朝诵训一官的职责，便是向“王”解说各地历史典故和风土习俗，让他了解古代的历史和避免触犯忌讳，此做法与地方志工作也有相似之处。

古代官修史书的人，“相传中国古代夏朝、商朝即有史官，大约在周代就

---

①［清］阮元：《十三经注疏》，中华书局1980年版，第747页。

有了专门搜集类似地方志等文献的官员。”[①] 官修机构可追溯至东汉兰台、东观和北齐史馆，北宋九域图志局，则是“方志馆的初始形态”[②]。以北宋九域图志局计，至今有900多年历史。明代广东修志机构称为“局”。黄佐说，嘉靖三十六年（1557），两广总督谈恺、王钫等请他承接编纂《广东通志》事务，他“力谢固辞，公请愈虔，至于再三，而币复重拜，不获终辞，乃于仲冬开局于贡院。”[③]

至民国时期，专家学者将修史与档案事业并提，主张在全国各县成立机构，收藏文献，编史修志。国学大师钱穆先生在看到著名学者朱希祖在其著作《史馆论议》中倡导建立国史馆和档案库时，评论说：“一国之史料，当如何而征集之？又于何而庋藏之？复若何而部勒整理之？史官旧职，将奈何而改弦更张之？使前无所守，则后来者何述？因念实斋章氏，有‘方志体同国史之论’，今各县方竞设图书馆博物院，何不因新制，融旧规，别辟一室，专搜罗其本县之典籍器物、著作产造，博及天文地理、气候物宜、建置交通、工艺美术、风俗习尚、信仰禁忌、人物家世、流移迁转、摄影造像、标本图表、测量统计一切皆附，而推择其县之耆贤学人，组委员会，各以所长，分司编纂调查保管记录之责，而凡县之大事，灾祥变故，兴革利病，并皆按时书之，遵类例而条董之，积岁月而刊布之。此即一县之志，亦即一县之史也。藏一县之往，可知一县之来。使观者于是乎得所兴瞻，学者于是乎得所研玩，教者有所指陈，作者有所渔猎。而一县之治者议者，亦于是乎而有所参稽依据。聚一县之史迹，使其常存而日富，而成一县之史志，使其常新而毋劳。”[④]

钱穆先生认为，各县都应建立机构，搜集地方文献文物，以供专家和社会人士研究，同时主张此机构可成“一县之史志，使其常新而毋劳”。钱穆先生还认为名胜古迹都应该建立收藏文献编纂史籍的机构，他说：“复循县而下而散之，则凡古迹名胜、兴筑建造，事属传久，可成史迹，莫不别设馆院，以为之藏。如曲阜有孔林，则设孔林图书馆、孔林博物院，凡有关孔林史迹资

① 潘捷军等编著：《中国方志馆》，方志出版社2016年版，第17页。

② 潘捷军等编著：《中国方志馆》，方志出版社2016年版，第23页。

③ ［明］黄佐：《广东通志序》，载《广东历代方志序跋集》，广东人民出版社2014年版，第18页。

④ 钱穆：《史馆论议序》，载朱希祖《中国史学通论·史馆论议》，中华书局2012年版，第165—166页。

索者靡不备，固以为随时修《孔林新志》之需，此即孔林之史藏。又如长城史藏，可设于居庸，运河史藏，可设于临清。如是类推，凡国家民族文化绩业之成迹而可传者，莫不为之设专藏。使可以目击而心游，使可以征文而验物。使一国之史，粲然朗然，如列眉目。"① 尽管钱穆等人的倡导仍停留在纸上，但民国年间各地多有成立修志机构，其中省一级的修志机构称之为"通志馆"。1928年，广东通志馆在广州中山大学成立，校长邹鲁兼任馆长。历史上的志局、通志馆与现代方志馆是一脉相承，因此明代的"广东通志局"和民国的"广东通志馆"，可以说是今天广东省方志馆的前身。

三、文化定位

地方志是一种独特的文化现象，保存了大量珍贵资料，是中国传统文化的重要载体。自古至今编纂地方志的都是文化人，在编纂宗旨、体例、方法等方面形成了别具一格的著述方式，完成的是文化产品。地方志无论是编纂者，抑或编纂过程，还是编纂成果，都与"文化"密不可分。因此将地方志定位为一种文化是没有问题的，也就是"方志文化"。"方志文化是指方志历史人物在社会实践活动中创造的物化成就和精神成果总和，是中华民族特有的文化。"② 地方志是文化，方志馆则是收藏、展示、宣传、编纂、研究地方志的场所和机构，同样具有文化属性。

方志馆不仅是文化机构，而且是文化设施。文化设施一般是由政府部门出资修建的，为广大市民提供一个学习、交流的空间，让更多的文化学习爱好者参与进来。公共文化设施是公共文化服务体系建设的基础平台和首要任务，是展示文化建设成果、开展群众文化活动的重要阵地。公共文化设施的建设和管理水平，直接关系到人民群众基本文化权益的实现和文化发展成果的共享程度。从方志馆业务情况看，完全符合此定义，可以说是毫无疑问的文化设施。此外，"朱佳木认为，中共十七届六中全会后，各地高度重视文化设施建设，普遍把它看成是推进当地文化大发展大繁荣的重要举措。因此'只

---

① 钱穆：《史馆论议序》，载朱希祖《中国史学通论·史馆论议》，中华书局2012年版，第166页。
② 张安东、吕君丽：《中国方志文化论要》，《巢湖学院学报》2009年第2期。

要把方志馆定位为地情馆和国情馆，那么，在公共文化服务设施和爱国主义示范基地的建设中，无疑也会有它的位置。’而且由于地方志是中华民族独有的传统文化形式，方志馆也是唯有中国才有的文化场所，更有其特殊的价值和地位。因此，‘方志馆把地情实物化、展品化，也是对文化服务设施的一种创新。’而以这种创新思路来设计和建设的当代新型方志馆，将在普及地情知识、提升地市文化品位、突显中华民族文化魅力等方面，发挥不可替代的重要作用。”[1] 2014年4月，在北京召开的第五次全国地方志工作会议上，中共中央政治局委员、国务院副总理刘延东同志发表重要讲话，指出“各地要自觉把地方志工作纳入公共文化服务体系建设当中，加快方志馆、地情网站、数据库等基础设施建设。”据此，方志馆是一种文化设施，且应将整个地方志工作纳入公共文化体系之中。

四、文化性质

广义的文化，指人类在社会历史实践过程中所创造的物质财富和精神财富的总和。[2] 方志馆是地方志事业的一部分，因此其文化性质，主要源自和从属于方志文化。方志文化是指人类在编纂地方志社会实践活动中创造的物质文化成就和精神文化成果的总和，是中华民族特有的文化。归纳起来，方志馆的文化性质主要有以下三个方面。

（一）物质表面

方志馆主要功能之一是收藏、编纂地方志。方志馆搜集和收藏大量地方志书、综合年鉴和地情文献，历史悠久，数量巨大，涵盖面广，资料丰富，具有广泛性、连续性和系统性特色，具有存史、资治、教化的功能，有利于科学地、系统地、全面地认识区域文化。物质文化直接、可感，处于方志文化结构的表面。

---

① 潘捷军等编著：《中国方志馆》，方志出版社2016年版，第192页。
② 《辞海》，上海辞书出版社1994年版，第1731页。

（二）制度层面

方志馆在编纂地方志时，延续历代传统，吸取其编纂经验，继承修志的各种规范等，同时还包括历代修志的组织体系、管理模式、保障措施等，是在制度层面呈现的文化现象。制度文化是一种行为文化，处于方志文化结构的中层。

（三）精神方面

方志馆的各项业务工作，体现着地方志工作者的思想观念、道德规范、学术成果等，更多体现在其价值观念。这种价值观念是方志文化体系中最核心的部分，它植根于社会实际和社会需求，并激励或约束地方志工作者的行为活动和思维活动，从根本上决定着方志文化的性质、状况和发展水平。

五、文化传承

方志馆历史悠久，其定位、性质依存于广博精深的方志文化。方志文化是中国优秀的文化遗产，方志保存了大量珍贵的历史文献资料，是中华传统文化的重要载体。据1985年中国科学院北京天文台编辑出版的《中国地方志联合目录》，历代方志8000多种。[①] 这些留存下来的地方志是中华传统文化的宝贵积累，它们不仅是传统文化的内涵，而且在文化传承过程中逐渐形成了具有民族特色和地域特色的文化和人文精神。

在广东，地方志编修始于东汉时期，“历代均有记述地方风土、人物的佳作，如晋裴渊《广州记》、南北朝邓德明《南越志》、隋樊子盖《岭南地图》、唐《韶州图经》等。宋代是方志发展的重要阶段，地方大量纂修图经，已成定制。宋史艺文志著录约600种，其中广东方面可考者有101种。南宋由图经发展为志。元代修140部方志，其中属于广东的有14种，现存有（元）大德陈大震修《南海志》残本。明代全国共修志约1400种，广东方面可考者有224种，现存省志3种、府志15种、州县志30种，其中以明嘉靖四十年（1561）黄佐修的《广东通志》以‘体裁渊雅’称著于时。清代是方志鼎盛时期，广

① 中国科学院北京天文台主编：《中国地方志联合目录·前言》，中华书局1985年版。

东共修441种，其中不少佳作，如康熙张进菉修《永安县志》，论者谓：‘体例严谨，具有体要，文笔雅洁。’道光屠英修《肇庆府志》，评者谓：‘全书征引既繁，又悉注出处。事记一篇，纲举目张，较为详者，杂记一篇，广征宋明旧志，皆可珍法。’光绪吴宋焯修《嘉应州志》，‘全书博采卷籍及官牍而成，附以己意，考订极其详核，尤以方言礼俗二门为最。寇变以事为纲，用纪事本末体，又以时代时次，亦良史体也。’民国间广东共修志49种，佳作有朱汝珍《清远县志》、陈伯陶《东莞县志》、饶宗颐《潮州府志》等，皆可为修志工作者参考。”[①] 1949年以前广东地方志书编纂出版情况大抵如上，广东方志文化蕴含其中，丰富多彩，源远流长。

新中国成立后，广东有部分市、县曾开展过修志工作。广东省第一、二轮新编地方志工作分别自1984年、2002年开始，并成为广东文化事业建设的重要内容之一。广东的新志编纂和方志馆建设工作一直紧扣“文化”二字，且与“文化大省”建设同步进行。地方志工作是广东文化建设的一项重要资源，是地方物质文明和精神文明的载体之一，是文化大省建设的基础，其对文化大省建设具有不可替代的作用。2002年，中共广东省委、广东省政府制定《关于加快建设文化大省的决定》和《广东省建设文化大省规划纲要（2003—2010）》，将方志事业纳入了建设“文化大省”内容中。《广东省建设文化大省规划纲要（2003—2010）》提出，要大力扶持方志事业等的发展，分期分批建设档案馆、方志馆等9项重要文化工程。要有计划、有步骤地整合和开发现有方志等文化信息资源，建设一批文化信息数据库。“实施‘文化上网工程’，建立一个统一的综合性广东文化网站。”[②] 广东省方志馆正是乘建设“文化大省”的东风建立起来的，2007年，广东社会科学中心暨广东省方志馆奠基仪式在广州举行，2009年正式动工兴建，2014年11月落成并交付使用。

六、对策与措施

鉴于当前方志馆处于“文化设施”之外，或者说从中央到地方都未确认

① 陈乐素：《广东方志要录序》，载《广东方志要录》，岭南美术出版社2016年版，第1—2页。
② 侯月祥等：《地方志事业与文化大省建设思考札记》，《中国地方志》2004年第9期。

其为“文化机构”的尴尬处境，各级方志馆应该采取积极的应对策略和措施，争取“文化”名分、领导的肯定和社会各界的认知。今后的对策和措施主要有三个方面。

（一）加快建设

2014年4月，刘延东副总理与第五次全国地方志工作会议部分会议代表座谈时提出，“各地要自觉把地方志工作纳入公共文化服务体系建设当中，加快方志馆、地情网站、数据库等基础设施建设。”方志馆是地方志事业的根。同年9月，冀祥德在第一次全国方志馆工作会议上讲话中指出：“有了方志馆，才有了我们真正的家。”无论从地方志事业发展需求，还是从方志馆不可或缺的重要性，都应该加快方志馆的建设步伐，让方志人早日有个“家”，更重要的是通过方志馆这个平台，充分显示地方志的文化功能，发挥其社会教育作用。

（二）积极有为

广东省方志馆是全面展示广东省情、向社会提供省情信息与地方文献服务的公共文化服务机构，是展示丰富方志资源和浓郁方志文化的窗口。以精彩生动、丰富翔实的省情展览集中反映广东的历史、现状和改革开放成果，培育社会群体的爱国爱乡情怀；不断丰富广东历代的方志、年鉴、家谱、报刊以及地情文物等收藏，为社会提供查询和借阅服务；致力广东数字方志馆建设，在加快馆藏文献资料数字化建设的同时，打造省情信息收集与发布平台；做好地方志资源的开发利用，努力把广东省方志馆建设成为省情展示与爱国主义教育基地、省情信息收集与发布平台、地情文献收藏与服务中心、方志文化传播与研究中心，为建设文化强省，提高全省文化软实力，服务经济社会发展发挥积极作用，做出新的贡献。

（三）广泛宣传

从现在方志馆“默默无名、鲜为人知”的窘境看，大张旗鼓地展示宣传地方志事业，展示宣传方志文化，展示宣传方志馆，是一项亟待加强的工作。在这方面，广东省方志馆曾有过积极探索和实践。2015年12月，广东省人民政府办公室在省方志馆举办“广东省家谱家训家风展”，这是广东乃至全国首个以家谱家训家风为主题的大型展览，也是在广东省方志馆举办的首场展览。展览以文献、图片、实物、书法作品等形式，展出万册家谱、百家家训、十家家风，受到上级领导的肯定，引起社会各界的较大反响。2016年12月，第一次全国地方志工作经验交流会暨2017年全国地方志机构主任工作会议在广州召开，其间“广东省地方志事业成果展”在广东省方志馆举行，相关机构及社会群众来参观了解省情和地方志事业发展情况。通过展览，较为全面、系统、集中地展示了广东全省在志书编修、年鉴编纂、旧志整理、自然村落历史人文普查、信息化与方志馆建设、地方志资源开发利用、理论研究与对外交流等方面创造的成绩，反映了广东方志人“修志问道、直笔著史”的职业精神和“爱岗敬业、淡泊名利、甘于奉献”的价值追求，建立起了与社会各界交流的平台，收到预期的良好效果。

（作者单位：广东省人民政府地方志办公室）

关于发挥方志馆宣教功能的思考
——以湖州方志馆为例

杨　谦

提　要：现代方志馆的产生是社会文明发展进步的结果和标志，随着经济高速发展、社会快速进步，一些省、市、县相继建成一批馆藏丰富、设施先进、功能齐全的现代方志馆，成为地方文化建设的标志性设施。在方志馆的诸多功能中，宣教功能是其中十分重要和必要的一项，本文试图以湖州方志馆的运行为例，提出几点思考。

关键词：方志馆　功能　宣教

盛世修志是我国的传统。志书具有存史、资治、教化的功能，因此，修志历来被看作是一项“功在当代、利在千秋”的事业。随着城市对本土历史的热切追寻，人们越来越希望地方志能从深藏的高阁中走进百姓的生活，通过直观方式，从晦涩的志书中提炼市民看得懂、想了解的历史文化信息。这就促成了现代方志馆的诞生，方志馆就是“让古志开口说话”的最好的“历史课堂”和“乡土读本”。

一、什么是方志馆

21世纪初，新型方志馆建设的问题刚刚提出，引发了社会各界对方志馆功能及作用的诸多认识。有些学者认为方志馆就是集修志编鉴、收藏志书、存放志书编纂过程中的资料、安置方志数据库和网站、研究方志学、普及方志知识、交流方志工作经验等多项功能于一身的部门；有些学者认为方志馆就是存放志鉴、地情文献档案的永久性场馆；另外有些学者认为方志馆应具有保管功能、历史记忆功能、资政决策功能、社会教育功能、学术研究功能，是地方志文献安全保管基地、地方志利用中心、爱国主义教育基地。这些观点都是基于对方志馆的不同认识所致。

（一）方志馆的定位

传统方志馆一般指的是修志机构，以存放和展示纸质志书等文献为主要手段。新型方志馆，指的是一种集方志收藏、地情展示于一身的公共文化设施，在编鉴、用志、储存、学术交流等方面发挥着重要作用。

方志馆以其专门、独有、权威的资料见长，以征集、收藏、利用、开发地情资料为主业，利用现代技术高效、准确地提供地情文献资料，将其搜集的地方文献数字化、网络化，为社会提供方便快捷的地情信息服务，为推动社会主义政治、经济、文化发展起到不可替代的作用。因此，方志馆的定位应该为地情馆。

（二）方志馆的作用

方志馆是集存储、研究、咨询服务为一体的地情历史文化资源与开发利用的重要载体，是集中展示城市历史文化风貌与特色的重要窗口。既是一种物质文化的地理标志，也是一种精神文化的“地理标示”，可以大大增强本土历史文化的凝聚力和辐射力。通过开展地方文献的收藏、编研、展示、交流等活动，集中发掘和培育城市人文精神，为建设和谐社会发挥历史文化的凝聚作用。同时在对外交流辐射中扩大影响，成为本地文化之传统与现代的最佳连接点。从这个意义上讲。建设方志馆是延续本土文化“根脉”的重大举措，是把传统与现代结合起来，不断推进文化大融合的重要工程。

二、湖州方志馆建设情况

湖州是一座有着2260年建置史的江南名城，也是环太湖地区唯一因湖而得名的城市。山水清远、物产富饶，历史悠久、人文荟萃，两千多年来逐步形成了颇具特色的鱼米之乡、丝绸文化、湖笔文化、茶文化、瓷文化等地域文化。湖州修志历史弥远，最早源于三国时期吴国韦昭所著的《吴兴录》，兴于两宋，盛于明清，繁荣于当代。志书种类繁多，修志名家辈出，佳志名作众多，经考证研究，历史上有记载的湖州各类志书共有420多部，其中市、县志125部，目前还保存的有50多部，享有“方志之乡”的美誉。湖州方志馆于2015年10月开始布展施工，2017年1月9日正式开馆。

（一）定位

湖州方志馆总体定位是地情馆，展陈内容涵盖了湖州区域内的人文历史，是市民了解家乡文化的地情教育基地，更是培育中小学生爱祖国爱家乡的爱国主义教育基地。湖州方志馆可以说是“一展板对应一场馆”，仅杰出人物展区就涉及湖州古代贤守馆、民国馆和陈武帝、赵孟頫、吴昌硕、陈英士、钱壮飞、梁希纪念馆等近20个场馆，是展示湖州历史人物、自然风貌的总馆，地域文化的快餐。参观者可以先到湖州方志馆了解湖州的总体情况之后，根据自己感兴趣的内容再参观各主题馆。

（二）选址

湖州方志馆选址要求较高，既要体现历史的厚重感，又要方便游客的参观。湖州方志馆位于湖州老城区北部项王公园内的望湖楼，建筑为新建四层仿古楼阁，位置优越，并与周边的人文环境、自然环境非常和谐，方便市民和游客参观。

（三）功能规划

湖州方志馆布展根据建筑内部结构特点和布展内容要求，在坚持感性与理性、全面与重点、传统与现代相结合的原则下，确定基本功能和布局为：地下一层及一至二层为湖州历史与现状布展区。三层为临时藏品展示与学术交流区，通过小型藏品临时展出和学术交流，增加展馆的活泼性。四层为志书和地方文献收藏阅览区，保持传统方志馆的文献收藏和阅览服务功能。文献库收藏了古代志书55部600余卷和各类地方志书、家谱、文献资料、年鉴等，专业特色鲜明。

（四）布展特色

湖州方志馆确立了传承、借鉴、创新三大理念，着力打造具有方志特征、地情特点、文化特色的现代方志馆。“传承方志，言出必志”是方志馆布展成功与否的关键。在布展体例上，继承了志书特有的“开卷即图”，展现湖州地情风貌，文字描述遵循方志特有的“述而不论”的原则；在展示内容上，无论是版面图文、展柜展品、场景再现，还是人物介绍、事例记录，均源自历代志书和地方文献记载；在展示形式上，力求使参观者有如身临其境，悠然地享用文化大餐。

三、如何发挥方志馆宣教功能

湖州方志馆自开馆以来，一直在思考如何发挥方志馆的宣教功能，制定了宣传方案，力争将方志馆打造成为湖州中小学生的教育阵地，展示湖州历史与特色的文化窗口，湖州展馆的文明样板以及湖州地方志工作的研究场所。

（一）主动出击，通过机关部门领导迅速打响知名度

湖州方志馆还未开馆，地方志办公室就主动出击，邀请各部门的主要领导以及各方面专家学者来方志馆参观指导，一方面确保方志馆布展内容的准确性和权威性，另一方面提高方志馆的知晓率。方志馆开馆前夕，湖州市委市政府领导还专门带领湖州市文化和旅游等十多个部门到方志馆参观调研，并召开专题座谈会，研究如何更好地发挥湖州文化场馆的功能作用，对提升方志馆的知名度起到了重要作用，也有利于方志馆后期宣教工作的开展。开馆后，地方志办公室主动与机关党工委联系，要求全体机关干部进馆参观。许多部门干部在参观后表示，对湖州的历史文化有了更深入的了解，而且还多次带领外地来湖的专家学者进馆参观。这一举措使得湖州方志馆开馆仅4个月，参观人次逾万人，具有了一定的知名度。

（二）建立新媒体平台，提高方志的知名度

一直以来，地方志办公室给人的感觉是默默无闻的，很多专家学者在地

方志办公室默默地做着研究，获得了很大的成就，却不为人知，方志人常常用“坐冷板凳”来形容自己的工作。而方志馆的建设，把地方志工作推向了公众的视野。但是对于地方志、对于方志馆，很多人都是陌生的，因此，提高方志的知名度是发挥方志馆功能的首要任务。

建立自己的新媒体品牌是顺应时代要求的有效之举。湖州方志馆建立了“方志湖州”微信公众平台。充分利用新媒体技术，开设虚拟导览功能，制作“3D方志馆”，方便参观者自行参观浏览，同时也满足公众足不出户参观方志馆的需求；及时发布方志馆最新动态信息以及展览、讲座、论坛预告等；定期推送有关湖州地情、历史、文化、掌故等内容，利用微信的特性，将原本枯燥难懂的志书，转变成通俗易懂，集趣味性和知识性于一体的小文章，提升普通民众对地方志的兴趣和了解。同时，通过微信征文、摄影比赛、互动答题等方式，提高微信公众号的关注度，提高湖州方志馆的知名度，充分发挥宣传湖州文化、展示文明成就的功能作用。

（三）建设数字方志馆，建成湖州数字地情资料库

随着网络技术、数码存储与传输技术等电子信息技术的普及与发展，使得人们对志书信息的存储、查询、利用等方面有了更新、更高要求，如何更有效、更快捷地读志用志，开发利用地方志资源，地方志工作的信息化建设变得日益迫切，因此数字方志馆的概念应运而生。收藏和利用是方志馆建设的两个要点，数字方志馆的资源建设是利用先进的技术手段将志书不断充实在网络平台中，不仅是在技术层面上，而且在资源内容和应用范围的设计上，都包含了可以不断更新的地情信息交换平台，通过长期的建设和积累数字资源，将会为组织开发利用地方志资源提供更加广阔的空间。根据自身条件，数字方志馆可从以下几方面入手：地情资源库、多媒体数据库、地方志学术论文数据库等。地情资源库，是构成数字方志馆的主要内容，包括新编三级志书、乡镇志、村志、部门志、专业志，各级综合年鉴和专业年鉴，历代旧志及地方历史文献。多媒体数据库主要是利用多媒体技术，以文字、表格、图像、声音、动画等方式对志书进行多方面反映，做到声形并茂、形象直观。地方志学术论文数据库，收集整理在公开刊物发表的专业文章，增强方志爱好者的交流。

（四）发展方志领域“意见领袖”，提升影响力

在传播学中有一个概念，叫作“意见领袖”。意见领袖是传播中的重要角色，是人群中首先或较多接触信息，并将经过自己再加工的信息传播给其他人的人。意见领袖在传播过程具有十分重要的作用，具有影响他人态度的能力，能够加快传播速度并扩大影响。我们可以试图把这一理论运用到方志馆的宣传中。在湖州方志馆的运行中，我们发现有几类人是可以发展为方志宣传的意见领袖：一是方志专家和学者，这类人具有非常强的专业，他们的言论具有权威性，在自己的领域内有着一定的影响力；二是学校老师和机关干部，这类人有着广泛的交际圈，尤其是学校老师，一个老师可以影响一个班级甚至几十个家庭；三是热心市民，如退休的摄影爱好者、书法爱好者等，这类人十分乐意参与场馆的各类活动，并且愿意与周围的人分享。通过把这三类人发展成为方志馆的意见领袖，利用他们来宣传，可以极大地提升影响力。

可以建立地方志学会、研究会等学术研究组织，加强地方志理论和编纂实践研究，加强地情文化研究，推动理论研究和学习交流活动常态化。采用多种形式，加强与高校、科研院所、档案机构、图书馆、其他城市等的交流与合作，提高方志理论研究水平。每年制定三至四个主题，定期邀请市本地各部门的专家学者，举办学术交流活动，将研究成果汇集成册。举办方志讲坛，邀请湖州方志方面的专家，请市级机关部门和学校参加论坛，增强湖州地情的宣传力。此外，建立“湖州方志人”微信群，定期发布活动及地情信息，请这些意见领袖转发宣传，充分利用他们的个人魅力，扩大方志的影响力。

（五）馆校结合，发挥爱国主义教育基地功能

与湖州市的中小学校联动，借地、借势、借技为学生开展第二课堂活动提供场所。组织全市中小学生进馆参观活动，使学生们通过参观展览，进一步了解湖州地情，并举办“我爱湖州”主题征文比赛等，开展乡土教育系列活动，增强爱国主义情怀，树立正确的世界观、人生观和价值观，培养社会责任感。在寒暑假期间与湖州各小学合作，培养小学生作为湖州方志馆的志愿者，在假期进行讲解活动，培育小学生爱祖国爱家乡的爱国主义情怀，把湖州方志馆打造成为爱国主义教育基地和中小学地情教育社会实践基地。

同时，与湖州师范学院等大中专院校合作，为更多的大学生提供教育实践活动，增强大学生服务社会的意识与能力。招募志愿者，组建志愿者服务队到湖州方志馆协助或承担相关社会服务工作，参与方志馆历史档案和地方资料的整理和研究。

（六）丰富各类活动，创建湖州地情教育社会实践基地

每个季度举办一次主题展陈活动，如历代志书展、湖州家谱展、湖州文献资料展、湖州两院院士成就展等，使方志馆成为湖州历史文化的一个重要展示窗口。利用节假日开展相关活动，吸引广大市民进馆。活动是提升人气的重要手段，元宵节举办了元宵猜灯谜活动，当天进馆人员逾千人，上午、下午各组织了两场免费讲解活动，每场次参观人员超过50人，极大提升了方志馆的知名度。此外，组织方志馆工作人员走进湖州社区和乡镇，开展现场宣传活动，通过开展地方志成果展、书展等特色项目展示，一方面发放编印的宣传册；另一方面请工作人员现场讲解，让群众了解什么是方志，广泛进行地情宣传和历史文化传播，鼓励和倡导全社会读志、传志、用志。

四、结语

建设方志馆是一个阶段性工程，而利用好方志馆则是一项惠及千秋的长期工程。要使一个馆保持经久不衰的活力，宣教功能是最为重要的一个环节。通过新媒体平台、意见领袖和各类活动的宣传，提高方志馆的知名度。通过馆校结合、数字方志馆、学术交流等形式，吸引学生、专家、市民进馆参观。切实发挥方志馆的宣教功能，将其打造成当地学生的爱国主义教育基地、本土文化的展示窗口和地方志工作的研究场所。

（作者单位：湖州市地方志办公室）

现代方志馆功能与运维刍议

——基于重庆市九龙坡区方志馆建设的思考

邓 立 吕 晋

提 要：方志馆是传承地方文化、弘扬地域文明的重要载体，现代方志馆是信息化高度发展下“互联网＋地方志”的时代产物。近年来，各级各类方志馆为适应地方志事业发展需要建成投用，但就整体而言，当前现代方志馆的建设和日常运维仍处于探索、起步阶段，共性问题已经凸显。重庆市九龙坡区充分借鉴各地现有传统方志馆和数字方志馆设计规划理念和建成后的日常运维方式，加快推进多维一体方志馆建设。本文通过总结九龙坡区方志馆建设的一些思考，力求探索现代方志馆的规划、建设、功能及日常科学运维。

关键词：现代方志馆 功能 运维

当前方志馆建设模式，一种是与图书馆、党史馆、文化馆、博物馆等功能类似的馆体二合一、多合一，另一种是单独建立一座方志馆。单一方志馆建设在重庆市及西部地区数量少、起步晚，但发展速度较快，并随着地方志事业的发展逐渐自成特色。方志馆作为一项重要公共文化服务载体，日益发挥其开发地方资源、传承地方文化等作用，同时也面临着发展不均衡、社会认知度不高等问题，探讨其功能与科学运维，将有助于更好地建设现代方志馆并为大众服务。

一、现代方志馆建设面临的问题

近年来，方志馆的建设在一定程度上满足了人民群众对地方文化的需求，对地方志事业的发展起到了明显的推动作用，但仍面临着一些问题。

一是发展不均衡。一方面，与中部、西部地区相比，东部地区方志馆数量相对居多；另一方面，省、市级方志馆建馆质量要优于县级方志馆。二是社会认知度不高。与各类文化机构相比，方志馆的社会认知度仍然处于较低的水平，公众对方志馆的含义和用途缺乏必要理解，甚至存在着将方志馆与一般意义上的展览馆等同的文化心理。方志馆仍然没有真正地融入社会，仍然需要时间得到社会的接受。三是存在发展误区。[①] 有些地区单纯以建馆为目的推进方志馆建设，方志馆设置情况与社会需求不相适应；有些地区盲目攀比先进地区，提出过高的建馆目标和布展理念，与地区实际明显脱节；有些地区则追求眼球效益，方志馆服务范围过于宽泛，不仅涵盖了传统意义上的编纂、收藏、研究、咨询、展示等功能，而且承担了部分应该由图书馆、档案馆、博物馆等文化机构承担的职能，这既造成不必要的资源浪费，也在无形当中增加了工作负担。四是数字化、信息化开发和利用不足。首先，对数字方志馆的认识存在误区，数字方志馆通过互联网技术有效克服了传统方志馆在应用、服务时间的限制和空间距离的障碍，但现有数字方志馆的应用则被局限在方志成果的电子化存储与展示，多以网页展示为主，缺乏用户端的体验与交互。其次，社会利用率不高，对地情信息收集、加工、传播和利用不足，随着自媒体时代的到来，“互联网 +”大爆发，现有数字方志馆的功能定位与日新月异的信息交流和运用方式脱节，未能有效发挥其应有作用。

二、完善现代方志馆的主要功能

九龙坡区以打造特色地情馆为出发点，以满足人民群众文化需求为落脚点，以开发利用地方志资源为有效途径，积极推进方志馆建设。九龙坡区方志馆的立项建设，源于信息化时代满足人民群众的文化需求，力求打造一个

① 黄琦峰：《方志馆建设可持续发展对策分析》，《黑龙江史志》2014 年第 1 期。

馆藏丰富、管理规范、设备完善的服务经济社会发展的重要地情资料收、管、用平台。这决定了新建方志馆应具备以下三大功能，并以功能入手规划方志馆建设方向。

（一）资政教育功能

地方志记述一定地域自然和社会各个方面的历史与现状，涉及的内容包括自然、地理、历史、人口、经济、政治、军事、教育、科技、文化、卫生、体育、社会、民俗、人物等，是一种巨大的地情资源和信息资源，这些地情资源是发展当地经济的重要参考材料，并具有明显的地方色彩。这就决定了方志馆收藏资料是一地的地情资料中心，利用这些地情资料可以对广大人民群众，特别是青少年进行爱国主义教育，让方志馆发挥其资政教育功能。朱佳木指出，编纂地方志的过程，是对地情国情进行深入、持久、全面、系统调查的过程。[①] 因此方志馆，应当追本溯源，办成与地情书相对应的地情馆，成为广大群众尤其是青少年进行地情教育、国情教育、爱国主义教育的重要基地。

（二）地方文化储存展示功能

当前，各地的图书馆、档案馆、博物馆是文化储存和展示的主要场所，并成为各类文化作品馆藏的首选之地，其文化储存容量大、辐射性强、特色突出、服务体系较为完善。但因收藏重点、内容主题、功能作用的偏向性，决定了作为地方文化储存功能的首要场所仍是方志馆。它的地方文化储存功能是社会赋予方志馆的一项基本职能，无可替代。

首先，图书馆收藏的重点是全国乃至世界各国出版的图书、期刊，档案馆收藏的内容主要是辖区内各机关、团体、单位形成的文件材料，而地方志作为具有中国特色的文化载体，以大量文献资料全面反映各地不同时期的历史、政治、经济、教育、地理、人物、风俗等方面，并代表着独具中国特色的文化，方志馆对地情资料的收集储存是档案馆、图书馆、博物馆无法替代

① 朱佳木：《什么是方志馆以及应当怎样建设方志馆——在杭州方志馆设计方案论证会的讲话》，《中国地方志》2012 年第 2 期。

的。其次，各地方志馆陈列、展示的主要内容是各地的历史、现状与未来，是一项具有重大意义的文化工程。方志馆以征集、收藏、利用、开发、编辑本地的各类地情资料为主业，其展示范围既涵盖了档案馆所藏档案的精华部分，也有档案馆未列入收藏范围的内容。正是鉴于方志馆与图书馆、档案馆、博物馆是文化储存场所不同的功能定位能有效行成互补，“二合一”“多合一”的建馆方式才成为当前各地方志馆建馆的主要方式。

（三）数字化应用与研究功能

《全国地方志事业发展规划纲要（2015—2020年）》提出未来5年全国地方志信息化发展的总体目标，既为地方志信息化建设指明了方向，又对加快数字方志工程建设、开发利用地方志地情信息资源提供了法律保障，对全国范围开发利用地方志资源、更好地为现实服务具有极其重要的意义。

当前，全国各地“智慧城市”建设得到大力推进，“互联网+地方志”应运而生，数字方志馆得以初步发展。数字方志馆具有数字性、储存性、开放性、高效性、实用性等特点，网络技术克服了时空障碍，实现异地阅读，为读者提供了便捷服务，也为方志人开发利用地方志信息资源提供了平台。但方志系统的数字方志工程建设还处于探索和基础建设的起步阶段，较多采用的做法就是将传统志书从形式到内容全盘照搬上网，被称之为传统方志的网络版。已建立的网站或地情数据库缺乏知名度，访问量不足，还没有达到服务规模，在“储存性”和“实用性”等方面还有大量的工作要做，有待不断充实各种数据库内容，开拓多种服务渠道，进一步发挥服务社会的作用。所以积极探索和建设以大数据为基础，建设适应社会需求的数字化方志应用与研究是现代方志馆必须具备的功能之一。

三、科学运维现代方志馆

相较于东部和沿海地区对方志馆建设、日常运维的多年探索和积累，重庆市九龙坡区相关工作起步晚、经验不足、工作机制缺失、专业人才匮乏、地情资源开发利用能力较弱。[①] 总结先进地区方志馆建设经验，结合自身实际情况，需以信立馆，加强现代方志馆的日常利用。并从完善方志馆公共文化服务体系建设体制机制、促进方志馆公共文化服务标准化和均等化等几个方面入手着力强化方志馆日常运维。

（一）加强现代方志馆的日常利用

一是丰富和延展方志馆藏，以期取信于民。方志馆收藏要独具一格方能立足于诸多公益馆藏机构之列。如果只是展示地方志编纂的过程，选题太窄，受众过少；如果举办地方历史展，场地有限。所以在有限的空间应集中展示受众热心、关心的，且来源于受众又有用于受众的地情信息。首先是环境的直观展示，包括行政区划、地理位置、自然环境、方物习俗，让馆藏利用者直观感知所处的客观环境。其次是经济社会发展状况展示，包括三大产业、科教文卫发展现状，悠久历史文化传承、现当代名人趣事等，让馆藏利用者在生动活泼的地情资料中获取所需信息。最后是特色地情信息展示，包括传统特色文化、地域风土人情、民族民俗等内容。建设成为广大人民群众充分利用的方志馆才能体现其存在的价值和意义。

二是加强地方志成果质量管控，以期立信于民。方志馆建设是以高度权威性和可信性的地方志书为基础的公益性基础文化设施，地方志工作成果是建馆之基、立馆之柱。地方志书是官修书，是方志馆藏的主题内容。“其载欲悉，其事欲核，其书欲直”，要求记述事物的发生、发展、变化、结果客观公正，秉笔直书，求真存实，不隐恶、不溢美，汇集各地自然、人文、社会、经济的历史和现状，是全面、系统、准确的地情书，是传统思想文化、当代思想文化的共同载体，具有其他图书难以比拟和替代的客观性、权威性和可信性。鉴于此，全面提升地方志书编纂质量，增强方志工作成果的科学性、系统性、趣味性不仅是修志工作的内在要求，也是充分利用好、发挥好方志馆作用，吸引广大人民群众到方志馆参观、学习、科研的基础条件。

① 郑赟：《公共文化视角下重庆方志馆建设管理问题研究》，重庆大学2015年硕士学位论文。

（二）强化现代方志馆的日常管理

一是博采众长，完善机制。借鉴先进地区成熟的方志馆建设管理经验，完善适合本地方志馆建设发展规律的运行机制。首先，广借先进设计理念，完善建馆机制。采取政府出资、多馆合一、集中布局、功能分区的方式立项建设方志馆，统筹方志服务设施网络建设，落实“建设用地指标”和“建设标准”中的服务半径、覆盖面积、建设规模的规定，力求有限的方志馆资源取得最大的覆盖率。其次，广开资源引入渠道，完善方志资源整合机制。广泛收集民间藏书入馆，吸引民间力量参与方志馆筹建工作，发挥民间力量的优势，进而发挥各种资源协同运营的优势，以促进方志馆的有效运作。最后，广采成熟运维经验，完善日常工作机制。日常工作机制是方志馆正常运维的有效保障。一方面以岗定责，明确行业管理制度，严格遵守《地方志工作条例》以及上级政府的明文规定，在实践中不断强化“有章可循、有制必依”的理念，把监督和自我监督寓于方志馆应用全过程。另一方面，积极对接城市化、信息化、数字化发展轨道，以适应社会进步的需求。

二是广开渠道，吸纳人才。方志馆是开发利用地方志资源的有效形式，馆藏资源重要，硬件设施重要，但优秀的从业人员更为重要。首先，加强方志馆基层应用人才培训。方志资源多来源于各地、各行业基层单位，多应用于各类经济社会建设需要。一方面设立基层地方志公共文化服务组织和岗位，配齐各机关、企事业单位、村居方志专（兼）职人员，邀请地方志专家、学者加强基层队伍培训，确保地情资料来源高质量、高效率；另一方面，通过培训，普及方志馆实际功能，提升方志馆知名度，扩大方志馆使用面，增强方志馆社会价值和认知度。其次，广泛吸纳专业优秀人才。在有限的国家经费支持下，大力吸引各院校专家以兼职、顾问身份参与地方志工作和方志馆日常应用工作中来；以自愿为前提，组织本地具有良好的地方志工作能力，精通地方志工作规范，熟悉市情、区情的机构编制外人员，组成半官方专家小组，指导当地修志工作和方志馆日常运维。[①]

三是广撷时代脉络，推进技术应用。数字方志馆是“互联网+”技术发

① 高燕妮：《方志馆建设管理初探》，《史志学刊》2015年第6期。

展和社会应用手段变更的必然产物。承载传统文化的方志馆应主动适应网络、信息、多媒体技术的高速发展，博采广撷，加快推进方志信息化、现代化建设进程。一方面要正确认识数字方志馆。它是基于地情信息数字化基础上的，集地情数据存储、应用与开发、加工与挖掘、方志信息输出、用户交互为一体的服务型平台，而不仅仅是方志成果网站发布的电子版。另一方面数字方志馆的建设是实体方志馆功能的有效拓展。数字方志馆建设的根本目的在于受众不因时间、地域的影响而阻碍对方志知识的应用，所以通过建设数字方志馆应更加广泛收集、存储地情资料，把其建设成馆藏最为丰富、最为权威、最为及时的地情信息资料中心、方志文献中心、区域文化服务中心，以实现方志馆的利用效用，提高方志馆的使用价值。

（三）积极探索现代方志馆可持续发展之路

一是突出主体、政府兜底。地方志工作是一项法定的文化事业，具有独特的公共文化服务功能，方志馆建设与运维是地方志工作的重要组成部分，因此弘扬优秀传统文化、服务经济社会发展、突出公共文化服务属性是方志馆建设和发展的基础。[①] 地方志工作所需经费列入各级政府财政预算，这为现代方志馆建设、运维提供了坚实的物质保障，各地区应充分利用政府财政在方志馆建设中的兜底作用，结合财力差异，科学规划、积极创新，有序、可持续地推进方志馆建设。二是突出特色、社会参与。方志馆建设上要充分挖掘地域特色、文化差异，结合本地区优势产业发展，丰富业务范围，深化业务内涵，不断提高服务经济社会发展能力，实现方志馆的个性化和社会效益的平衡发展；发动、引导、鼓励社会组织和个人参与方志馆建设，推动方志馆工作与社会各方的有序协调运转，努力实现馆藏资源精品化、特色化、可持续化，提高方志馆社会认知度，增强公众对方志馆的了解程度；充分发挥方志馆功能作用，联合其他组织积极开展各项专题展示、特色文化活动，提高方志馆的文化适应性，进一步促进方志馆与社会公众共建共用的良好互动关系。

（作者单位：重庆市九龙坡区政府办公室、重庆市九龙坡区地方志办公室）

---

① 冯翠兰：《关于发展地方志文化产业的思考》，《史志学刊》2008年第1期。

论西藏自治区方志馆建设的重大意义

汪德军

提　要：在我国，编修地方志已有2000多年的悠久历史，并逐步形成了特有的方志文化，在传承历史、弘扬文化、促进文明、推动进步等方面发挥了特殊的作用。方志馆作为一项新型基础文化设施，不仅有效推动了地方志编修工作的深入，而且在服务中心工作、服务人民、服务社会方面起到了积极作用。西藏自治区情况特殊，地方志事业发展起步晚、基础差、难度大，在西藏建设方志馆对于西藏历史保护、文化发展、宣传教育、地情网建设、地方志事业发展、改革发展稳定等具有十分重要的意义。

关键词：西藏　地方志　方志馆　意义

编修地方志是中华民族的优秀传统，也是中华民族血脉相承生生不息的源泉和动力。一部部志书真实记录了地方自然、政治、经济、文化和社会等各方面的情况，集成了国情、地情的资料宝库，是典籍中的瑰宝。2000多年悠久的地方志编修史造就了特有的方志文化，并成为中华民族优秀文化的重要组成部分，与其他文化共同缔造了我们中华民族的文化自信，在传承历史、弘扬文化、促进文明、推动发展等方面发挥出了特殊的作用，在提升国家文化软实力、建设社会主义文化强国的进程中发挥了不可替代的重要作用，在实现中华民族伟大复兴中国梦的伟大实践中提供了有力支撑。纵观全国地方志事业发展，方志馆作为推动地方志事业科学发展的重要载体，得到了各级党委、政府的高度重视，方志馆建设步伐显著加快。截至2016年底，全国建成各类方志馆470多个。西藏有着悠久的历史和深厚的文化底蕴，建设方志馆意义更加重大、更加特殊。

一、西藏方志馆建设背景

（一）西藏地方志编修基本情况

西藏由于特殊的地理环境和人文环境，长期以来没有修志传统和习惯，特别是没有官方修志的传统，地方志编修基础十分薄弱，找不到能够系统反映整个西藏历史发展变迁的志书。民间自发编纂的类似于志书的书籍、文献、作品在不同的历史时期零散存在，以不同的方式，从不同的角度，记录反映西藏的自然、历史、政治、人文、风土、宗教等。藏文史集的书名使用“宝镜”“宝鉴”“琉璃”“饰”“律”等词，寓意通过历史来对照、反省自己及教育他人，从其功能上类似于地方志书。如《汉藏史集——贤者喜乐赡部洲明鉴》《格鲁派黄琉璃镜史》等。另外，在西藏综合叙述历史的著作比较多，有王统史、教法史、家族世系史、教派源流史等种类，如《吐蕃大事纪年》《吐蕃赞普世系》《西藏王统记》《红史》《雅隆尊者教法史》等，也可看作是地方志书中的作品种类。这些史集种类繁多，各成体系，也没有一定的延续性。

清代以来，藏族学者开始撰写与汉文体裁“志”相近的书，其中《卫藏道场胜迹志》尤为突出，至此藏文传统地方志初现雏形。清代，驻藏大臣等进藏文武官员，把修志传统引入西藏，开始按汉文传统方志文体编修西藏的地方志，纂修了诸多汉藏文志书，如《西藏志》《卫藏通志》《西招图略》《拉萨厅志》《西藏图考》等，为社会主义新方志的起源和发展奠定了一定的基础。

20世纪80年代初，全国已经呈现出“盛世修志”的大好形势，然而直到20世纪90年代末，在中央有关领导“西藏也要修志”的指示下，西藏的社会主义新方志编修工作方才启动。在自治区党委、政府的高度重视和坚强领导下，各级各部门在机构不健全、资料缺失、经费紧张的情况下，开启了一项前无古人的全新工作，广大西藏方志人大胆探索、积极工作，经过20年的辛勤劳动，已编纂出版各类志书92部、年鉴约50部，较好发挥了存史资政、教化育人的作用，并逐步成为全区一项重要的文化系统工程。

对比全国地方志事业的发展水平，西藏地方志工作还存在不小的差距。第一轮修志任务仅完成一半，且志书质量参差不齐。第二轮修志任务刚刚启动，地方综合年鉴工作尚未全面铺开，到2020年实现“两个全面”的目标，任务十分艰巨。同时，从目前情况来看，西藏的地方志工作还停留在追赶全国志鉴编修进度的阶段，还仅仅处于“编一本书”的层面，无暇顾及古籍旧志整理、地情资源开发利用、方志理论研究、方志成果转化等，地方志工作亟待加强。在这样的形势下，要传承好西藏优秀灿烂的民族文化，挖掘好西藏地方发展历史，展示出在中国共产党领导下西藏各族人民建设美丽家园伟大实践的历程，总结西藏地方志工作经验得失，加快西藏地方志编修进程，发挥好西藏地方志的积极作用，西藏自治区方志馆建设势在必行。

（二）全国方志馆建设的良好态势

方志馆作为新型公共文化基础设施，伴随着地方志事业的不断发展，方志馆建设得到了极大的发展。早期对方志馆的理解是片面的、狭义的，就是编修、收藏志书的场所，随着时代的进步和发展，其功能定位得到不断延伸拓展，发展为现代方志馆，集收藏、展示、科学研究、学术交流为一体的多功能基础设施。1996年，广州市方志馆建成开馆，随后全国各地方志馆建设蓬勃开展，为政府决策、经济建设、文化发展、科学研究、爱国主义教育等提供了广泛的服务，发挥出了重要的经济和社会效益，用无可辩驳的事实证明了建设方志馆的现实意义。全国方志馆建设的迅猛发展态势，给西藏自治区地方志部门以极大的鼓舞和启示。

二、西藏方志馆的设计理念与建设情况

经过多年的努力，西藏方志馆建设工作已经取得实质性进展。西藏方志馆建设结合西藏史志合一的特点，采取与西藏党史纪念馆合建的方式推进，共占地152亩，主体建筑30000余平方米，其功能定位就是集收藏保护、展览展示、编纂研究、专业咨询、信息化建设与服务、开发利用、宣传教育、业务培训、文化交流等于一体的公共文化服务场所。

在设计中注重突出地域特色和民族特色，以“历史长卷”为创意源泉，

以“书”为构成元素，主体建筑水平延展如同画卷一般呈现，建筑体量似山峦起伏，与地域融合、与自然共生，竖向划分的细部处理如同页页书稿叙述着历史的篇章，侧立面似一本本竖起的书籍透露出西藏历史的浑厚。

目前，方志馆建设用地已经落实，并取得建设用地红线图和项目建设规划许可证，初步完成建筑方案设计，预计2017年开工建设，计划用5年时间建成并对外开放。

三、西藏建设方志馆的重大意义

（一）建设方志馆有利于西藏历史的保存、传承

西藏作为一个边疆少数民族地区，同其他少数民族地区一样，有着独有的、厚重的历史，是中华民族悠久灿烂历史的重要组成部分且占有特殊的地位。虽然西藏自古以来没有修志的传统，缺少完整的志书，但是各类史书古籍却不少，客观上记述了西藏的历史沿革、风物人情、地理山川、文化宗教、典章制度、人物生平等，对研究西藏历史具有十分重要的参考作用。

西藏社会主义新方志编修启动以来，各级地方志编修人员坚持对历史负责的态度，多方收集整理资料，甚至从神话、传说中查找线索，多方研究考证，扎实推进地方志书的编纂，结束了西藏无官方修志的历史。截至目前，七地市均完成第一轮修志任务，40多个县区编纂出版了历史上第一部官方志书。这些志书系统记述了本地的历史和文化，却仅仅作为资料书籍留存，没有很好地发挥作用。西藏自治区地方志办公室作为全区地方志工作领导机构，本应承担起方志成果开发利用的职责，但没有一个条件完备的场所，连最起码的志鉴展陈都做不到，理论研究、成果转化、开发利用更是无从谈起，各类志书也就只能作为图书资料存于仓库，无法发挥出真正的作用。

现代方志馆的收藏功能是保存历史、传承历史的有效保障。不管是古籍还是新志，都是记载和保存西藏历史文化的重要载体，如果得不到有效的保存，西藏的历史和文化就得不到有效保存和传承，将有消失在历史长河中的危险。西藏自治区方志馆一旦建成，其强大的藏书功能，能最大限度地集中收藏西藏历史古籍和志书，其良好的保存环境，使各类书籍得以更好地保护、管理，

为西藏历史和文化的传承和弘扬奠定坚实基础，真正发挥出存史的作用。

现代方志馆的展示功能是再现历史、弘扬历史的重要保障。勤劳、善良、勇敢、智慧的先人用双手创造了西藏悠久灿烂的历史，有的通过史书、史料予以记载流传，有的以史诗、歌谣、谚语的形式口头流传。历史不能仅仅记载于史书中，不能仅仅流传于民间，需要更多更好的途径和方式加以挖掘、展示、宣传、传承。方志馆作为地情馆，如果在有效存史的前提下，通过沙盘、实物、场景复制、影视媒体等方式，系统地将以文字记述的西藏历史予以反映和再现，把平面视觉转化为立体感知，将抽象的文字内容变为具体可见的现实产物，西藏那些复杂深邃的历史也将简单直观地呈现出来，更有利于加深社会公众对西藏的了解。

（二）建设方志馆有利于加快西藏文化基础设施建设，推动文化大发展大繁荣

2013年8月19日，习近平总书记在全国宣传思想工作会议上强调，中华优秀传统文化是中华民族的突出优势，是我们最深厚的文化软实力。2011年10月18日，《中共中央关于深化文化体制改革、推动社会主义文化大发展大繁荣若干重大问题的决定》明确提出，要充分认识推进文化改革发展的重要性和紧迫性，更加自觉、更加主动地推动社会主义文化大发展大繁荣。中央第六次西藏工作座谈会提出“西藏是重要的中华民族特色文化保护地。”西藏历史悠久，文化多元丰富，包括古代建筑、藏语文字、宗教文化、藏医藏药、壁画唐卡、民风民俗、民间歌舞、史诗民歌等，这些有形无形、物质非物质的优秀文化，是中华优秀传统文化的重要组成部分，是全社会的精神财富，需要更加有力地保护、传承和弘扬。

目前，西藏文化基础设施建设还十分落后，与全国文化事业发展繁荣的景象还有差距，同经济社会发展和人民群众日益增长的精神文化需求之间矛盾十分突出。西藏文化事业正处在快速发展的关键时期，虽已建成博物馆、地矿博物馆、自然科技馆、图书馆等一系列文化场馆，却没有体现西藏浓郁文化特色的方志馆，这与西藏文化事业大发展大繁荣的要求极不适应，也无法满足广大群众日益增长的精神文化需求。

从当前全国已经建成的方志馆来看，方志馆对于深化城市历史文化内涵

和底蕴，提升城市文化品位，打造城市文化名片具有十分重要的作用。必须从继承和发扬中华民族优秀传统文化和民族精神的高度，深刻认识建设西藏方志馆的重大意义，必须把西藏方志馆建设作为西藏文化“软件工程”中的“硬件工程”、基础工程抓紧抓实。西藏方志馆的建设将填补西藏基础文化设施建设的空白，并成为西藏地标性建筑，充分发挥传承文化、发扬文化、引领文化的作用，进一步推动西藏文化事业的发展，进一步凸显方志馆建设作为基础文化工程的重要性。

（三）建设区方志馆有利于凝聚人心

爱国主义是中华民族最深厚的思想传统，最能感召中华儿女团结奋斗。西藏处于反分裂斗争第一线，在全国具有十分重要的战略地位，能否凝聚起西藏最广大人民群众的人心，事关党在西藏的事业兴衰成败。纵观西藏历史，就是一部中华各族人民交流、交往、交融的民族团结进步史，大量史实证明，藏汉等民族同源同祖，藏族和汉族交往交流交融源远流长，且从未中断过。千百年的历史进程中，各民族始终携手并肩、团结奋斗，共同开发、保卫、建设着西藏，创造了悠久的历史。

西藏自治区成立50周年之际，习近平总书记作出了“加强民族团结，建设美丽西藏”的重要指示。西藏作为一个以藏族为主，多民族融和共存的边疆少数民族地区，要广泛开展民族精神教育，大力弘扬爱国主义、集体主义、社会主义思想，增强民族自尊心、自信心、自豪感，增进对伟大祖国和中华民族的认同，促进各民族共同团结奋斗，激励各族人民把爱国热情化作振兴中华的实际行动，在治边稳藏的伟大实践中发挥应有的作用。西藏方志馆建成后，藏族与各兄弟民族交流、交往、交融的历史就会真实地得到展现，必将成为加强民族团结教育的重要基地，对于凝聚人心具有十分重要的作用，对于推动西藏长足发展和长治久安具有重大的现实意义和深远的历史意义。

新中国成立以来，党领导西藏人民进行革命和建设，先后经历了和平解放、执行协议、平叛与民主改革、自治区成立、社会主义改造与建设、改革开放及新世纪的跨越，铸就了辉煌的历史伟业，是我们建设社会主义新西藏的力量源泉。然而西藏现在却没有一座能够全面承载、反映中国共产党光辉历史的场馆。全面展示中国共产党领导西藏人民革命和建设的恢宏历史，集中凸显党领导西藏人民驱逐帝国主义势力，完成解放西藏、实现祖国大陆统一的伟业和推翻封建农奴制度，发展经济、政治、文化，进行现代化建设，提高人民生活的奋斗史，大力展现西藏社会变革和社会进步的伟大进程，使全区各族干部群众受到深刻的爱国主义教育，更加广泛地凝聚起反对分裂、维护稳定的共识，进一步夯实西藏长足发展和长治久安的基础，这是西藏特殊区情赋予西藏方志馆特有的使命和责任。

（四）建设方志馆有利于加快西藏地情网络建设

地方志上及天文、下涉地理，通古达今、包罗万象，其包含的地情信息丰富，对于服务经济社会具有十分重要的作用，同时也是展示自我、对外宣传的窗口。《地方志工作条例》明确规定，地方志工作机构要组织开发利用地方志资源。《西藏自治区实施〈地方志工作条例〉办法》也明确提出，应当加强地方志工作的基础设施建设和信息化建设，将地方志工作信息化建设纳入本级人民政府信息化建设规划，逐步建立地方志信息网站。运用现代化手段，将方志百科地情资料转化为网络信息资源，实现资源共享、信息共享，为全社会提供广泛的服务，是方志馆建设面临的重要任务。在“互联网＋”的背景下，西藏方志馆建设将综合考虑信息化建设需求，在硬件设施、软件平台等方面做出具体规划和设计。西藏方志馆建成后，可以此为基地，逐步实现方志成果数字化转化，与西藏地情网站同步推进，实现地情信息共享，为全社会搭建起一个认识西藏、了解西藏、研究西藏的平台。

（五）建设方志馆有利于西藏地方志事业发展

地方志事业不仅仅是编纂地方志，还承担着理论研究、经验交流、成果转化、开发利用等职能，必须有一个集收藏、展示、研究、交流于一体的综合性文化场所作为阵地。方志馆建设正好符合地方志事业发展的这一需求。

首先，方志馆具有收藏功能，完整地收集、收藏各类地情、国情资料文献，能为方志研究提供翔实的资料。在掌握丰富资料的前提下，地方志工作机构就能根据各级领导和社会各界的需要，组织力量开展多方面研究。既可以针对某地、某部门、某专业、某事件进行专题研究，又可以针对地情变化和地域发展进行研究，还可以结合实际进行方志理论研究，为推动地方志事业发展提供强大的理论指导。

其次，方志馆各区域功能划分明显，并配备完备的多媒体设施，能为志稿评议、年鉴评审、学术交流、理论研讨等活动提供必要的场所，对于提高书稿质量、促进学术交流具有一定的推动作用。同时，还可以利用丰富的方志资源和多媒体技术，开展地方志、年鉴业务培训和观摩交流，对于进一步加快地方志队伍建设具有十分重要的作用。

西藏自治区党委政府高度重视地方志工作，特别是近年来加大对地方志工作的领导和指导，西藏地方志工作进度进一步加快，编修力度进一步加大，工作成效进一步呈现。但是西藏自治区地方志工作正处于转型升级的时期，要实现从地方志工作到地方志事业的转型任务十分艰巨，还需以方志馆为阵地，依托方志馆丰富的馆藏、优越的条件、先进的设备设施、强大的功能，在完成“两个全面”目标任务的基础上，把地方志编修往乡镇、村下沉，向特色领域延伸拓展，并注重对方志理论的研究，加强横向、纵向的交流联系，挖掘更深、更细、更精的历史文化，推出更多更好的地方志成果，更好地服务社会。

总之，建设好西藏方志馆意义重大，不仅对于加快西藏地方志事业发展具有推动作用，而且对促进西藏长足发展和长治久安具有十分重要的意义，是一项功在当代利在千秋的重要工程，我们责无旁贷。

（作者单位：西藏自治区地方志办公室）

试论库尔勒地情馆建设的价值和作用

彭 君 杨晓娟 王 雪

提 要：本文结合库尔勒市地情馆的建设和发展实践，就新疆少数民族地区地情馆所发挥的价值和作用作初步探讨，认为在提供公共文化服务、资政城市经济社会建设、助力旅游产业发展、传承历史、民族团结教育和社会稳定等方面均有重要价值和不可或缺的作用。

关键词：库尔勒地情馆 价值 作用

新疆库尔勒市拥有深厚的文化底蕴，是一座既古老又年轻的新型城市。楼兰文化、丝路文化、罗布泊文化赋予它无穷恩惠，又因盛产香梨，被誉为“梨城”。库尔勒市是新疆重要的现代化区域中心城市、丝绸之路经济带核心重要支点城市、中国西部的“塞外明珠、山水梨城”，在全国中小城市综合实力百强县市中位列第44位。

库尔勒地情馆是集方志馆、党史馆、档案馆为一体的综合类展览馆，2014年10月22日建成并投入使用。建筑面积3745.62平方米，为地上四层、地下一层。其中，展厅面积880平方米，分为“历史足迹”“励精图治”“砥砺开拓”“铸就辉煌”四个部分，设有历史沿革、建党建政筹划、梨城之光等21个板块内容。同时，利用电子触摸屏丰富展陈内容，包括历史人物、丝绸之路、新疆民族发展史、新疆宗教发展演变史、历次党代会介绍、城市荣誉创建工作纪实、援疆干部名录等。修志问道，以启未来。肩负使命的库尔勒方志人在潜心修志的同时，问道本地发展，不懈发掘地情文化资源，在服务大局、经世致用中多出成果，彰显了地方志的活力。

一、地情信息襄举公共服务职能发挥

“盛世修志，志载盛世。”地情馆作为推动地方志事业前进和发展的重要阵地，更好地保存修志编鉴成果，广泛传播方志文化，充分发挥地方志的公共文化服务功能，积极参与经济社会发展，给地情馆的建设与发展提出了更多、更高的要求。地情馆建设不仅是馆舍的硬件建设，也是一项包括软件建设在内的系统工程。只有站在服务大局、服务社会、服务地方志事业发展的高度，紧紧抓住地情馆公共服务能力建设，才能使方志馆成为名副其实的物质文化的地理标志，满足精神文化的需求。

抓好基础设施建设，夯实地情馆提供公共文化服务的基础。地情馆集中展示修志编鉴成果和悠久的方志文化是其应有之义。只有结合本地地情民俗特点，创新宣传形式，扩大地方志工作的社会影响力，宣传地情文化，才能吸引各界人士关心和参与地方志工作，进一步优化地方志事业发展的良好氛围。库尔勒地情馆以文字、图片、实物档案、电子触摸屏和投影及互动体验等多媒体手段，形象生动地全面展示了库尔勒的历史变迁和发展成就，所涵盖的档案、党史、地方志内容，凸显出地方特色，为社会各界人士研读志书、了解市情、资政教化提供了重要平台，担当起“地理通”“诸事清”“百科明”的重要角色。

抓好资源建设，充实地情馆提供公共文化服务的内涵。通过各种途径，努力使地情馆馆藏资源最佳化和最大化，从根本上提升服务中心工作和满足社会各界需要的能力及实力。库尔勒地情馆充分发挥史志资料优势，积极、主动为党委政府提供资政参考；充分发挥地情文献的收藏、展示、编研、交流等作用，为社会各界提供全方位的地方史志信息服务，使库尔勒地情馆成为爱国主义教育基地和展示全市经济社会建设成果的重要窗口；充分利用史志成果和积累的地情资料，弘扬地方文化，满足不同层次群众的需求。如2015年库尔勒市开展第二轮地名普查工作，地情馆依据历史记载和地情知识，为库尔勒市道路、河流、桥梁的命名提供了大量的历史文献和参考资料，最终河流均以鸟的名称命名，渠以所处方位和功能命名，桥梁以所经过的水系、道路和反映桥梁特色的词汇命名，得到市民一致好评。

常讲修志为用、修志要为现实服务。为了丰富地情馆馆藏内容，库尔勒市鼓励和支持开展部门志、行业志和专业志编纂工作，方便社会各界读志用志。为了让更多志书、地情资料更好地发挥教化育人作用，地情馆采取了有力举措推进地情文化的普及，把地方志书和年鉴送进机关、学校、军营、企业、街道（社区）、图书馆和各大媒体，让老百姓和更多的机关干部读志用志，拓宽了用志领域，满足了各界人士对地情资料的查阅需求，提升了服务经济社会发展大局的能力。

二、地情资源助力城市发展之道

“治天下者以史为鉴，治郡国者以志为鉴。”对地情资源的全面掌握和科学合理的开发利用，争取有限资源投入的最大效益，确实是社会发展和经济建设中的重要问题。库尔勒市社会各界对地情资料有着较大需求，各级领导经常参观地情馆，调阅志书、年鉴等各种地情资料。城市的老城改造、区划调整、街道办事处拆分等许多重大决策，许多部门和单位制定经济发展规划和城市建设规划，都认真参阅了地情资料。

用翔实的地情资料为争取城市名片提供依据。地情馆充分发挥编鉴、用志、储存、学术交流等多方面的作用，帮助各级领导充分认识库尔勒的地情，借鉴历史经验，准确把握库尔勒经济社会的发展规律，为库尔勒的资源开发、旅游项目建设、传统名优产品开发、防灾减灾等提供可靠的信息和根据，为城市改革开放和经济建设提供第一手科学发展资料。如库尔勒市党委政府利用志书，全面、深刻地了解库尔勒市的自然、政治、经济、文化、历史，从中吸取经验教训，在科学判断形势的基础上，找准了“建设新疆重要的现代化区域中心城市”这一科学发展目标，制定了“建成全州跨越式发展的增长极，成为新疆重要的现代化区域中心城市”，打造中国西部“塞外明珠、山水梨城”的“三步走”发展战略。

用丰富的地情资料为经济社会发展服务。库尔勒建设发展的一系列新思路、新目标、新举措，如“三河贯通”棚户区改造工程，上水城、生态城、幸福城三个城市新中心建设，上库综合产业园和塔什店循环经济产业园与库尔勒经济技术开发区错位发展，打造“一主两翼”发展格局等一系列重点民生工程建设，地情馆在第一时间提供了全面、准确和系统的历史、现实资料，为领导科学决策提供参考，为兴建大型项目提供依据，为片区改造的规划论证献策。库尔勒市旧城改造项目获“中国人居环境范例奖”殊荣。如今的库尔勒，彰显出了“古咽喉、新支点”“水韵梨城”的独特魅力，船在景中行、城在水中立、人在画中游，“乘船游梨城”成为城市新名片。

用准确的地情资料为领导决策服务。库尔勒市以地情资源为基础，提出了“十三五”期间要坚持“现代文化引领”，融合历史传承、时代气息、地域特色、梨城特质，创造更加大气、大美的人文环境，做强做优“文化 +”文章，使文化素渗透到经济、社会、环境和居民生活的方方面面，并进一步内化为梨城精神的内核。

三、地情文化添彩旅游产业发展

地方志是传承人类自然、人文、历史等遗产的重要载体，蕴涵着丰富的旅游资源和旅行游览的史料，与旅游业有着紧密的联系。库尔勒市旅游资源独具特色，如何利用方志文化为库尔勒市旅游经济发展服务，值得思考和探索。从城市营销角度来看，要让外界认识到、愿意来、记得住库尔勒的深厚文化底蕴和丰富旅游资源，需要多渠道、全方位宣传。地情馆记载了一个地区的旅游资源、土特产品及社会经济发展状况等，起到很好的宣传作用，是宣传推介城市旅游品牌和旅游形象的好媒介。

地情文化是凝聚地区身份认同的重要媒介。地情文化存在于文字的记录、文本的保存、历史文化的现实遗迹中。不仅是民族精神与价值典范的延续，更是一个特定区域人民自我认同、团结奋进的文化符号。地情文化资源作为该地区历史形成的产物，是生活在该地区居民共同享有的自然环境或价值典范，无疑发挥着较好的“整合功效”。通过这些共有的自然资源与文化符号的宣传引导作用，有助于形成由“单个人”向“集体人”的回归，增强作为该地区人民的身份认同感。库尔勒地情馆充分发掘有地区优势的地情文化资源助力旅游业发展。以铁门关历史、丝绸之路、东归文化、香梨文化、楼兰文化等“旅游品牌”为依托，深入挖掘库尔勒特有的历史文化内涵，大力推进“五个一”（一关：铁门关国家AAA级景区；一谷：库尔勒大峡谷旅游；一山：北山草原旅游；一园：丝路中华传统文化园；一河：天鹅河景区），为库尔勒旅游发展格局注入了勃勃生机，着力打造新疆重要的旅游集散地、目的地和丝绸之路旅游文化中心。

地情文化是宣传地区形象的重要名片。地情馆的现实风貌是宣传一个地区形象最直接的“窗口”。一个地区的社会知名度及其影响力，很重要的是通过文化资源或者是文化符号的形式加以展现的，并且人们也更加倾向于运用文化符号进行记忆与体验。近年来，库尔勒市利用特有的地情文化资源，成功举办库尔勒香梨文化旅游节、“美丽兰干·甜蜜桑葚”桑葚节、哈拉玉宫乡“浓浓端午情·欢乐杏子节”暨库尔勒赛乃姆歌舞大赛等富有乡村特色的主题旅游文化活动，达到了“一乡一特色、一村一特色”的风情旅游目标，成功打造了库尔勒市乡村文化旅游品牌，使其成为库尔勒特色文化的代表。地情文化资源的开发利用及其产业化发展的趋势，彰显了科学发展、绿色发展的新要求。库尔勒地情馆被授牌“梨城旅游创新发展示范基地”。

四、地情历史留驻记忆乡愁

2014年10月，习近平总书记在文艺工作座谈会上指出：“中华优秀传统文化是中华民族的精神命脉，是涵养社会主义核心价值观的重要源泉，也是我们在世界文化激荡中站稳脚跟的坚实根基。”方志文化是中华民族优秀传统文化，有鲜明的民族特色和时代价值。库尔勒地情馆本着庄重、朴实、简洁、节约的原则，与传统文化相交融、与历史文化资源相印证、与独特地域魅力相依存，将库尔勒市的过去、现在、未来融合为一体，充分展示。融入“梨花”“孔雀河”等梨城特色元素，其Logo整体体现“眼睛”，寓意“眺望”，体现“库尔勒”在维吾尔语里的含义。独具特色的地情风貌和馆内真实资料，激发了梨城各族群众热爱祖国、热爱家乡的热情。

地方志作为中华优秀传统文化的重要组成部分，是社会主义核心价值观的源头活水之一。自开馆以来，库尔勒地情馆接待了机关团体、企事业单位、部队及各界群众参观，成为了解家乡、热爱家乡、建设家乡的生动教材；成为联系人们乡土情感的重要纽带，让老百姓望得见山，看得见水，记得住乡愁；成为党员干部了解库尔勒党的发展历史和加强党性锻炼的重要场所；成为青少年学习革命传统、陶冶道德情操的实体教材；成为库尔勒市城市的一个景点和亮点；成为本地域文化传承与现代文化引领的最佳契合点。库尔勒地情馆被授牌“爱国主义教育基地”“现代文化体验基地”。

五、地情教育促进团结稳定

一市之地情，呈一方之特色。地方志对边疆少数民族地区的社会稳定和长治久安有着独特的文化作用。边疆少数民族地区历来是敌对势力在意识形态领域争夺的主要阵地。他们经常通过歪曲历史、利用民族和宗教问题来蛊惑人心，蒙蔽群众，散布民族仇视，破坏祖国统一、民族团结和社会稳定。而地情馆、地方志书是坚持以马列主义、毛泽东思想和中国特色社会主义理论体系、习近平总书记系列重要讲话精神为指导，运用辩证唯物主义和历史唯物主义的方法，坚持实事求是的原则，客观、全面系统地记述民族地区自然、政治、经济、文化和社会的历史与现状的重要依据和资料性文献。库尔勒地情馆的所处位置，是库尔勒市铁克其乡原中恰其村，原来的铁克其乡属城中村和棚户区，少数民族、流动人口居多，人居环境、乡村发展相对滞后，是库尔勒市稳定最薄弱的区域。2012 年开始，库尔勒市深入贯彻自治区党委、自治州党委的一系列战略决策，结合库尔勒市情、地情实际，把此地作为“三河贯通”棚户区改造工程重要选址地，用 1 年零 4 个月的时间，完成了棚户区的综合改造和集中整治。现在地情馆位于库尔勒天鹅河景区铁克其桥西侧的“九馆三中心”景点之列，所处的区域已成为社会治理体系建设的示范区，属库尔勒市地标性建筑。

地方志对于民族地区各族人民群众树立正确的国家观、民族观、宗教观、文化观和历史观具有十分重要的作用。习近平总书记在新疆考察工作时强调：“要用社会主义核心价值体系引领构筑新疆各民族共有文化和精神家园，不断增强各民族对伟大祖国的认同、对中华民族的认同、对中华文化的认同、对中国特色社会主义道路的认同。”习近平总书记的重要讲话是指导民族地区做好地方志工作的重要指针，库尔勒地情馆针对少数民族地区特点，开设维吾尔语讲解，增加民族团结、“去极端化”教育等解说内容。“用史料说话、让历史发声”，来影响带动更多的人远离极端宗教，引导各族干部群众珍视民族团结，旗帜鲜明地同民族分裂主义和非法宗教活动作坚决的斗争。库尔勒地情馆被授牌“去极端化教育基地”。实践证明，地情馆对于维护社会稳定，弘扬民族精神和时代精神，增强民族认同感、凝聚民族力量有着独特作用。

一方之全史，中华之国粹，文明之根脉。如今的地方志又被融入了更多的时代元素和核心价值，开发、利用方志资源服务人民、服务社会、服务发展，地方志焕发着新的生命力，释放着更为强大的“正能量”。李克强总理“为当代提供资政辅治之参考，为后世留下堪存堪鉴之记述”的殷切期许，方志人定当遵循“既要垂鉴后世，又要惠及当代”的工作理念，强化用志意识、融入意识、地情意识、惠民意识，把库尔勒地情馆打造成地方文献中心、市情文化展示交流窗口、地情资源开发利用中心，为把库尔勒市建成新疆重要的现代化区域中心城市做出新的更大的贡献。

（作者单位：新疆库尔勒市档案史志局地方志办公室）

红军团纪念馆发展中的问题和亟待解决的办法

叶　蓉

提　要：七十二团这个具有光荣革命历史的老红军团场，是肖克、王震、王恩茂将军率领的一支英雄的部队，是展现兵团屯垦戍边历史、讴歌创业者和进行爱国主义、社会主义、革命传统教育的生动题材。七十二团党委提出打造“文化大团”的响亮口号，做大做强团史陈列馆成为重中之重的首要任务。文章阐述了建设红军团纪念馆的意义和经验做法。

关键词：红军团纪念馆　红色历史文化　红色教育基地

红军团纪念馆地处新疆新源县肖尔布拉克七十二团中心镇区。始建于1991年，原为七十二团团史陈列馆。此后几次扩建，不断充实馆内文物和内容。红军团纪念馆占地面积16590平方米，建筑面积达2880平方米。

红军团纪念馆的展陈项目投资1000多万元，由中国人民革命军事博物馆专家全程指导设计，展厅内容分“序厅”“土地革命时期”“抗日战争时期”“解放战争时期”“驻守南疆”“移防北疆伊犁”“屯垦肖尔布拉克”“将军厅”和“新疆伊力特实业股份有限公司展厅”等部分，展陈面积1740平方米。纪念馆共设置展柜49个，展出历史图片1000多张、实物12类400多件，模拟战争、生产、生活场景11处，使用LED电子屏、投影仪、触摸屏和液晶电视等展教设备15台。

一、红军团纪念馆建设的意义

七十二团的历史是一部浴血奋战的斗争史，一部艰苦奋斗的创业史，这支英雄的部队在血雨腥风中诞生，在枪林弹雨的征途中成长，在屯垦戍边的凯歌声中壮大，曾荣获“插入敌人心脏的尖刀团”和“钢铁团”的称号。共和国的将帅中，有7位上将、19位中将、92位少将曾在七十二团战斗和工作过。老一辈无产阶级革命家留下了革命事迹及大量的照片、手迹、实物等珍贵史料。老首长肖克曾为七十二团题词“揭竿而起自湘赣，南战北征走天山。巧绣荒原如翠锦，中华儿女非等闲。”

从革命战争年代一路走到和平建设时期，军垦人以其艰苦奋斗、无私奉献和坚韧的品质，为这片红色土地留下了宝贵的精神财富和值得后人不断传承发扬的高尚品质。这都是红军团纪念馆的特色。

自2015年9月22日开馆以来，在没有任何补贴和资助的情况下，红军团纪念馆坚持对全社会免费开放，2016年接待游客近4万人次。2016年10月18日，在纪念中国工农红军长征80周年之际，任弼时、肖克、王恩茂、冯祖武等革命家的子女来馆参观，对红军团纪念馆翔实全面的史料、大气恢宏的展陈赞不绝口，并捐赠了《任弼时传》《三五九旅传奇》等作品。中国人民革命军事博物馆专家黎宁来馆参观，捐赠了16张王震和第三五九旅的电子版历史照片，这些照片分别是由美国国家档案馆和中国人民革命军事博物馆馆藏。

红军团纪念馆始终以七十二团红色革命历史为纲，紧扣爱国主义教育主题，大力弘扬爱国主义主旋律，坚持弘扬以热爱祖国、无私奉献、艰苦创业、开拓进取为主要内容的兵团精神，传承忠诚祖国、热爱人民、青春无悔的红军团精神，在革命传统教育、爱国主义教育、兵团精神教育和红军团精神教育方面，发挥着更大更多的作用。红军团纪念馆先后被共青团新疆维吾尔自治区委员会授予青少年爱国主义教育基地，兵团党委宣传部授予屯垦戍边爱国主义教育基地，兵团纪委、监察局授予廉政教育基地，伊犁哈萨克自治州宣传部、伊犁军分区政治部授予自治州国防教育基地，兵团党委组织部授予党员教育党性教育基地，成为宣讲革命传统的教育阵地、青少年红色课堂、党员加强党性锻炼的重要场所。

二、红军团纪念馆的经验和做法

（一）创建国家AAA级景区

为加快团场旅游业发展，进一步提升红军团纪念馆的旅游服务能力，按照师市旅游局的要求，纪念馆开展了国家AAA级景区创建工作。增设休息长凳、垃圾桶、童车等设施，购入担架、医药箱等医务设备，改换中英文对照的导览图，增加工作人员公示栏、意见箱，公开投诉电话。

（二）加强学习培训和制度建设

红军团纪念馆加强学习培训和管理，人尽其责做好各项工作。2016年，先后派人参加了红色旅游开发管理培训班，全员资格证、电工上岗证、导游解说员、文博干部等培训班，提高了纪念馆工作管理水平。纪念馆结合国家AAA级景区创建和纪念馆工作实际，增加了《旅游场所安全保护制度》《旅游高峰期游客安全处置预案》《旅游期特殊情况安全处置预案》等。

（三）纪念馆藏品、档案搜集和管理

纪念馆结合团场城镇化建设推进，加强藏品收集，深入到拆迁住户家中，搜集和购买老家具、老物件，丰富纪念馆的馆藏物品。购买红军长征史料等书籍，突出馆藏特色。

（四）宣传和推介

红军团纪念馆在宣传上利用现代科技力量加大宣传力度，提高纪念馆的知名度。2016年开通微信公众号，充分利用这一宣传推介平台，宣传红军团的历史文化，开展红色教育。

红军团纪念馆为红色旅游的主阵地，主要有以下几个原因：有利于团场代代军垦战士和军垦儿女了解团情，对于广大职工和青少年则是一部进行爱国主义、社会主义、革命传统和屯垦戍边教育的生动题材；对于把青春年华

和汗水洒在这片土地上的军垦老前辈来说，可以激起他们对往昔峥嵘岁月的深情回忆，并可以从七十二团的沧桑巨变中得到慰藉；从七十二团走出去的人们回来看看，可解浓浓思乡之情，同时又是一条与乡人共谋发展大计、振兴桑梓的通道；对于慕名前来观光旅游的游客，则能进行一次爱国主义传统教育，不断提升红军团的品牌魅力，使红军团精神传唱四海。

七十二团的历史是中国革命的缩影，是一部浴血奋战的斗争史，是一部艰苦奋斗的创业史，是一部英雄史。七十二团党委提出打造“文化大团”的目标，纪念馆要抓住机遇，努力做大做强，通过展览展示，将屯垦戍边的艰苦创业、无私奉献精神发扬光大，激励人们珍惜今天的辉煌，创造美好的未来。

（作者单位：新疆生产建设兵团第七十二团）

中国苏州文化创意设计产业交易博览会“方志中国”展、首届全国方志馆馆长论坛、中国名镇影像志启动仪式综述

2017年4月21—22日，由中国地方志指导小组办公室、国家方志馆主办，江苏省地方志办公室协办，苏州市地方志办公室承办的中国苏州文化创意设计产业交易博览会“方志中国”展、首届全国方志馆馆长论坛、中国名镇影像志启动仪式在江苏苏州成功举行。

一

4月21日上午，2017第六届中国苏州文化创意设计产业交易博览会在苏州国际博览中心拉开帷幕。文化部副部长项兆伦，江苏省委常委、宣传部部长、统战部部长王燕文，江苏省委常委、苏州市委书记周乃翔为展会打开启动引擎。江苏省副省长蓝绍敏，苏州市委副书记、代市长李亚平分别致辞。中国地方志指导小组秘书长，中国地方志指导小组办公室（以下简称中指办）党组书记、主任冀祥德出席开幕式。

本届创博会以“品质生活缔造者”为主题，展示总面积6万多平方米。主场馆设在苏州国际博览中心，面积4万平方米，近70个主题展馆。“方志中国”展是三大展区之一的“行走中的设计——文旅融合展”中的重要一项。首届全国方志馆馆长论坛是本届创博会3个国家级论坛活动之一。这是苏州创博会首次展示方志文化和全国方志成果。

展会启动后，冀祥德和江苏省地方志办公室党组书记、主任漆冠山共同

为“方志中国”展览揭幕。中指办副主任刘玉宏主持开幕式，苏州市地方志办公室主任陈兴南介绍展览筹备情况。

“方志中国”展馆外立面由14328本各地志书组成。内部以全国方志馆馆名墙作为背景，设置了你知道地方志吗、传承历史要靠我、古今名人钟爱我、弘扬文化我担当、独特文化就是我、文化成果我老大等十几个板块，以拟人手法形象地展示了方志的独特作用和文化魅力。现场还展示了500多本全国各省市的志书，让各地观众感受家乡的气息。

开幕式后，文化部副部长项兆伦，江苏省委常委、宣传部部长、统战部部长王燕文，省委常委、市委书记周乃翔等领导莅临“方志中国”展览，对“方志中国”展览全面立体的方志文化展示给予充分肯定，认为方志文化与文化创意产业的融合是对宣传弘扬传承方志等优秀传统文化的有益探索和创新。他们还饶有兴趣地翻阅志书。

二

21日下午，首届全国方志馆馆长论坛在苏州市金鸡湖会议中心召开。中国地方志指导小组秘书长，中指办党组书记、主任冀祥德出席开幕式并讲话。中指办副主任、中国地方志学会方志馆研究会会长刘玉宏主持会议，江苏省地方志办公室党组书记、主任漆冠山，苏州市委常委、市委宣传部部长盛蕾出席会议并致辞。

冀祥德在讲话中指出，首届全国方志馆馆长论坛在苏州举办，意义有三：一是地方志在新时期围绕经济社会发展中心开展工作、开拓创新的重要举措；二是“方志中国”展览和本届论坛的举办，是地方志在全国范围内从一项工作向一项事业转型升级的重要推动；三是首届全国方志馆馆长论坛选择在苏州市举办，是对江苏省和苏州市地方志工作的充分肯定。

冀祥德指出，国务院办公厅印发的《全国地方志事业发展规划纲要（2015—2020年）》和中共中央办公厅、国务院办公厅联合印发的《关于实施中华优秀传统文化传承发展工程的意见》，都指明了方志馆的发展方向。本次论坛的主要目的，就是要围绕两个文件精神解决以下问题：一是方志馆独特功能和定位，论证其不可或缺的特殊性；二是探讨建成怎样的方志馆；三是建成以后，怎样解决博物馆等其他场馆遇到的门可罗雀问题；四是通过方志馆这一地方志基地建设，推动地方志从一项工作向一项事业转型，大力提升地方志工作机构和工作者的地位，描绘出地方志事业的发展蓝图。

漆冠山对江苏省省情进行介绍，并表示，一直以来，江苏省方志办在中指办指导下，立足主业，突出四个转变，统筹协调推进改革创新，并在志鉴和家训家谱编修、信息化建设、依法治志、方志馆建设等方面取得突破进展。此次创博会展览和首届全国方志馆馆长论坛在苏州市举办，体现了中指办领导对江苏省地方志工作的重视和关心。

盛蕾在致辞中指出，苏州地方志工作以及取得的成绩，为这座历史文化名城增添了浓墨重彩的一笔，也为当下的经济社会发展提供了重要的智力支持，对传承优秀传统文化、提升本区域的影响力发挥了不可替代的积极作用。地方志工作者秉承了“文化 +”的理念，在创博会的平台中来进行展现和推介，赋予地方志新的时代内涵，体现了地方志与互联网科技、旅游等的深度融合。

国家方志馆黄河分馆、北京市方志馆等 16 家方志馆馆长及有关代表作主旨演讲。

刘玉宏在总结讲话中充分肯定了会议取得的成果，指出此次会议是全国方志馆界召开的第一次馆长论坛，达到了统一思想、提高认识、明确任务的目的。对于今后一个时期方志馆建设工作，刘玉宏提出五点要求：一是进一步提升方志馆建设理念。方志文化如此重要，方志人建设方志馆的理念一定要跟上；二是要加快方志馆建设步伐；三是要注重加强方志馆建设理论研究；四是要注重发挥方志馆展览展示功能；五是要进一步加强方志馆的收藏与保护。

来自全国各省（自治区、直辖市）、新疆生产建设兵团地方志工作机构的领导、方志馆馆长和有关业务人员，及新闻媒体记者约 150 余人参加首届全国方志馆馆长论坛。

三

4 月 22 日上午，中国名镇志文化工程中国名镇影像志启动仪式在苏州周庄召开。会议由中国地方志指导小组办公室主办，江苏省地方志办公室、苏州市地方志办公室协办，昆山市地方志办公室、周庄镇政府承办。中国地方志指导小组秘书长，中指办党组书记、主任冀祥德出席会议并讲话，江苏省地方志办公室党组书记、主任漆冠山出席会议并讲话，昆山市委副书记张月林出席会议，市政府副市长徐敏中出席会议并讲话，周庄镇党委书记唐翱致辞。中指办副主任刘玉宏主持会议。

冀祥德在讲话中首先阐释了开展拍摄中国名镇影像志工作的意义。他指出，第一，拍摄中国名镇影像志是地方志的又一创新。第二，中国名镇影像志是中国名镇志文化工程的重要内容。第三，拍摄中国名镇影像志助推方志文化大众化，让地方志走进寻常百姓家。

冀祥德强调，第一，要按计划分阶段有序推进全国名镇影像志拍摄工作，希望周庄积累富有价值的经验。第二，要充分动员社会各界力量，合力推进该项工作，县级地方志工作机构要勇于担当，主动统筹资源，共襄此举。第三，影像志是新时代的产物，要加强理论研究与攻关，要在理论与实践的良性互动中开展，要确保质量合格并力争上乘，切实拍摄制作出堪存堪鉴、形式新颖、为群众喜爱的影像志。

首部中国名镇影像志将围绕江苏省昆山市周庄镇“古镇保护与旅游发展”主题，以口述历史、影像记录的形式，把过去近四十年中沉淀的历史智慧和遗存的平面图文资料，通过数字化的影像志“立”起来、“动”起来、“响”起来，汇聚成每一代人的公共记忆。

冀祥德、刘玉宏、漆冠山、张月林、徐敏中、唐翱共同为中国名镇影像志拍摄开机揭幕。

中央电视台等多家新闻媒体对中国苏州文化创意设计产业交易博览会“方志中国”展、首届全国方志馆馆长论坛、中国名镇影像志启动仪式进行了采访报道。

中华人民共和国国务院令

（第 467 号）

现公布《地方志工作条例》，自公布之日起实施。

总　理　温家宝

二〇〇六年五月十八日

地方志工作条例

第一条　为了继承和发扬中华民族优秀文化传统，全面、客观、系统地编纂地方志，科学、合理地开发利用地方志，发挥地方志在促进经济社会发展中的作用，制定本条例。

第二条　中华人民共和国境内地方志的组织编纂、管理、开发利用工作，适用本条例。

第三条　本条例所称地方志，包括地方志书、地方综合年鉴。

地方志书，是指全面系统地记述本行政区域自然、政治、经济、文化和社会的历史与现状的资料性文献。

地方综合年鉴，是指系统记述本行政区域自然、政治、经济、文化、社会等方面情况的年度资料性文献。

地方志分为：省（自治区、直辖市）编纂的地方志，设区的市（自治州）编纂的地方志，县（自治县、不设区的市、市辖区）编纂的地方志。

第四条　县级以上地方人民政府应当加强对本行政区域地方志工作的领

导。地方志工作所需经费列入本级财政预算。

第五条 国家地方志工作指导机构统筹规划、组织协调、督促指导全国地方志工作。

县级以上地方人民政府负责地方志工作的机构主管本行政区域的地方志工作，履行下列职责：

（一）组织、指导、督促和检查地方志工作；

（二）拟定地方志工作规划和编纂方案；

（三）组织编纂地方志书、地方综合年鉴；

（四）搜集、保存地方志文献和资料，组织整理旧志，推动方志理论研究；

（五）组织开发利用地方志资源。

第六条 编纂地方志应当做到存真求实，确保质量，全面、客观地记述本行政区域自然、政治、经济、文化和社会的历史与现状。

第七条 省、自治区、直辖市人民政府制定本行政区域地方志编纂的总体工作规划（以下简称规划），并报国家地方志工作指导机构备案。

第八条 以县级以上行政区域名称冠名的地方志书、地方综合年鉴，分别由本级人民政府负责地方志工作的机构按照规划组织编纂，其他组织和个人不得编纂。

第九条 编纂地方志应当吸收有关方面的专家、学者参加。地方志编纂人员实行专兼职相结合，专职编纂人员应当具备相应的专业知识。

第十条 地方志书每20年左右编修一次。每一轮地方志书编修工作完成后，负责地方志工作的机构在编纂地方综合年鉴、搜集资料以及向社会提供咨询服务的同时，启动新一轮地方志书的续修工作。

第十一条 县级以上地方人民政府负责地方志工作的机构可以向机关、社会团体、企业事业单位、其他组织以及个人征集有关地方志资料，有关单位和个人应当提供支持。负责地方志工作的机构可以对有关资料进行查阅、摘抄、复制，但涉及国家秘密、商业秘密和个人隐私以及不符合档案开放条件的除外。

地方志资料所有人或者持有人提供有关资料，可以获得适当报酬。地方志资料所有人或者持有人不得故意提供虚假资料。

第十二条 以县级以上行政区域名称冠名、列入规划的地方志书经审查验收，方可以公开出版。

对地方志书进行审查验收，应当组织有关保密、档案、历史、法律、经济、军事等方面的专家参加，重点审查地方志书的内容是否符合宪法和保密、档案等法律、法规的规定，是否全面、客观地反映本行政区域自然、政治、经济、文化和社会的历史与现状。

对地方志书进行审查验收的主体、程序等由省、自治区、直辖市人民政府规定。

第十三条 以县级以上行政区域名称冠名的地方综合年鉴，经本级人民政府或者其确定的部门批准，方可以公开出版。

第十四条 地方志应当在出版后3个月内报送上级人民政府负责地方志工作的机构备案。

在地方志编纂过程中收集到的文字资料、图表、照片、音像资料、实物等以及形成的地方志文稿，由本级人民政府负责地方志工作的机构指定专职人员集中统一管理，妥善保存，不得损毁；修志工作完成后，应当依法移交本级国家档案馆或者方志馆保存、管理，个人不得据为己有或者出租、出让、转借。

第十五条 以县级以上行政区域名称冠名的地方志书、地方综合年鉴为职务作品，依照《中华人民共和国著作权法》第十六条第二款的规定，其著作权由组织编纂的负责地方志工作的机构享有，参与编纂的人员享有署名权。

第十六条 地方志工作应当为地方经济社会的全面发展服务。县级以上地方人民政府负责地方志工作的机构应当积极开拓社会用志途径，可以通过建设资料库、网站等方式，加强地方志工作的信息化建设。公民、法人和其他组织可以利用上述资料库、网站查阅、摘抄地方志。

第十七条 县级以上地方人民政府对在地方志工作中作出突出成绩和贡献的单位、个人，给予表彰和奖励。

第十八条 违反本条例规定，擅自编纂出版以县级以上行政区域名称冠名的地方志书、地方综合年鉴的，由县级以上地方人民政府负责地方志工作的机构提请本级人民政府出版行政部门依法查处。

第十九条 违反本条例规定，未经审查验收、批准将地方志文稿交付出版，或者地方志存在违反宪法、法律、法规规定内容的，由上级人民政府或者本级人民政府责令采取相应措施予以纠正，并视情节追究有关单位和个人的责任；构成犯罪的，依法追究刑事责任。

第二十条 负责地方志工作的机构的工作人员违反本条例第十四条第二款规定的，由其所在单位责令改正，依法给予处分。

第二十一条 编纂地方志涉及军事内容的，还应当遵守中央军委关于军事志编纂的有关规定。

国务院部门志书的编纂，参照本条例的相关规定执行。

第二十二条 本条例自公布之日起施行。

国务院办公厅关于印发《全国地方志事业发展规划纲要（2015—2020年）》的通知

国办发〔2015〕64号

各省、自治区、直辖市人民政府，国务院各部委、各直属机构：

《全国地方志事业发展规划纲要（2015-2020年）》已经国务院同意，现印发给你们，请认真贯彻执行。

国务院办公厅

2015年8月25日

附件：

全国地方志事业发展规划纲要（2015—2020年）

为推进全国地方志事业科学发展，充分发挥地方志工作在我国经济社会发展和社会主义文化强国建设中的重要作用，为全面建成小康社会作出更大贡献，根据《地方志工作条例》，结合当前工作实际，制定本规划纲要。

一、发展基础与机遇

编修地方志是中华民族优秀文化传统，历史悠久，连绵不断。新中国成立后特别是改革开放以来，在党中央、国务院正确领导下，经过各地区各有关部门不懈努力，地方志工作取得巨大成就，形成以修志编鉴为主业、各项工作协调开展的事业格局，拓展了方志文化的内涵，为提升国家文化软实力发挥了独特作用。

（一）工作体制机制基本建立。基本形成党委领导、政府主持、负责地方志工作的机构（以下简称地方志工作机构）组织实施、社会各界广泛参与的工作体制；逐步形成将地方志工作纳入各地国民经济和社会发展规划、地方各级政府工作任务，“认识、领导、机构、编制、经费、设施、规划、工作”到位（以下统称“一纳入、八到位”）的工作机制。

（二）法治建设取得新进展。2006 年国务院公布施行《地方志工作条例》，各地相继制定和完善地方性法规规章，进一步明确了各级政府对地方志工作的领导责任，加强地方志工作机构履行组织、指导、督促和检查地方志工作的职责，确保地方志工作依法开展。

（三）编修成果不断丰富。目前，首轮修志结束，第二轮修志进入关键时期，已出版 7000 多部省、市、县三级地方志书，2 万多部行业志、部门志、军事志、武警志、专题志、乡镇（街道）志、村（社区）志等，1900 多种、1.5 万多部地方综合年鉴，1000 多种、7000 多部专业年鉴，大量地情文献。这些与现存的 8000 多种、10 万多卷旧志及其整理成果，共同构成了一座以国情地情为主要内容并不断丰富的地方志资源宝库。

（四）理论研究逐渐深化。紧密结合修志编鉴实践，积极开展理论研究，已出版各种志鉴理论著作 1000 多部，发表论文 6 万多篇，取得显著成果，有力地指导了地方志工作开展，推动了方志学、年鉴学学科建设。

（五）基础设施建设逐步推进。全国已建成国家方志馆 1 个、省级馆 15 个、市级馆 60 多个、县级馆近 200 个，省级网站 26 个、市级网站近 200 个、县级网站 470 多个，方志工作公共基础设施建设迈上新台阶。

（六）存史育人资政作用日益彰显。通过修志编鉴、开发利用地方志资源，地方志编修已发展成为为国存史的一项重要工作，在记录当代、保存历史、传承文明、发展文化、激发民族自豪感和自信心、推动海内外文化交流合作、提供促进经济社会发展的历史借鉴和智力支持等方面，成绩日益突出、作用日益显著。

目前，全国地方志事业呈现出良好发展态势和前所未有的大好局面，但也存在着制约事业发展的问题，主要是：事业发展不平衡现象比较突出；少数地区和部门对地方志工作重要性认识不够；相关法规规章落实不到位；机构不健全，编制、人员和经费不足；志书质量有待进一步提高；人才队伍青黄不接，人员素质亟待提升；信息化与方志馆建设比较滞后；方志文化的作用有待彰显等。这些问题必须通过科学发展和深化改革，采取有效措施，认真予以解决。

“治天下者以史为鉴，治郡国者以志为鉴。”按照“四个全面”战略部署，党和国家对地方志工作提出了新任务新要求，强调要高度重视修史修志，把历史智慧告诉人们。全国地方志事业迎来重要发展机遇。修志问道，以启未来。地方志工作要适应经济社会发展新形势，明确在发展改革大局中的目标任务，科学规划，积极创新，有序推进地方志事业持续健康发展。

二、指导思想与基本原则

（一）指导思想。全面贯彻落实党的十八大和十八届二中、三中、四中全会精神，按照党中央、国务院决策部署，落实第五次全国地方志工作会议要求，解放思想，实事求是，锐意进取，改革创新，依法全面推动全国地方志事业发展繁荣。

（二）基本原则。

1. 坚持正确方向。坚持走中国特色社会主义文化发展道路，坚持为人民服务、为社会主义服务的方向，通过编修和开发利用地方志成果，为培育和践行社会主义核心价值观提供丰富、优秀的精神文化产品。

2. 坚持依法治志。国家地方志工作机构依法统筹规划、组织协调、督促指导全国地方志工作；省、市、县级地方志工作机构依法履行组织、指导、督促和检查地方志工作职责，加强编纂业务工作。

3. 坚持全面发展。以修志编鉴为主业，统筹兼顾理论研究、开发利用、信息化建设、方志馆建设、旧志整理等工作，实现地方志事业全面协调可持续发展。

4. 坚持改革创新。继承和弘扬中华民族修志的优良传统，认真总结地方志工作的经验教训，深化改革，与时俱进，推动理论创新、制度创新、管理创新、方法创新。

5. 坚持质量第一。坚持存真求实，确保地方志质量。正确处理质量与进度的关系，将精品意识贯穿于地方志编纂出版工作全过程，严把政治关、史实关、体例关、文字关、出版关，编纂出版经得起历史检验、具有鲜明时代特征和地域特色的地方志成果。

6. 坚持修志为用。发挥地方志资源优势，全面提升开发利用水平；拓宽用志领域，提升服务大局能力，为党政机关、社会各界和人民群众服务；加大宣传力度，提高全社会读志用志水平。

三、总体目标与主要任务

（一）总体目标。到2020年，全面完成第二轮修志规划任务，实现省、市、县三级综合年鉴全覆盖，加快信息化和方志馆建设，做好第三轮修志工作准备，加强对社会修志的指导和管理，基本形成地方志编修体系、理论研究和学科建设体系、质量保障体系、资源开发利用体系、工作保障体系“五位一体”的地方志事业发展综合体系，努力开创地方志事业发展新局面。

（二）主要任务。

1. 全面完成第二轮修志规划任务。到2020年，完成第二轮地方志书规划任务，省、市、县三级地方志书全部出版。在抓紧完成第二轮修志任务的同时，全面总结第一轮、第二轮修志工作的经验教训，认真研究第三轮修志的组织管理、运作模式、续修方式等，为启动第三轮修志做好资料收（征）集、队伍培训及理论准备等工作。

2. 大力推进地方综合年鉴工作。到2020年，做到地方综合年鉴由地方志工作机构组织编纂，一年一鉴，公开出版，实现省、市、县三级综合年鉴全覆盖。

3. 重视军事、武警及其他各类专业志鉴、民族地区地方志、乡镇村志和地方史编纂工作。加强对已开展和准备开展志鉴编纂工作的行业、部门、单位等的业务指导和管理。支持民族地区做好地方志编纂工作。指导有条件的乡镇（街道）、村（社区）做好志书编纂工作，做好中国名镇志文化工程、中国名村志文化工程组织编纂工作。具备条件的，可将地方史编写纳入地方志工作范畴，统一规范管理。

4. 深入开展旧志整理工作。编制全国旧志整理规划，编辑旧志联合目录。具备条件的地方应编辑出版历代方志集成，分类整理旧志资料。加强与国内外高等院校、科研院所、公共图书馆、档案馆等单位的交流与合作，开展旧志点校、提要、考录、辑佚等工作。

5. 加强地方志理论研究和学科建设。制定方志、年鉴理论和方志学、年鉴学学科建设规划，建立和完善方志、年鉴理论研究学术规范，力争到2020年形成较为成熟的方志学和年鉴学学科体系。充分发挥方志期刊和各级地方志学会的作用，活跃学术研讨，推动理论建设。加强与相关学科交流合作，开展地方志编纂、地方志事业发展等重要理论问题研究，编写方志学、年鉴学通用教材及各分支学科研究论著。总结历代一统志编纂经验，开展编修一统志的可行性研究。

6. 加强人才队伍建设。重视人才选拔、培养和使用，加强专兼职结合、结构合理的人才队伍建设，培养和引进一批高端人才，建设一支高素质的地方志编修、研究工作队伍，弘扬修志问道、直笔著史的方志人精神。

7. 深化地方志质量建设。严格执行《地方志书质量规定》、《地方综合年鉴编纂出版规定》有关要求，制定质量管理、质量监督等规定，完善地方志质量评议、审查验收制度，严把质量关。按照国家有关规定申报设立志书、年鉴及优秀学术成果评比奖励项目，逐步将志书、年鉴纳入国家及地方有关图书奖评比。

8. 强化地方志资料建设。加大依法收（征）集地方志资料力度，建立和完善地方志资料收（征）集、保存、管理制度，推行地方志资料年报制度并形成常态机制；运用社会调查、口述史等方法，大力拓展资料收（征）集范围和渠道，建立能够全方位适应地方志编纂、地方志事业发展和方志文化建设需要的地方志资料保障机制。

9. 加快地方志信息化建设。按照统一规划、统一标准、分级建设、资源共享、安全保密的原则，制定全国地方志事业信息化发展意见，充分利用已有信息基础设施和数据资源，加快地方志信息化建设步伐，支持民族地区地方志信息化建设。逐步建立地方志全文数据库。应用现代信息技术，加强对不同载体的地方文献收（征）集、保护和开发利用，推动信息标准化工作。实现国家、省、市、县四级地方志资源共享，面向社会提供优质服务。

10. 提高地方志资源开发利用水平。加强对地方志资源的深加工，拓宽服务渠道，增强服务功能，创新服务手段，更好地贴近经济社会发展实际，贴近人民群众需要。做好《中国地情报告》、《中国方志发展报告》、《中国年鉴发展报告》编纂工作。发挥地方志资源在地方公共文化服务中的重要作用，利用各类媒体广泛宣传地方志成果，推动方志文化进机关、进农村、进社区、进校园、进企业、进军营，推动城乡方志文化建设，培育地方历史记忆。

11. 扩大学术交流与合作。采用多种形式，加强与香港、澳门和台湾地区以及国外的高等院校、科研机构、档案机构与图书馆等单位的学术交流与合作。服务国家文化“走出去”战略，推介一批高质量地方志成果，充分展示地方志的当代价值及永恒魅力，推动方志文化走向世界，增强方志文化影响力。

四、保障措施

（一）法治保障。推动《地方志工作条例》的贯彻落实，逐步建立健全地方性法规规章。加大地方志工作法规规章的宣传、执行力度，定期开展执法监督检查，依法纠正、查处执行不力和违法行为。

（二）制度保障。健全地方志工作机构主导、社会各界有序参与修志编鉴的途径和方式。加强督促检查，健全和完善目标考核责任制、督查通报制，强化责任落实；健全和完善地情资料收（征）集及管理、修志编鉴业务制度和主编（总纂）责任制，确保在篇目设计、资料收（征）集、总纂统稿、志（鉴）稿评议、审查验收、出版发行、报送备案等环节上均有章可循、有序推进，保障志鉴质量。

（三）经费保障。改善地方志工作条件和图书资料收藏保管条件，做好修志、编鉴、出版、科研、开发利用、信息化建设、资料文献保存等工作，加大对民族地区、贫困地区地方志工作的支持力度。地方各级人民政府要将地方志工作所需经费列入财政预算。

（四）队伍保障。建立国家级、省级地方志专家库。探索地方志人才培养、引进等政策和措施，探索将方志学人才培养纳入国民教育体系的方式方法。完善教育培训制度，分级实施对地方志工作机构新任负责人、志鉴主编（总纂）的专项培训，实现修志编鉴人员岗前培训全覆盖、培训工作常态化；与高等院校、科研机构联合开展地方志专业方向研究生教育，举办专业进修班，支持地方志工作人员接受专业继续教育。按照国家有关规定开展先进集体和先进工作者评选表彰活动，建立干事创业的激励机制，营造良好氛围。

（五）宣传保障。利用各级各类新闻媒体，大力宣传地方志工作机构贯彻落实党和国家大政方针的新举措、地方志工作服务经济社会发展的新成绩、地方志工作者投身现代化建设的新贡献。挖掘地方志资源的现实价值、历史价值，设计宣传主题，创新宣传形式，推出一批人民群众喜闻乐见、有较大社会影响力的地方志宣传精品。

五、加强组织领导

地方志工作要坚持和健全党委领导、政府主持、地方志工作机构组织实施、社会各界广泛参与的工作体制，坚持“一纳入、八到位”的工作机制。地方志工作机构设置和人员编制，要与其有效履行职能、顺利开展工作的要求相适应；按照德才兼备原则和专业要求，配齐配强地方志工作机构的领导班子。

各地区各有关部门要结合工作实际，根据本规划纲要要求，制定本地区本部门地方志事业发展规划或实施方案，切实加强分类指导，加大组织推动力度，全面提高地方志工作水平，确保全国地方志事业平稳、有序、健康发展。

军事志事业发展规划由中国人民解放军军事志指导小组制定。

中国地方志指导小组及其办公室要对本规划纲要落实和执行情况进行督促检查。

中国地方志指导小组关于印发《方志馆建设规定（试行）》的通知

中指组字〔2017〕3号

各省（自治区、直辖市）地方志编委会（办公室）、新疆生产建设兵团志办公室、全军军事志指导小组办公室、武警部队政治部编研部：

为全面推动方志馆建设，中国地方志指导小组根据国家有关法律法规和国务院办公厅《全国地方志事业发展规划纲要（2015-2020年）》，结合全国方志馆建设工作实际，制定了《方志馆建设规定（试行）》，现予印发，请结合本地、本单位实际情况执行。

中国地方志指导小组

2017年6月12日

附件：

方志馆建设规定（试行）

第一条 为全面推动方志馆建设，进一步推进地方志事业科学发展，充分发挥方志馆在社会主义文化建设中的重要作用，依据国家有关法律法规和《全国地方志事业发展规划纲要（2015—2020年）》，结合全国方志馆建设工作实际，制定本规定。

第二条 方志馆是收藏研究、开发利用地方志资源，宣传展示国情、地情的公共文化服务机构。

第三条 方志馆具有收藏保护、展览展示、编纂研究、专业咨询、信息服务、开发利用、宣传教育、业务培训、文化交流等功能。

第四条 方志馆建设应坚持以人为本、立足地情、突出特色、服务社会的原则。

第五条 省（自治区、直辖市）、市（地、州、盟）、县（市、区、旗）应建立方志馆。鼓励有条件的乡镇（街道）、村（社区）建立方志馆。

第六条 方志馆建设应纳入当地经济社会发展、文化建设和城市建设总体规划，统筹推进与安排，所需经费列入同级人民政府财政预算。

第七条 方志馆一般应独立建设。确需与其他设施合建的，应自成体系，相对独立。

第八条 方志馆选址应符合当地建设总体规划，应考虑人员相对集中、交通便利、市政配套设施良好等因素，符合安全与环保等要求。

第九条 方志馆建筑规模应与行政区划级别、经济社会发展水平和服务人口数量等相适应，分为大型馆、中型馆和小型馆。大型馆为省级馆，建筑面积一般应不少于 20000 平方米；中型馆为市级馆，建筑面积一般应不少于 10000 平方米；小型馆为县级馆，建筑面积一般应不少于 5000 平方米。有条件的地区可适当增加建筑面积。

第十条 方志馆应设收藏保护区、展览展示区、编纂研究区、学术交流区、信息技术区、公共服务区、行政办公区等主要区域，并建设与之相配套的附属设施。

第十一条 方志馆应按信息化要求，建立门户网站、数据库、电子阅览系统等，充分利用云计算、大数据等互联网技术，为社会提供服务。

第十二条 各级方志馆在建设实体方志馆的同时，应建设数字方志馆。

第十三条 方志馆应设公共停车场地、人员安全集散场地、绿化用地等。

第十四条 方志馆建筑设计应充分体现地域特点、文化特色，注重实用性与时代性，符合方志馆特有功能与技术要求。

第十五条 方志馆建设应严格执行国家有关建筑、消防、抗震、承载、安全、防潮、防虫、防光、防尘、防污染、节能等标准与规定。

第十六条 方志馆机构设置和人员编制要与其履行职能的要求相适应，一般应按照专业要求配备相应的人员。

第十七条 国家方志馆的建设办法另行规定。

第十八条 其他部门、行业的方志馆建设，参照本规定相关条款执行。

第十九条 解放军、武警部队的方志馆建设，在执行中央军委有关规定的前提下，参照本规定相关条款执行。

第二十条 本规定由中国地方志指导小组及其办公室负责解释，自颁布之日起施行。